马克思主义理论研究和建设工程重点教材

博士研究生思想政治理论课教材

中国马克思主义与当代
（2018年版）

本书编写组

高等教育出版社·北京

图书在版编目（CIP）数据

中国马克思主义与当代：2018年版/《中国马克思主义与当代》编写组编. -- 4版. --北京：高等教育出版社，2018.9（2019.9重印）

马克思主义理论研究和建设工程重点教材

ISBN 978-7-04-049482-2

Ⅰ.①中⋯　Ⅱ.①中⋯　Ⅲ.①马克思主义-发展-中国-研究生-教材　Ⅳ.①D61

中国版本图书馆 CIP 数据核字（2018）第 034846 号

策划编辑	刘成荫　夏　阳	责任编辑	刘成荫　夏　阳	封面设计	杨立新
版式设计	于　婕	责任校对	高　歌	责任印制	赵义民

出版发行	高等教育出版社	网　　址	http://www.hep.edu.cn	
社　　址	北京市西城区德外大街4号		http://www.hep.com.cn	
邮政编码	100120	网上订购	http://www.hepmall.com.cn	
印　　刷	北京中科印刷有限公司		http://www.hepmall.com	
开　　本	787mm×960mm　1/16		http://www.hepmall.cn	
印　　张	16.75	版　　次	2012年4月第1版	
字　　数	210千字		2018年9月第4版	
购书热线	010-58581118	印　　次	2019年9月第3次印刷	
咨询电话	400-810-0598	定　　价	23.00元	

本书如有缺页、倒页、脱页等质量问题，请到所购图书销售部门联系调换

版权所有　侵权必究

物　料　号　49482-00

· 马克思主义理论研究和建设工程重点教材 ·

马克思主义理论研究和建设工程咨询委员会委员、审议专家
（以姓氏笔画为序）

王伟光	王晓晖	王梦奎	王维澄	韦建桦
尹汉宁	龙新民	邢贲思	朱之文	刘永治
刘国光	江　流	汝　信	孙　英	苏　星
李　捷	李君如	李忠杰	李宝善	李景田
李慎明	冷　溶	张　宇	张文显	陈宝生
邵华泽	欧阳淞	金冲及	金炳华	周　济
郑必坚	郑科扬	侯树栋	逄先知	逄锦聚
袁贵仁	贾高建	夏伟东	顾海良	徐光春
龚育之	蒋乾麟	韩　震	虞云耀	雒树刚
滕文生	魏礼群

《中国马克思主义与当代（2018 年版）》课题组

首席专家
　　侯惠勤

主要成员（以姓氏笔画为序）
　　孙代尧　朱安东　张成岗　张雷声　郑承军
　　郝清杰　姜迎春　袁银传　彭庆红

目 录

1 导 论 进入新时代的中国与当代世界

第一节 当代中国与世界关系的新变化 /2
一、当代世界正处于大发展大变革大调整时期 /2
二、和平、发展、合作、共赢的时代潮流更加强劲 /4
三、中国日益走近世界舞台中央所面临的复杂形势 /6

第二节 中国特色社会主义进入新时代及其世界意义 /10
一、中国发展新的历史方位 /10
二、中国特色社会主义进入新时代的重大意义 /12
三、中国推动构建人类命运共同体 /15

第三节 用当代中国马克思主义观察中国与世界 /17
一、学习运用马克思主义基本原理 /18
二、马克思主义中国化最新成果 /20
三、掌握科学的思想方法 /23

28 第一章 当代世界经济

第一节 经济全球化进程中的当代世界经济 /28
一、经济全球化的深入发展 /29
二、经济全球化对世界的影响 /34
三、经济全球化背景下当代世界经济面临的主要问题 /37

第二节 引领经济全球化健康发展 /41

一、推动共同发展、合作共赢的经济全球化 /41
二、开辟经济全球化的新路径 /44
第三节 中国成为世界经济的主要引擎 /47
一、中国经济成就及其对世界经济的贡献 /47
二、坚持以新发展理念为指引 /50
三、建设现代化经济体系，推动高质量发展 /53

59 第二章 当代世界政治

第一节 深刻变化中的当代世界政治 /59
一、世界多极化助力和平发展大势 /59
二、和平赤字问题不容忽视 /62
第二节 当代国际政治秩序的变革 /67
一、变革国际政治秩序日益成为普遍共识 /67
二、变革国际政治秩序的中国主张 /70
第三节 中国特色社会主义政治及对世界的贡献 /75
一、中国的政治发展道路 /76
二、中国的政治制度 /77
三、为人类政治文明发展作出中国贡献 /80

84 第三章 当代世界文化

第一节 当代世界文化发展趋势及面临的挑战 /84
一、文化在世界发展中的地位和作用日益凸显 /85
二、当代世界文化交流交融交锋日趋频繁 /87
三、顺应当代世界文化多样化的发展态势 /89
第二节 当代主要社会思潮 /90
一、社会思潮是社会意识形态的特殊形式 /91

二、资本主义价值观及其对当代社会思潮的影响 /94

三、用社会主义核心价值观引领社会思潮 /98

第三节　中国文化强国发展战略 /102

一、文化自信是更基本、更深沉、更持久的力量 /103

二、推动中华优秀传统文化创造性转化、创新性发展 /105

三、提升国家文化软实力 /107

第四章　当代社会问题　113

第一节　当代社会问题及原因分析 /113

一、当代社会问题的集中表现 /113

二、当代社会问题产生的主要原因 /116

第二节　当代社会治理的探索 /118

一、当代社会治理的基本途径和主要措施 /118

二、当代社会治理的主要经验和反思 /122

第三节　创新社会治理的中国方案 /125

一、当代中国的社会建设思想 /125

二、中国创新社会治理的思路和举措 /127

三、中国创新社会治理的意义 /135

第五章　当代生态环境　139

第一节　生态环境问题是人类面临的共同挑战 /139

一、全球面临的生态环境挑战 /140

二、解决生态环境问题的主要障碍 /144

三、促进人与自然的和谐共生 /146

第二节　保护生态环境是人类共同的时代责任 /149

一、国际上对生态环境问题的探索与实践 /150

二、携手共建地球美好家园 /152

第三节　建设美丽中国及对世界的贡献 /155

一、建设美丽中国取得重大进展 /155

二、解决生态环境问题的中国智慧 /158

165　第六章　当代科学技术

第一节　当代科技发展 /165

一、当代科技发展的特征和趋势 /165

二、当代科技发展的前沿及动态 /168

三、当代科学技术的影响 /170

第二节　新一轮科技革命蓄势待发 /174

一、新一轮科技革命的主要特征 /174

二、新一轮科技革命带来的机遇与挑战 /176

三、中国的创新发展理念 /178

第三节　建设世界科技强国 /182

一、加快建设创新型国家 /183

二、着力增强自主创新能力 /184

三、完善国家创新体系 /186

189　第七章　当代资本主义

第一节　当代资本主义基本矛盾的深化 /189

一、国际金融垄断资本主义的发展 /190

二、资本主义经济危机在当代的新表征 /193

三、资本主义基本矛盾在危机中不断加剧 /197

第二节　当代资本主义的系统困境及其成因 /200

一、当代资本主义面临的系统困境 /200

二、当代资本主义乱象丛生的成因 /204

　　三、对当代资本主义的反思和批判 /207

第三节　当代资本主义的发展趋势 /211

　　一、当代资本主义的新变化 /211

　　二、资本主义内部"新社会因素"的成长 /215

　　三、资本主义向社会主义过渡是历史的必然 /219

223　第八章　当代社会主义

第一节　世界社会主义在探索中前进 /223

　　一、社会主义在曲折中发展 /223

　　二、社会主义对人类的巨大贡献 /229

　　三、世界社会主义的最新发展 /232

第二节　科学社会主义在中国焕发生机活力 /236

　　一、对人类文明发展道路的崭新探索 /236

　　二、对马克思主义的创新发展 /239

　　三、对社会主义制度的坚持完善 /241

第三节　共产主义是人类的美好未来 /244

　　一、共产主义是人类追求的美好社会 /244

　　二、坚定共产主义理想信念 /248

252　阅读文献

255　后记

导论
进入新时代的中国与当代世界

本教材界定的当代，主要是指人类社会进入 21 世纪以来特别是党的十八大以来的时期。进入 21 世纪的人类社会，世界各国各地区相互联系、相互依存的程度空前加深，人类生活在同一个地球村，越来越成为"你中有我、我中有你"的命运共同体。当代中国在改革开放和社会主义现代化进程中迅猛发展、不断壮大，经济实力、科技实力、国防实力、综合国力进入世界前列，国际地位实现前所未有的提升，取得了举世瞩目的巨大成就。特别是经过长期努力，中国特色社会主义进入新时代，意味着近代以来久经磨难的中华民族迎来了从站起来、富起来到强起来的伟大飞跃，迎来了实现中华民族伟大复兴的光明前景；意味着科学社会主义在 21 世纪的中国焕发出强大生机活力，在世界上高高举起了中国特色社会主义伟大旗帜；意味着中国特色社会主义道路、理论、制度、文化不断发展，拓展了发展中国家走向现代化的途径，给世界上那些既希望加快发展又希望保持自身独立性的国家和民族提供了全新选择，为解决人类问题贡献了中国智慧和中国方案。站在新的历史方位，认清天下大势、顺应时代潮流、把握未来走向，必须以当代中国马克思主义作为强大的思想武器，深刻认识全面建设社会主义现代化强国、实现中华民族伟大复兴中国梦的历史任务，在新的历史条件下不断夺取中国特色社会主义伟大胜利。

第一节　当代中国与世界关系的新变化

中国离不开世界，世界离不开中国。中国的发展得益于世界提供的重大历史机遇，而不断发展的中国又构成世界的重要发展机遇。当代世界正处于大发展大变革大调整时期，正处在前所未有的极其复杂的大变动中，中国与世界的联系从没有像今天这样紧密，必须客观审视当代世界发生的新变化，把握新时代的中国与当代世界关系发生的历史性变化。

一、当代世界正处于大发展大变革大调整时期

我们生活在一个正在发生深刻复杂变化的世界之中，正面临着百年未有之大变局。经济全球化、世界多极化深入发展，文化多样化、社会信息化持续推进，科技革命孕育新突破，全球治理体系和国际秩序变革加速推进，给人类社会带来难得的发展机遇，同时也带来前所未有的风险挑战。

一是经济全球化深入发展的机遇与挑战。经济全球化是社会生产力发展的客观要求和必然结果，有利于生产要素在全球范围的优化配置，有利于加强国际经济技术合作，为世界各国发展特别是发展中国家发挥后发优势、加快发展提供了难得的历史机遇。当代世界经济格局深度调整，新兴市场和发展中国家群体性崛起，国际力量"东升西降""南升北降"趋势更加明显。同时，经济全球化也给所有参与经济全球化进程的国家特别是发展中国家带来了许多风险和挑战。在发达国家主导的不公正不合理的国际政治经济秩序下，发展中国家的经济主权遭到威胁，经济安全特别是金融安全受到挑战，产业发展长期处于低端，经济社会发展严重依附于发达国家。当前，世界经济复苏艰难曲折，发展失衡、治理困境、公平赤字等问题更加突出，世界经济和全球经济治理体系进入调整期，面临开放与保守、合作与封闭、变革与守旧的重要抉择，"逆全球化"思潮涌动，保护主义和内顾倾

向上升,发达国家试图通过构筑高标准自由贸易区网络,为今后"定规矩、树标杆",抢占竞争制高点和发展主动权。

二是世界多极化的机遇和挑战。随着两极格局的解体和发展中国家力量的壮大,冷战时期的集团对抗不复存在,任何国家或国家集团都再也无法单独主宰世界事务,由少数发达国家决定世界命运的状况已经发生了改变,完善国际政治经济秩序、推动国际关系民主化的呼声越来越强烈。但是,霸权主义和强权政治依然存在,新干涉主义有所上升,传统安全威胁和非传统安全威胁的因素相互交织,恐怖主义危害加剧,边界领土争端、局部冲突此起彼伏。总体和平、局部战乱,总体缓和、局部紧张,总体稳定、局部动荡是当代世界发展的基本态势。

三是世界范围内思想文化交流交融交锋的机遇和挑战。文明多样性是当代人类社会的基本特征。维护文明多样性、反对文化霸权已成为大多数国家的共识。世界范围内思想文化交流交融交锋,有利于增进各国各民族文化互相了解,促进人类思想文化发展,但也带来了许多新矛盾和新问题。特别是一些发达国家借助其在经济、政治、文化和舆论方面的优势,极力推销资本主义的意识形态、价值观和社会制度,以图"塑造"和改变其他国家的经济政治制度,给世界造成了新的不安定。否认文明发展的多样性,是文化霸权主义的表现,是对人类文明进步的巨大威胁。

四是人类社会加速转型的机遇和挑战。随着社会生产力的迅速发展和物质生活条件的极大改善,人类社会的文明程度大大提高,民主法治意识、公平正义意识、生态保护意识普遍增强,科学技术、国民教育、医疗保障、居住条件、社会福利等方面的进步,极大地促进了人类生活质量的改善。同时,文明发展程度和生活质量的巨大差别仍然存在,发展中国家和发达国家的经济社会发展仍极不平衡,贫富分化日益严重,难民潮等全球性挑战不断加剧,贫困、失业、收入差距拉大,世界面临的不确定性上升。此起彼伏的民族宗教冲突,特别是极端宗教势力的发展，不仅严重影响到地区的和平与安宁，而且对世界的和平与发展构成严重威胁。

五是生态环境问题日益恶化带来的挑战。社会财富巨大增长的同时，带来了一系列突出问题，环境破坏、生态失衡、资源紧张、气候变化等问题，已经成为全球性的难题。发达国家向发展中国家转移落后产能，给许多国家带来了环境污染。经济发展与环境保护的矛盾，传统能源资源的有限和不可再生与人们生活质量不断提高的矛盾，当代发展与后代发展的矛盾，成为摆在全人类面前的突出问题。如果处理不好这些严峻的生存危机，人类进步的诸多努力将化为乌有。

六是科学技术迅猛发展的机遇和挑战。新一轮科技革命和产业变革蓄势待发，人工智能等新产业、新技术、新业态层出不穷。科学技术日新月异，成为社会生产力发展和人类社会进步的强大动力，极大增强了人类认识自然和改造自然的能力。但如果缺乏对科学技术的全面认识和正确运用，也会带来诸如生态环境恶化、自然资源枯竭、发展失衡加剧、科技伦理失范等严重问题，对人与自然、人与人的和谐造成威胁。如何利用科技推动生产力的快速发展，使之更好地为人类造福，是人类社会面临的重大问题。

总之，当今世界是一个变革的世界，是一个新机遇新挑战层出不穷的世界，是一个国际体系和国际秩序深度调整的世界，是一个国际力量对比深刻变化并朝着有利于和平与发展方向变化的世界。人类社会既面临诸多前所未有的挑战，也迎来了许多难得的机遇。总体来讲，机遇大于挑战，和平发展的大势不可逆转。认识当代世界，不能被乱花迷眼，也不能被浮云遮眼，而要端起历史规律的望远镜去细心观望，把握时代发展大势。

二、和平、发展、合作、共赢的时代潮流更加强劲

当代世界，各国相互联系、相互依存、全球命运与共、休戚相关，

和平、发展、合作、共赢的时代潮流更加强劲。人类交往的世界性比以往任何时候都更深入、更广泛，各国相互联系和彼此依存比过去任何时候都更频繁、更紧密。世界各国人民只有共同努力、维护和平、推动发展、实现合作，才能向着美好未来不断前进。

今天，世界各国人民前途命运紧密相连，各国相互依存、一荣俱荣、一损俱损的格局已然形成。这是观察当代世界发展问题的出发点。在经济全球化的潮流下，仅靠一国之力无法解决发展问题，市场对于资源配置的决定性作用不是在一国之内而是在世界范围内完成的；世界市场的需求是一个国家发展的重要动力，任何国家都很难独善其身。在经济全球化的背景下，科技、资金和人才的流动、调整和布局都是全球性的，在一国范围内无法实现经济结构的优化升级和合理布局，无法实现经济持续健康发展。

随着经济全球化的深入发展，全球性矛盾和挑战也不断增多，许多问题仅靠一国之力无法有效应对。实现人与自然的和谐共处，各国必须共同承担各自应当承担的责任，否则解决生态危机只能是一纸空谈。此外，人口、贫困、暴恐等与发展息息相关的全球性问题，没有各国的相互配合、协调行动，都无法真正解决。面对百年不遇的大变局，没有哪个国家能够独自应对人类面临的各种挑战，也没有哪个国家能够退回到自我封闭的孤岛。解决经济全球化面临的问题，不能退回到贸易保护主义和闭关锁国的老路，而是要顺应历史大势，正确选择融入经济全球化的路径和节奏。倒退之所以没有出路，就在于历史潮流不可抗拒。冷战思维、零和博弈愈发陈旧落伍，妄自尊大或独善其身只能四处碰壁。各国应该顺应大势、结合国情、合作应对、趋利避害，引领经济全球化的良性发展。以西方占主导的国际政治经济秩序越来越难以为继，西方治理理念、体系和模式越来越难以适应新的时代潮流。只有坚持和平发展、携手合作，才能真正实现共赢多赢。

中国坚定不移走和平发展道路,是维护世界和平、促进世界共同发展的重要力量。和平与发展是世界各国人民的共同心声,走和平发展道路,对中国有利,对世界也有利。中国坚持走和平发展道路,既积极争取和平的国际环境发展自己,又以自身发展促进世界和平;既让中国更好利用世界的机遇,又让世界更好分享中国的机遇,促进中国和各国的良性互动、互利共赢。中国走和平发展道路,不是权宜之计,更不是外交辞令,而是从历史、现实、未来的客观判断中得出的结论,是思想自信和实践自觉的有机统一。中国走和平发展道路的自信和自觉,来源于中华文明的深厚渊源,来源于对实现中国发展目标条件的认知,来源于对世界发展大势的把握。中华民族曾遭到列强长期侵略和欺凌,但中国人民从中学到的不是弱肉强食的强盗逻辑,而是更加坚定了维护和平的决心。历史已经证明,和平发展是中国基于自身国情、社会制度、文化传统作出的战略抉择,顺应时代潮流,符合中国根本利益,符合世界各国利益。

中国坚持走和平发展道路,但决不能放弃我们的正当权益,决不能牺牲国家核心利益。任何外国不要指望中国会拿自己的核心利益做交易,不要指望中国会吞下损害主权、安全、发展利益的苦果。中国主权、安全、发展利益和民族尊严绝不允许任何势力侵犯,同时任何力量也不能动摇中国坚持和平发展的信念。要站在世界历史的高度审视当前发展趋势和面临的重大问题,坚持独立自主的和平外交政策,坚持互利共赢的开放战略,不断拓展同世界各国的合作,积极参与全球治理,在更多领域、更高层面上实现合作共赢、共同发展,不依附别人,更不掠夺别人,同各国人民一道努力构建人类命运共同体。

三、中国日益走近世界舞台中央所面临的复杂形势

当代世界格局发生的重大变化,就是中国正日益走近世界舞台中

央,在国际舞台上的地位和作用大幅提高,同国际社会的联动互动空前紧密。中国对世界的依靠、对国际事务的参与在不断加深,世界对中国的依靠、对中国的影响也在不断加深。国际社会希望中国在国际事务中发挥更大作用,在应对全球性挑战中承担更多责任。中国多次发出反对保护主义、支持经济全球化的中国强音,起到了稳定人心、增强信心的重要作用,日益成为世界格局中的稳定器、变局中的正能量。世界需要中国智慧、中国理念、中国方案,中国也正在发挥着世界和平建设者、全球发展贡献者、国际秩序维护者的重要作用。

中国在积极全面融入经济全球化的过程中,对世界的发展作出了巨大的贡献。1950年至2016年,中国在自身长期发展水平和人民生活水平不高的情况下,累计对外提供援款4 000多亿元人民币,实施各类援外项目5 000多个,其中成套项目近3 000个,举办11 000多期培训班,为发展中国家在华培训各类人员26万多名。改革开放以来,中国累计吸引外资超过1.7万亿美元,累计对外直接投资超过1.2万亿美元,为世界经济发展作出了巨大贡献。国际金融危机爆发以来,中国经济增长对世界经济增长的贡献率年均在30%以上。这些贡献,在世界上都是名列前茅的。中国是经济全球化的受益者,更是贡献者。中国的发展是世界的机遇,为全球经济稳定和增长提供了持续强大的推动力。

进入新时代的中国经济,正处在由高速增长阶段转向高质量发展阶段的历史关口。中国在不断推进转变经济发展方式、优化经济结构、转换增长动力的过程中,保持了中高速增长,稳居世界第二大经济体,保持着世界第一大工业国、第一大货物贸易国和第一大外汇储备国的地位;中国提出的创新、协调、绿色、开放、共享的新发展理念,深化了对经济社会发展的规律性认识,在指导中国经济不断取得巨大进展的同时,获得了日益广泛的国际认同。中国同一大批国家的联动发展,使全球经济发展更加平衡;减贫事业的巨大成就,使全球经济增长更加包容和普惠;坚持对外开放基本国策,为发展开放型世界经济提供了重要动力;在国际舞台的话语权显著增强,中华文化中所蕴含的天下为公、求同存异、和合共生等理念越来越显示出独特价值,对于世界的影响力、感召力也不断增强。

中国日益走近世界舞台中央,是体现和平发展的世界潮流的重大事件。现行国际政治经济秩序的不合理性在于,把世界和平发展的命运交由少数国家主宰,其结果是和平与发展两大问题一个也解决不了。虽然没有爆发世界大战,但战争的阴影始终存在,局部战乱战祸始终不断;虽然世界也在不断发展,但发展成果始终被少数国家所更多享有,世界范围内的贫富分化在不断加剧。因此,推进世界和平发展与推动国际政治经济秩序变革不可分割。中国的发展之所以不断地赢得广泛的国际认同,就在于中国的发展不仅惠及中国人民,也有力地推动了世界的和平发展,打破了国强必霸的旧逻辑。"中国从一个积贫积弱的国家发展成为世界第二大经济体,靠的不是对外军事扩张和殖民掠夺,而是人民勤劳、维护和平。中国将始终不渝走和平发展道路。无论中国发展到哪一步,中国永不称霸、永不扩张、永不谋求势力范围。历史已经并将继续证明这一点。"① "中国人民深知,中国发展得益于国际社会,愿意以自己的发展为国际发展作出贡献。中国对外开放,不是要一家唱独角戏,而是要欢迎各方共同参与;不是要谋求势力范围,而是要支持各国共同发展;不是要营造自己的后花园,而是要建设各国共享的百花园。"② 中国不仅致力于自身发展,也强调对世界的责任和贡献;不仅造福中国人民,而且造福世界人民。

中国日益走近世界舞台中央,面临的不仅是光明前景,还有复杂

---

① 《习近平谈治国理政》第 2 卷,外文出版社 2017 年版,第 545 页。
② 《习近平谈治国理政》第 2 卷,外文出版社 2017 年版,第 42 页。

的国际环境。客观地看,中国的发展壮大事实上对世界产生了深刻影响。尽管这种影响是中国人民依靠自身的艰苦奋斗、而不是掠夺别人的结果,尽管这种影响有利于世界的和平发展,尽管这种影响符合当代世界潮流,但一些西方国家总是戴着有色眼镜看中国,认为中国发展起来了必然是一种"威胁",甚至把中国描绘成一个可怕的"墨菲斯托",似乎哪一天中国就要摄取世界的灵魂。这些像天方夜谭一样的论调,居然堂而皇之地成了西方一些政要遏制和打压中国的借口。特别是对于极力维护一国独大、搞单边主义、不赞同国际关系民主化和世界治理公平正义的势力而言,中国的发展就是对它们的威胁,就是它们必须拼命去阻止的事情。因此,无论是贸易战,还是在地缘政治、科技、思想文化等方面进行的挑衅,利用人权、宗教、南海、涉台、涉藏、涉疆等众多议题大打"反华牌",都是他们处心积虑谋划的伎俩,对此我们要有清醒的认识。

对于制造中美贸易战一类的挑衅,我国历来秉持不挑事、不惹事但也决不怕事的态度。在中美贸易战的博弈中,中国的反制始终伴随美国的举措同步实施,我们决不屈服于霸凌主义。我们相信,以贸易霸凌的方式企图实现一己私利,是与当今世界经济全球化、国际关系民主化的时代潮流格格不入的,这种违背历史潮流的行径不可能让美国"再次伟大",最终必然会事与愿违、害人害己。同时我们也相信,中美之间的共同利益远大于双方的分歧,只要平等协商、实事求是,问题就能得到合理的解决,就不会出现全面对抗的局面。发展中的困难和挑战,不会动摇我们对于时代潮流和天下大势的判断。我们坚信,和平合作的潮流滚滚向前,开放融通的潮流滚滚向前,变革创新的潮流滚滚向前,逆历史潮流而动不可能得逞。与此同时,我们也要居安思危,准备好出现最坏的结果,争取最好的前途。

新时代中国的发展,离不开和平的国际环境。面对国际格局和国际关系的深度调整,面对局部冲突和动荡频发,人类需要应对许多共同挑战的外部环境，必须统筹国内国际两个大局，始终高举和平、发展、合作、共赢的旗帜，恪守维护世界和平、促进共同发展的外交政策宗旨，牢牢把握构建人类命运共同体的目标追求，坚持正确义利观，树立共同、综合、合作、可持续的新安全观。

第二节 中国特色社会主义进入新时代及其世界意义

把握中国发展的历史方位，无疑是审视当代世界与人类社会发展，观察当代中国与世界关系的重要条件。中国特色社会主义进入新时代，是当代中国发展新的历史方位，必须深刻理解中国特色社会主义进入新时代的丰富内涵及其世界意义。

一、中国发展新的历史方位

一般来说，"时代"是人们认识人类社会规律的世界历史性范畴，它表示一定时空范围下世界历史的性质和走势。一个国家、一个民族要振兴，必须在历史的逻辑中前进、在时代的潮流中发展，确立现实所处的历史方位，捕捉变化发展的历史轨迹，把握正在形成的历史特点，概括复杂多变的历史条件。中国特色社会主义进入新时代，是基于当代中国发生的历史性变化作出的重大判断，同时也是基于时代趋势和国际局势特别是当代中国与世界关系的历史性变化作出的重大判断。

这一重大判断，是根据中国特色社会主义进入新的发展阶段作出的。在新中国成立以来特别是改革开放以来我国发展取得重大成就的基础上，我国发展站到新的历史起点上，中国特色社会主义进入新的发展阶段。尤其是党的十八大以来，中国进行了深层次的、根本性的变革，取得了全方位的、开创性的成就。在经济实力、科技实力、国防实力、综合国力进入世界前列的同时，党的面貌、国家的面貌、人民的面貌、军队的面貌、中华民族的面貌都发生了前所未有的变化，正以高度的道路自信、理论自信、制度自信和文化自信屹立于世界的东方。

这一重大判断，是根据中国社会主要矛盾发生新变化作出的。社会主要矛盾状况及其变化是社会发展阶段性划分的重要依据。中国社会主要矛盾已经由人民日益增长的物质文化需要同落后的社会生产之间的矛盾，转化为人民日益增长的美好生活需要和不平衡不充分的发展之间的矛盾。这反映了中国发展的实际状况，揭示了制约中国发展的症结所在，指明了解决当代中国发展主要问题的根本着力点。中国社会主要矛盾发生变化，对中国发展全局产生了广泛而深刻的影响。

这一重大判断，是根据历史交汇期新的奋斗目标作出的。从党的十九大到党的二十大，是"两个一百年"奋斗目标的历史交汇期，中国既要全面建成小康社会、实现第一个百年奋斗目标，又要乘势而上开启全面建设社会主义现代化国家新征程，向第二个百年奋斗目标进军。从 2020 年到 2035 年，在全面建成小康社会基础上，再奋斗 15 年，基本实现社会主义现代化；在基本实现现代化的基础上再奋斗 15 年，到本世纪中叶建成富强民主文明和谐美丽的社会主义现代化强国。这是中国特色社会主义发展新的战略安排。要从新的历史方位、新的时代坐标，科学认识和全面把握这一鼓舞人心、切实可行的奋斗目标、宏伟蓝图。

这一重大判断，是根据中国国际环境发生新变化作出的。世界正处于大发展大变革大调整时期，中国发展仍处于重要战略机遇期和历史机遇期。当代中国已不再是国际秩序的被动接受者，而是积极的参与者、建设者、引领者。中国日益走近世界舞台中央，世界对中国的关注，从未像今天这样广泛、深切、聚焦；中国对世界的影响，也从未像今天这样全面、深刻、长远。但同时也要看到，前景十分光明，挑战也十分严峻,中国正处在从大国走向强国的关键时期,外部环境更加复杂,一些势力对我国的阻遏、忧惧、施压不断增大。把握新的历史方位、新的时代坐标,必须科学认识和全面把握国际局势和周边环境的新变化。

中国特色社会主义进入了新时代,既不是凭空产生的,更不是一个简单的新概念表述,而是经济社会发展到一定阶段必然发生的历史飞跃,具有丰富厚重的思想内涵、实践内涵和历史内涵。这个新时代,是承前启后、继往开来、在新的历史条件下继续夺取中国特色社会主义伟大胜利的时代;是决胜全面建成小康社会、进而全面建设社会主义现代化强国的时代;是全国各族人民团结奋斗、不断创造美好生活、逐步实现全体人民共同富裕的时代;是全体中华儿女勠力同心、奋力实现中华民族伟大复兴中国梦的时代;是中国日益走近世界舞台中央、不断为人类作出更大贡献的时代。历史车轮滚滚向前,只有与历史同步伐、与时代共命运,才能赢得光明的未来。必须深刻把握中国特色社会主义进入新时代的历史特点,认清历史潮流和发展趋势,才能站在历史的开阔视野上,对人类社会历史的未来走向作出清晰的判断。

二、中国特色社会主义进入新时代的重大意义

中国特色社会主义进入新时代,在中华人民共和国发展史上、中华民族发展史上具有重大意义,在世界社会主义发展史上、人类社会发展史上也具有重大意义。

对中国、中华民族而言,中国特色社会主义进入新时代,标志着近代以来久经磨难的中华民族迎来了实现伟大复兴的光明前景。实现中华民族伟大复兴,是近代以来中华民族团结奋斗的最大公约数,是中国共产党与生俱来的历史使命。鸦片战争后,近代中国陷入黑暗境地,中国人民经历深重苦难。无数仁人志士不屈不挠、前赴后继,矢

志不渝探索复兴之路。中国共产党在民族蒙受苦难、探求光明的逆境中应运而生，带领人民历经 28 年浴血奋战，建立了新中国，使占人类总数 1/4 的中国人从此站立起来了。新中国成立以来特别是改革开放以来，中国共产党团结带领人民成功走出一条中国特色社会主义道路，稳定解决了十几亿人的温饱问题，中国人民逐步富裕起来。历经苦难与辉煌、曲折与胜利、付出与收获，中国特色社会主义进入了新时代，中华民族正在实现从富起来到强起来的伟大飞跃。到 21 世纪中叶，中国将全面建成富强民主文明和谐美丽的社会主义现代化强国，物质文明、政治文明、精神文明、社会文明、生态文明将全面跃升，成为综合国力和国际影响力领先的国家，中华民族将以更加昂扬的姿态屹立于世界民族之林。

中国特色社会主义进入新时代，就世界意义而言，首先意味着科学社会主义在 21 世纪的中国焕发出强大生机活力，在世界上高高举起了中国特色社会主义伟大旗帜。科学社会主义在中国的成功，对马克思主义、科学社会主义的意义，对世界社会主义的意义，是十分重大的。世界社会主义 500 年，从空想到科学、从理论到实践、从一国实践到多国发展，反映了人类对美好社会制度的执着追求，深刻改变着世界历史的发展进程。20 世纪 80 年代末 90 年代初，东欧剧变、苏共垮台、苏联解体，世界社会主义遭受严重曲折。有人宣称"历史已经终结"于资本主义制度，"20 世纪将以社会主义的失败和资本主义的胜利而告终"。

今天，完全可以说，中国不但在世界上把社会主义的旗帜举住了、举稳了，而且把科学社会主义推向崭新的阶段。中国特色社会主义开辟了科学社会主义的新境界，形成了道路、理论、制度、文化"四位一体"有机统一的科学体系，实现了经济、政治、文化、社会、生态文明五大建设的统筹推进，社会主义的影响力感召力大大增强。中国特色社会主义道路越走越宽广，使世界上正视和相信马克思主义和社会主义的人多了起来，使世界范围内两种意识形态、两种社会制度的历史演进及其较量，发生了有利于马克思主义、社会主义的深刻转变。这不仅对于社会主义在中国的发展，而且对于世界社会主义发展，都是具有深远历史意义的大事件。

中国特色社会主义进入新时代，其世界意义还体现在，拓展了发展中国家走向现代化的途径，给世界上那些既希望加快发展又希望保持自身独立性的国家和民族提供了全新选择，为解决人类问题贡献了中国智慧和中国方案。长期以来，西方国家制造的一个"神话"，就是把西方国家的发展模式吹成"普世价值"，鼓吹现代化即西方化。但是，中国打破了"国强必霸"的逻辑和后发展国家必然沦为西方附庸的怪圈，走的是根本区别于资本主义现代化的社会主义现代化道路。中国在积极融入世界发展中保持自身独立性，走出了一条具有自身特点的现代化道路。"中国立足自身国情和实践，从中华文明中汲取智慧，博采东西方各家之长，坚守但不僵化，借鉴但不照搬，在不断探索中形成了自己的发展道路。"①

在目前世界上 200 多个国家和地区中，走资本主义道路的占绝大多数，但发展比较好的仍然是老牌资本主义国家，而这些国家近年来也麻烦不断。一些发展中国家追随西方的发展理念和现代化道路，到头来并没有解决发展问题，有的甚至引发社会动荡、战乱不断、民不聊生。一些原社会主义国家选择了走西方道路，结果大多数发展缓慢、困难重重。与之形成鲜明对比的是，在中国共产党领导下，中国成功走出了一条独具特色的社会主义现代化道路，打破了发展中国家对西方国家现代化的"路径依赖"，为这些国家提供了全新选择。中国的实践向世界说明了一个道理，世界上没有一种普遍适用的发展模式，西方模式不是实现现代化的唯一模式，各国完全可以走出自

---

① 《习近平谈治国理政》第 2 卷，外文出版社 2017 年版，第 482 页。

己的路。

三、中国推动构建人类命运共同体

面对世界经济、国际安全、国际治理等一系列重大问题，世界需要新的方向、新的方案、新的选择。推动构建人类命运共同体，是当代中国提供的新的方向、新的方案、新的选择，是新时代中国为促进当代世界和平与发展作出的重大贡献。

构建人类命运共同体，就是要"建设持久和平、普遍安全、共同繁荣、开放包容、清洁美丽的世界"①。这一理念要求建立新型国与国关系，即要相互尊重、平等协商，坚决摒弃冷战思维和强权政治，走对话而不对抗、结伴而不结盟的国与国交往新路；要求建立新型国际安全准则，即要坚持以对话解决争端、以协商化解分歧，统筹应对传统和非传统安全威胁，反对一切形式的恐怖主义；要求推动经济全球化健康发展，即要同舟共济，促进贸易和投资自由化便利化，推动经济全球化朝着更加开放、包容、普惠、平衡、共赢的方向发展；要求促进文明多元共存，即要尊重世界文明多样性，以文明交流超越文明隔阂、文明互鉴超越文明冲突、文明共存超越文明优越；要求建设绿色地球家园，即要坚持环境友好，合作应对气候变化，保护好人类赖以生存的地球家园。

必须坚持共同发展的理念，各国一起发展才是真发展，可持续发展才是好发展。资本主义的发展方式之所以不可持续，就在于把发展的动力归结为最大限度的逐利，造成对于发展利益的垄断。这种不平衡的、两极分化的发展，必然导致周而复始的经济危机和持续不断的社会冲突。倡导共同发展的理念，必须打破少数国家对于发展利益的

---

① 习近平：《决胜全面建成小康社会 夺取新时代中国特色社会主义伟大胜利——在中国共产党第十九次全国代表大会上的报告》，人民出版社2017年版，第58—59页。

垄断，落实发展成果的各国共享，确立利益共同体的共识，切实改变由少数国家决定世界发展的不合理的现行国际治理格局。这是调动各国共建积极性的基础。

必须坚持共商发展的理念。坚持大家的事情由大家商量着办，世界的事情由世界各国商量着办，不能由少数人、少数国家操控。世界各国商量着办的前提，是尊重各国自主的道路选择和主权独立，不把自己的意志和道路强加于其他国家。历史证明，一个国家走什么路，只能由该国人民根据国情和历史条件自主选择，任何强加或照搬别国的模式都不可能成功。要根据事情本身的是非曲直决定自己的立场和政策，秉持公道、伸张正义，尊重各国人民自主选择发展道路的权利，绝不把自己的意志强加于人，也绝不允许任何人把他们的意志强加于中国人民。只有在平等互信基础上的协商，才能有效应对各种风险挑战，才能找到兼顾各方利益的最好发展路径。

必须坚持共建发展的理念。维护和促进世界的共同发展，必须激发全世界人民的实践热情和积极行动，共建才能共享。中国人民从自身的实践中深切体会到，美好生活是实干出来的，艰难险阻的克服是团结一心的人民做出来的。因此，世界健康发展的美好前景，只能依靠各国人民同心协力地去开创。中国主张各国人民同心协力，变压力为动力、化危机为生机，以合作取代对抗、以共赢取代独占。只要世界各国人民团结一心、积极行动，就没有不可克服的困难。

必须坚持共享发展的理念。共商共建的基础是共享，共享发展注重的是解决全球的公平正义问题。如果发展成果总是被少数人、少数国家攫取，共商共建就必然落空。共享不仅是发展成果的共享，也是发展手段的共享。共享发展的理念最终要解决的是全球发展的失衡问题。要积极推动全球治理体系的变革，什么样的国际秩序和全球治理体系对世界好、对世界各国人民好，要由各国人民商量，不能由一家说了算，不能由少数人说了算。

共商共建共享要求每一个国家都努力把本国建设好,并承担自己的国际责任。中国是共商共建共享发展理念的忠实践行者,不仅努力开拓符合本国实际的发展道路,真诚地为各国的发展成就点赞,而且积极探索本国发展转化为他国机遇的路径和方式。中国人民张开双臂欢迎各国人民搭乘中国发展的"快车""便车"。通过"一带一路"倡议等,中国不断释放出自身发展的红利,努力实现和各国的共同发展。突破狭隘的利益眼界,形成利益共同体的共识,是共同发展理念的精髓,也是推动构建人类命运共同体的基础。

人类命运共同体反映了人类社会共同价值追求,汇聚了世界各国人民向往和平、发展、繁荣的最大公约数,为人类社会实现共同发展、持续繁荣、长治久安绘制了蓝图,指明了前进方向,对中国和平发展、世界繁荣进步都具有重大而深远的意义。当然,构建人类命运共同体,建设持久和平、普遍安全、共同繁荣、开放包容、清洁美丽的世界,是一个历史过程,不可能一蹴而就、一帆风顺,需要一步一步沿着正确道路前进。

第三节 用当代中国马克思主义观察中国与世界

全面把握当代中国与世界的关系,认清世界大势,科学判断社会走向,离不开有力的理论武器、科学的思想方法。马克思主义是认识世界和改造世界的强大思想武器。"要立足时代特点,推进马克思主义时代化,更好运用马克思主义观察时代、解读时代、引领时代,真正搞懂面临的时代课题,深刻把握世界历史的脉络和走向。"[①] 习近平新时代中国特色社会主义思想,立足于不断发展的实践,对时代课题

---

① 《习近平谈治国理政》第 2 卷,外文出版社 2017 年版,第 66 页。

作了最系统、透彻和深刻的解答,是马克思主义中国化的最新理论成果,是当代中国最鲜活的马克思主义。必须坚持和运用习近平新时代中国特色社会主义思想观察当代中国与世界,领会其丰富内涵和精神实质,掌握其思想精髓和思维方法,把握贯穿其中的马克思主义立场、观点、方法,正确认识当代中国和世界的关系,认识当代中国对世界作出的重大贡献。

一、学习运用马克思主义基本原理

恩格斯说过:"一个民族要想站在科学的最高峰,就一刻也不能没有理论思维。"① 中华民族要实现伟大复兴,也同样一刻不能没有理论思维。马克思主义是认识世界、把握规律、追求真理、改造世界的强大思想武器。观察当代中国与世界的深刻变化,必须学习和运用马克思主义基本原理。

马克思主义主要由哲学、政治经济学、科学社会主义三大组成部分构成。这三大组成部分分别来源于德国古典哲学、英国古典政治经济学、法国空想社会主义,然而,它们最终升华为马克思主义的根本原因,是马克思、恩格斯对所处的时代和世界的深入考察,是对人类社会发展规律的深刻把握。马克思主义源于那个时代又超越了那个时代,既是那个时代精神的精华又是整个人类精神的精华。在人类思想史上,没有一种思想理论像马克思主义那样对人类产生了如此广泛而深刻的影响,照亮了人类探索历史规律和寻求自身解放的道路。与马克思、恩格斯所处的时代相比,当代人类社会发生了翻天覆地的变化,但马克思主义所阐述的一般原理从整体上说仍然是完全正确的。

马克思主义是科学的理论,创造性地揭示了人类社会发展规律。在马克思提出科学社会主义之前,空想社会主义者早已存在。他们怀

---

① 《马克思恩格斯文集》第9卷,人民出版社2009年版,第437页。

着悲天悯人的情感,对理想社会有很多美好的设想,但由于没有揭示社会发展规律,没有找到实现理想的有效途径,因而也就难以真正对社会发展发生作用。马克思主义的两大基石唯物史观和剩余价值学说,揭示了人类社会发展的一般规律,揭示了资本主义运行的特殊规律,为人类指明了从必然王国向自由王国飞跃的途径。

马克思主义是人民的理论,第一次创立了人们实现自身解放的思想体系。马克思主义博大精深,归根到底就是一句话,为人类求解放。在马克思之前,社会上占统治地位的理论都是为统治阶级服务的。马克思主义第一次站在人民的立场上探求人类自由解放的道路,以科学的理论为最终建立一个没有压迫、没有剥削、人人平等、人人自由的理想社会指明了方向。马克思主义之所以具有跨越国度、跨越时代的影响力,就是因为它植根人民之中,指明了依靠人民推动历史前进的人间正道。

马克思主义是实践的理论,指引着人们改造世界的行动。马克思说过,"全部社会生活在本质上是实践的"[①],"哲学家们只是用不同的方式解释世界,问题在于改变世界"[②]。实践的观点是马克思主义认识论的基本观点,实践性是马克思主义理论区别于其他理论的显著特征。马克思主义不是书斋里的学问,而是为了改变人民历史命运而创立的,是在人民求解放的实践中形成的,也是在人民求解放的实践中丰富和发展的,为人们认识世界、改造世界提供了强大精神力量。

马克思主义是不断发展的开放的理论,始终站在时代前沿。马克思、恩格斯一再告诫人们,他们的理论不是教条,而是行动指南,必须随着实践的变化而发展。一部马克思主义发展史就是马克思、恩格斯以及他们的后继者们不断根据时代、实践、认识发展而发展的历史,

---

① 《马克思恩格斯文集》第 1 卷,人民出版社 2009 年版,第 501 页。
② 《马克思恩格斯文集》第 1 卷,人民出版社 2009 年版,第 502 页。

是不断吸收人类历史上一切优秀思想文化成果丰富发展理论的历史。因此，马克思主义之所以能够具有强大的生命力和持久的影响力，就在于它是与时俱进的，不断探索时代发展提出的新课题，回应人类社会面临的新挑战。

马克思主义思想理论博大精深、常学常新。要坚持和运用辩证唯物主义、历史唯物主义的世界观和方法论，坚持和运用马克思主义关于世界的物质性及其发展规律，关于人类社会发展的自然性、历史性及其相关规律，关于人的解放和自由全面发展的规律，关于认识的本质及其发展规律等原理，坚持和运用马克思主义的实践观、群众观、阶级观、发展观、矛盾观，真正把马克思主义这个看家本领学精悟透用好。要用鲜活丰富的当代中国实践来推动马克思主义发展，用宽广视野吸收借鉴人类创造的一切优秀文明成果，坚持守正出新、不断超越自己、博采众长、不断完善自己，不断深化对共产党执政规律、社会主义建设规律、人类社会发展规律的认识，不断开辟马克思主义发展的新境界。

二、马克思主义中国化最新成果

马克思主义是与时俱进的理论体系。中国共产党在革命、建设、改革的各个历史时期，坚持马克思主义基本原理同中国实际和时代特征相结合，大力推进马克思主义中国化，先后形成了毛泽东思想、邓小平理论、"三个代表"重要思想、科学发展观等重大理论创新成果，不断开辟马克思主义在中国发展的新境界，为夺取革命、建设、改革的一次又一次胜利提供了强有力的理论指导。党的十八大以来，围绕新时代坚持和发展什么样的中国特色社会主义、怎样坚持和发展中国特色社会主义，中国共产党坚持解放思想、实事求是、与时俱进、求真务实，紧密结合新的时代条件和实践要求，以全新的视野深化对共产党执政规律、社会主义建设规律、人类社会发展规律的认识，进行艰辛理论探索，取得重大理论创新成果，形成了习近平新时代中国特色社会主义思想。这一马克思主义中国化的最新成果，是党和人民实践经验和集体智慧的结晶，是中国精神的时代精华，是国家政治生活和社会生活的根本指针。

时代风云、实践发展多么波澜壮阔，理论创新、思想创造就多么博大精深。习近平新时代中国特色社会主义思想运用马克思主义立场、观点、方法，聚焦新的时代命题，凝结新的思想精华，其内涵十分丰富，具有系统完备的科学体系、特色鲜明的理论品格，包括新时代坚持和发展中国特色社会主义的总目标、总任务、总体布局、战略布局和发展方向、发展方式、发展动力、战略步骤、外部条件、政治保证等方面的基本问题，并根据新的实践在经济、政治、法治、科技、文化、教育、民生、民族、宗教、社会、生态文明、国家安全、国防和军队、"一国两制"和祖国统一、统一战线、外交、党的建设等各方面形成了一系列新理念新思想新战略。

坚持和发展中国特色社会主义，是习近平新时代中国特色社会主义思想的核心要义。中国特色社会主义，是党和人民历尽千辛万苦、付出巨大代价取得的根本成就。坚持和发展中国特色社会主义，是改革开放以来党的全部理论和实践的主题。党的十八大以来，以习近平同志为核心的党中央不断深化对中国特色社会主义的认识思考，提出了许多重大论断、重要思想。比如，强调中国特色社会主义是社会主义，而不是别的什么主义；强调中国特色社会主义道路有"四个走出来"，将中国特色社会主义道路的开辟，从改革开放回溯到新中国成立以来，上溯到中国近代史乃至中华民族史，深刻揭示了中国特色社会主义的历史源流、民族基因和实践基础；强调中国共产党领导是中国特色社会主义的最本质特征和最大制度优势，这是中国共产党、中国人民坚持和发展中国特色社会主义最重要的认识成果、最根本的规律总结；强调要坚持中国特色社会主义道路自信、理论自信、制度自信、文化自信,将"三个自信"扩展为"四个自信",使我们对社会主义的认识在理论维度、实践维度、制度维度的基础上,又增加了更基本、更深沉、更持久的文化维度。这些重大理论创新,丰富拓展了中国特色社会主义的内涵和外延,也为中国立足广袤国土、聚合磅礴之力走好自己的路,提供了更具实践广度、现实深度、历史厚度的思想理论支撑。

"八个明确""十四个坚持"是习近平新时代中国特色社会主义思想的核心内容。"八个明确"是这一思想最为核心关键的组成部分,是支撑习近平新时代中国特色社会主义思想的四梁八柱。"十四个坚持"的基本方略,涵盖坚持党的领导和"五位一体"总体布局、"四个全面"战略布局,涵盖内政外交国防、治党治国治军各个方面,是对党的治国理政重大方针、原则的最新概括,是实现"两个一百年"奋斗目标、实现中华民族伟大复兴中国梦的"路线图"和"方法论"。"八个明确"偏重于理论层面的高度概括和凝练,每一个"明确"都是具有原创性的新思想新观点,集中反映着中国共产党对科学社会主义在当今时代的理论思考和理论贡献。"十四个坚持"偏重于实践层面、方略层面的展开,从结构和逻辑看,第一条是"坚持党对一切工作的领导",最后一条是"坚持全面从严治党",体现着坚持和加强党的全面领导这一当代中国的最高政治原则,贯穿着以自我革命引领社会革命的内在逻辑。"八个明确""十四个坚持"有机融合、有机统一,都凝结着中国共产党坚持和发展中国特色社会主义的经验总结,特别是凝结着以习近平同志为核心的党中央对中国特色社会主义规律性认识的深化、拓展、升华,体现了理论与实际相结合、战略和战术相一致、认识论和方法论相统一的理论特色。

习近平新时代中国特色社会主义思想为创新发展马克思主义作出了原创性贡献,谱写了马克思主义新篇章。这一思想鲜明贯穿着马克思主义立场、观点、方法,始终把马克思主义作为理论起点、逻辑起点、价值起点，集中体现了马克思主义的理论品格和精神实质，闪耀着马克思主义真理光辉，是当代中国最鲜活的马克思主义，充分彰显了马克思主义的强大生命力和中国共产党人的理论创造力，在马克思主义中国化进程中具有里程碑意义。

三、掌握科学的思想方法

马克思主义是世界观和方法论的统一，强调科学认识世界的成果必须转化为指导改造世界的科学方法。习近平新时代中国特色社会主义思想，是坚持和运用辩证唯物主义和历史唯物主义的光辉典范，既是世界观、历史观，也是认识论、方法论；既讲是什么、怎么看，又讲怎么办、怎么干；既部署"过河"的任务，又指导解决"桥或船"的问题。认识当代中国与世界关系，既要全面准确领会其中的丰富内涵、思想体系和实践要求，又要深刻把握贯穿其中的科学思想方法和工作方法，不断增强战略思维、历史思维、辩证思维、创新思维、底线思维能力，在新时代更好地坚持和发展中国特色社会主义，科学分析和把握世界与时代的发展大势。

一是增强战略思维能力。提高战略思维的关键是提高眼界、视野开阔、胸襟博大，以小见大、见微知著，站在时代前沿和战略全局的高度观察、思考、处理问题，透过纷繁复杂的表面现象把握事物的本质和发展的内在规律，既抓住重点又统筹兼顾，既立足当前又放眼长远，既熟悉国情又把握世情，在解决突出问题中实现战略突破、把握战略全局。要增强世界眼光和国际视野，深刻把握当代世界各种力量、各个要素、各方面动因的内在根据、相互联系和发展趋势，准确把握时代发展的基本趋势和规律。要保持战略定力，一以贯之坚持和发展中国特色社会主义道路，既不走封闭僵化的老路，也不走改旗易帜的邪路，在道路、方向、立场等重大原则问题上，旗帜要鲜明，态度要明确，不能有丝毫含糊；必须始终保持清醒头脑，不为各种错误观点所左右，不为各种干扰所迷惑。

二是增强历史思维能力。"历史是一面镜子，从历史中，我们能够更好看清世界、参透生活、认识自己；历史也是一位智者，同历史对话，我们能够更好认识过去、把握当下、面向未来。"① 要以史为鉴、知古鉴今，加强对中国历史、党史国史、社会主义发展史和世界历史的学习，深刻总结历史经验、把握历史规律、认清历史趋势，在对历史的深入思考中更好走向未来。要思接千载、视通万里，从历史纵深观察和认识问题，坚持把历史、现实、未来贯通起来，对重大问题、战略问题作出深刻的历史比较和分析，打造出强烈的历史担当精神。

三是增强辩证思维能力。提高辩证思维能力，就是要提高在矛盾对立统一过程中把握事物发展规律的能力，坚持发展地而不是静止地、全面地而不是片面地、系统地而不是零碎地、普遍联系地而不是单一孤立地观察事物，准确把握客观实际，真正做到一切从实际出发，妥善处理各种重大关系。要善于处理局部和全局、当前和长远、重点和非重点的关系，在权衡利弊中趋利避害，作出最为有利的战略抉择。增强辩证思维，必须坚持两点论与重点论的统一，既要注重总体谋划，又要注重牵住"牛鼻子"。要讲究"十个指头弹钢琴"的艺术，统筹兼顾、综合平衡，突出重点、带动全局，有的时候要抓大放小、以大兼小，有的时候又要以小带大、小中见大。

四是增强创新思维能力。客观实际本质上是变动发展的，尤其在当代，新情况、新变化层出不穷是基本态势，更加需要具备创新思维。生活从不眷顾因循守旧、满足现状者，从不等待不思进取、坐享其成者，而是将更多机遇留给善于和勇于创新的人。要坚持实事求是、解放思想，不迷信本本，不迷恋经验，不固守教条，善于因时制宜，勇

---

① 《习近平谈治国理政》第 2 卷，外文出版社 2017 年版，第 351 页。

于开拓创新。增强创新思维，必须树立强烈的问题意识和问题导向。人类认识世界和改造世界的过程就是发现问题、解决问题的过程。问题是时代的声音，每个时代总有属于这个时代的问题，只有树立强烈的问题意识，实事求是地对待问题、科学分析问题、深入研究问题、弄清问题性质、找到症结所在，才能找到引领时代进步的路标，不断有效破解前进中的各种难题，开创新时代党和国家事业发展新局面。

五是增强底线思维能力。"人无远虑，必有近忧。"只有凡事从最坏处准备，努力争取最好的结果，才能有备无患、遇事不慌，牢牢把握主动权。毛泽东多次说过，不论任何工作，我们都要放在最坏的基础上来设想，从最坏的可能性来想，来部署。当前和今后一个时期，中国在国际和国内面临的矛盾和风险都不少，决不能掉以轻心，各种风险都要防控，但重点要防控那些可能迟滞或中断中华民族伟大复兴的全局性风险，这是强调底线思维的根本含义。比如，在道路方向问题上，强调不能犯颠覆性错误，既不走封闭僵化的老路，也不走改旗易帜的邪路；在经济建设方面，强调要把防控金融风险放到更加重要的位置，坚决守住不发生系统性风险底线；在依法治国方面，强调牢固树立法律红线不能触碰、法律底线不能逾越的观念，自觉维护法律尊严和权威；在生态环境保护方面，强调实行最严格的生态环境保护制度，严守生态保护红线；在外交战略方面，强调坚持走和平发展道路，但决不能放弃正当权益，决不能牺牲国家核心利益等。总之，增强底线思维，最根本的就是决不能触碰、践踏和逾越那些事关党和国家事业兴衰成败、中国特色社会主义前途命运、中华民族伟大复兴和中国人民根本利益的原则界限。

学习和掌握中国马克思主义特别是当代中国马克思主义，既是树立正确的世界观和方法论的需要，也是个人励志追远、精神升华、领悟人生的需要。马克思主义在实现了哲学的革命性变革的同时，也变革了人们的理想信念方式，解决了人生的精神追求问题。马克思主义信仰，是以汇集人类一切优秀文明成果为基础形成的精神追求。坚定对马克思主义的信仰，必须不断地在学习人类优秀文明成果的基础上建立和升华自己的崇高信念。正如列宁指出的："只有了解人类创造的一切财富以丰富自己的头脑，才能成为共产主义者。"① 因此，坚定理想信念、提升精神境界，最根本的是要从理论和实践的结合上，加深对马克思主义的理解和把握，把个人命运和国家、民族的发展有机统一起来，更好实现人生价值。

"中国马克思主义与当代"课程是博士研究生思想政治理论课必修课程。学习本课程的目的主要是：深入理解和把握当代中国马克思主义，自觉掌握马克思主义的世界观和方法论，分析新时代的中国与当代世界面临的重大理论和实践问题，为进一步开展科学研究和实践工作奠定良好的理论基础。中国是发展的，世界是发展的，当代中国马克思主义也是对马克思主义的坚持和发展，前沿性、全局性、综合性是本课程的特色，要聚焦当代中国马克思主义的最新发展，观察和分析当代中国与世界的前沿性问题。学习本课程，既要深入研读当代中国马克思主义重要文献，掌握当代中国马克思主义的精神实质，不断提高理论思维能力，又要认真学习掌握专业学科领域的重要成果和最新进展，结合自己的专业及理论兴趣，进行拓展性阅读和思考，不断提高运用当代中国马克思主义指导学术研究的能力。

□ 分析与思考

1. 为什么说习近平新时代中国特色社会主义思想是马克思主义中国化最新成果？

2. 为什么说随着中国特色社会主义进入新时代，中国与世界的关系也处在了一个新的历史起点上？

3. 当代中国的国际地位和影响力都发生了重要的变化。对此，国际社会在对中

---

① 《列宁专题文集　论无产阶级政党》，人民出版社 2009 年版，第 281—282 页。

国智慧和中国方案日益认同的同时，也存在不断地为中国设置所谓的"修昔底德陷阱"，制造中国与世界的隔阂的各种杂音。请谈谈如何坚持习近平新时代中国特色社会主义思想，认清历史大势，承担时代责任？

第一章
当代世界经济

经济全球化的深入发展是当今世界经济的基本方向。2008年国际金融危机爆发以来,世界经济进入深度调整期,全球性问题的挑战加剧了世界经济发展的不确定性,世界经济增长依旧乏力,贸易保护主义、孤立主义、民粹主义等思潮不断抬头,经济全球化遭遇波折。在充分估计世界经济调整曲折性的同时,更要看到经济全球化进程不会改变。全球市场已经形成一个整体,各国发展环环相扣,一荣俱荣、一损俱损,没有哪一个国家可以独善其身,合作共赢是必然选择。当代中国经济已经同世界经济深度融合,成为世界经济的重要引擎,成为经济全球化健康发展的坚定推动者和中坚力量。

第一节 经济全球化进程中的当代世界经济

当代世界经济的显著特征,就是经济全球化纵深发展,各国各地区之间的经济联系空前密切,人们的生产方式和生活方式不断发生变化。经济全球化不仅使世界各国的经济都受到深刻影响,也使世界经济格局和国际经济秩序经历着巨大改变,进而对世界政治、文化产生深远影响。如何应对经济全球化带来的机遇和挑战,实现更稳健的、持续的发展,是当代世界各国都必须面对和解决的时代课题。

一、经济全球化的深入发展

经济全球化是人类社会发展到一定阶段的必然产物，是社会化大生产发展的必然趋势，为世界经济增长提供了强劲动力，促进了商品和资本流动、科技和文明进步、各国人民交往。经济全球化的形成和发展，标志着世界经济发展进入了一个新的阶段。

1. 经济全球化是社会化大生产发展的必然趋势

经济全球化是指在科技革命尤其是信息技术革命的基础上，通过国际贸易、国际金融、国际投资以及技术和人员的国际流动，世界各国各地区的经济越来越紧密地结合成一个高度相互融合、相互依存的有机整体的过程。经济全球化是社会生产力发展的客观要求和科技进步的必然结果，不是哪些人、哪些国家人为造出来的。

马克思的世界市场理论产生的背景是萌芽于15—18世纪的近代经济全球化，这一理论是孤立的封闭的国内市场、民族历史走向国际市场、世界历史的客观反映，也是唯物史观的具体体现。从思想史的角度来看，探讨经济全球化问题是不可能绕过马克思的，这是许多学者的一致看法。马克思主义认为，人类社会最终将从各民族的地域历史走向世界历史。世界市场是历史发展到一定时期的结果，它是以近代地理大发现为历史契机、以生产力发展和资本的扩张为基本动力而逐渐形成的。早在资本主义发展初期，马克思、恩格斯就指出："不断扩大产品销路的需要，驱使资产阶级奔走于全球各地。它必须到处落户，到处开发，到处建立联系。"[①] 在生产力发展的三个阶段（简单协作—工场手工业—机器大工业）以及各民族和国家间的分工发展的三个阶段（分工的出现—分工的发展和扩大—分工的普遍化和进一步扩大化）中，包含着世界市场形成和发展的趋势。简单地说，生产力的发展带来分工的扩大，而分工的扩大引起普遍的交往与联

---

① 《马克思恩格斯文集》第2卷，人民出版社2009年版，第35页。

系,这种交往和联系又首先和主要体现在商业贸易上。商业贸易发展到一定的程度,必然冲破国内市场的限制而走向国际,世界市场随之形成。而机器大工业的发展大大加快了上述链条的运转,进一步扩大了世界市场。

资本的扩张本性是推动世界市场形成和发展的直接动因。人类社会从各民族的历史向全世界历史的转变,是资本主义的首创。在《共产党宣言》中,马克思、恩格斯对于资产阶级在创造世界历史过程中的革命性作用进行了充分的说明:"资产阶级,由于开拓了世界市场,使一切国家的生产和消费都成为世界性的了。……过去那种地方的和民族的自给自足和闭关自守状态,被各民族的各方面的互相往来和各方面的互相依赖所代替了。物质生产是如此,精神的生产也是如此。……它迫使一切民族——如果它们不想灭亡的话——采用资产阶级生产方式;它迫使它们在自己那里推行所谓的文明,即变成资产者。一句话,它按照自己的面貌为自己创造出一个世界。"[①]

经济全球化的过程是生产社会化程度不断提高的过程。在经济全球化进程中,社会分工得以在更大的范围内进行,资金、技术、人才等可以在国际范围内流动和配置,由此可以带来巨大的分工利益,推动世界范围内生产力的发展。因此,经济全球化具有推动社会生产力发展的历史进步性。同时,到目前为止,经济全球化是在发达资本主义国家主导下发展的,同资本主义生产关系向全球扩展有密切的联系。这意味着经济全球化的发展过程也是资本主义基本矛盾在全球范围内深化的过程,是发展中国家同发达国家之间矛盾不断加剧的过程。因此,对于世界各国各地区来说,经济全球化既带来机遇,又带来挑战。

经济全球化使当代世界经济真正变成一个整体。为了适应社会生

---

① 《马克思恩格斯文集》第2卷,人民出版社2009年版,第35—36页。

产力高度发展的需要，世界各国不断消除商品和各种生产要素跨国流动的障碍，使得国际贸易、国际金融、国际投资以及国家之间的技术和人员的流动更加自由，各国经济出现了"你中有我、我中有你"的相互融合、相互依存的局面。在这一有机整体中，各国各地区的生产、分配、交换、消费等活动都不过是其中的一环。经济全球化作为世界经济发展的新阶段，最显著、最主要的特征就是高度的对外开放和全面的相互依存。

2. 经济全球化的发展阶段

经济全球化从何时开始，国内外一直有不同的看法。但普遍认为经济全球化是逐步发展形成的，只是到了当代在一系列因素的作用下，人们才更加强烈地感受到经济全球化在世界范围内影响的广度和力度。马克思曾以世界市场的发展为线索，将到他那时为止的经济全球化过程划分为三个时期：美洲和通往东印度航线的发现，扩大了交往，使工场手工业和整个生产有了巨大发展，这是第一个时期。"从那里输入的新产品，特别是进入流通的大量金银……冒险者的远征，殖民地的开拓，首先是当时市场已经可能扩大为而且日益扩大为世界市场，——所有这一切产生了历史发展的一个新阶段。"① 17 世纪中至 18 世纪末为第二个时期。"商业和航运比那种起次要作用的工场手工业发展得更快；各殖民地开始成为巨大的消费者；各国经过长期的斗争，彼此瓜分了已开辟出来的世界市场。"② 此后的机器大工业开辟了第三个时期。"大工业创造了交通工具和现代的世界市场，控制了商业，把所有的资本都变为工业资本，从而使流通加速……资本集中。"③

经济全球化的概念是在 20 世纪 80 年代中期才提出来的，但经济

---

① 《马克思恩格斯文集》第 1 卷，人民出版社 2009 年版，第 562 页。
② 《马克思恩格斯文集》第 1 卷，人民出版社 2009 年版，第 563 页。
③ 《马克思恩格斯文集》第 1 卷，人民出版社 2009 年版，第 566 页。

全球化的历史进程早就已经开始。在当代，经济全球化趋势与其历史发展进程一脉相承，但不是历史上经济全球化的简单重演，而是以跨国公司为核心载体，以资本和技术尤其是信息技术流动为主要特征的，其影响范围、发展速度均超过了任何历史时期，给世界各国各地区提供了更为广阔的发展空间。

3. 经济全球化的表现

经济全球化的深入发展，对当代世界经济产生了重大而深远的影响，表现出一些鲜明的特点。

一是跨国公司的发展与生产全球化。经济全球化是从商品流通领域起步的，最初表现为商品输出和对外贸易的发展。随着资本主义进一步发展和资本积累的增进，过剩资本必然向国外寻找出路。资本主义国家对外投资，开始还以间接投资为主。20世纪80年代中期以后，对外直接投资逐渐成为主要形式而大规模地发展起来，并促成生产的全球化发展。当今的经济全球化正是伴随着这一发展过程而发展起来的。作为全球化生产的企业组织形式，跨国公司在这一时期有了迅猛发展。对外直接投资在世界经济发展中起着越来越重要的作用。对外直接投资不仅促进了资金的国际流动，而且也有力推动了资源、技术、管理以及劳动力等其他生产要素的跨国流动和优化配置。这样，各国的生产便联结成在国际分工基础上的统一的商品生产的世界体系，使世界生产获得迅猛发展。正是生产的全球化推动了所有其他经济因素的全球化发展，不断推动经济全球化向深入发展。

二是贸易全球化。国际贸易作为国际经济活动的基本方式，已经有了很久的发展历史，但它以往的发展和现阶段的发展却无法相比。随着科学技术迅猛发展，世界生产显著增长，贸易自由化运动不断发展，使国际贸易迎来了它的真正发展期。世界产品中提供国内市场的份额越来越小，参与国际贸易的份额越来越大，各国经济发展对国际贸易的依存度不断增加。国际贸易的发展不仅表现在数量上，而且也表现在贸易结构和贸易方式等方面的变化上。相对于初级产品来说，工业制成品贸易呈上升趋势，比重逐步提高。相对于传统产品来说，高新技术产品进出口增长迅速、比重不断加大。在国际商品贸易（有形贸易）继续发展的同时，国际服务贸易（无形贸易）更为迅速地发展起来。其他如技术、专利、商标、版权等所谓的"软"产品贸易也日趋活跃。此外，新型电子化贸易手段，如电子数据交换已在国际贸易中广泛运用，其他如电子商务、电子资金转账等也已逐渐推广开来。世界贸易组织的成立和扩大，不仅大大推动了贸易自由化，也逐渐把国际贸易纳入制度化的轨道，有力地促进了国际贸易的发展。正是如此，才促进了国际分工和协作的发展，推动形成了统一的世界市场，把各国的经济更紧密地联结为一个整体。

三是金融全球化。19世纪中后期，随着资本主义的对外扩张，资本输出就开始了，资本的国际流动也经历了较长时间。20世纪80年代中期以后，在世界生产和国际贸易巨大发展的基础上，在金融自由化、信息革命和金融创新的推动下，金融全球化日益成为经济全球化的重要内容和突出表现。20世纪90年代初，证券融资已占国际资本市场融资总量的60%~70%，各类基金组织作为机构投资者日渐成为国际资本市场上的生力军，无论是这些基金组织的数量还是所掌握的资金规模都有了迅速扩大，对世界金融市场的发展产生重大影响。作为金融全球化的主要载体，跨国银行及其他跨国金融机构的发展引人注目，跨国银行及其境外分支机构的发展表现为电子网络的扩大，特别是通过并购实现更大的集中度和规模，一批超大型的银行建立并在金融全球化中发挥越来越重要的作用。随着新兴市场国家和发展中国家的发展，新兴资本市场也迅速崛起并成为国际证券投资热点，构成国际资本市场的一个不可忽视的组成部分。目前，电子信息技术正把各国金融市场联结为全球统一的金融市场。由于金融的强大渗透力，国际金融的发展较之对外直接投资和国际贸易的发展更加迅速，但同时也对各国金融监管和金融安全提出了新的挑战。

二、经济全球化对世界的影响

当代世界正处于大发展大变革大调整时期。经济全球化引起的一系列新变化,给世界格局带来重大而深远的影响。

1. 经济全球化对发达国家的影响

发达国家是经济全球化的主导者和推动者,这种主导作用取决于它们较早完成了工业化革命,经济实力雄厚,生产力发展水平较高,以及它们在当代先进科技尤其是信息技术上具有明显优势。经过数百年的发展,发达国家已经拥有较为成熟的市场经济体制。正是凭借这些因素,发达国家在国际经济关系中居于主导地位,从而成为经济全球化的主导者和最主要的受益者。

一方面,经济全球化对发达国家产生了积极影响。经济全球化使发达国家通过对外贸易和投资渠道获取了巨额现实经济利益,为发达国家扩大出口贸易提供了更为广阔的国外市场,可以充分利用国外的自然资源和廉价劳动力实现全球资源的优化配置,获取更大的市场份额,从中获取多重经济利益。发达国家的主导地位还使其成为世界经济规则的制定者,不断扩展对外经济活动空间,谋求在国际经济活动中的潜在利益。经济全球化有利于发达国家转移劳动密集型产业、高能耗高污染产业,发展具有更高附加价值的资本密集型和技术密集型产业,从而加快了发达国家的产业结构升级。经济全球化所造成的科技全球化和人员流动全球化,为受过良好教育、具有高技能的人才的跨国流动创造了条件,使发达国家引进高素质人才更加便捷,有助于增强发达国家科学技术水平与产业国际竞争力。

另一方面,经济全球化也对发达国家产生了消极影响。随着经济全球化的深入发展,金融资本流动速度加快,规模不断增大,金融衍生工具层出不穷,既容易造成发达国家资金的充溢和流动性泛滥,又容易增加金融市场的不稳定性，金融有效监管的难度增加，使发达国家面临严重的金融风险。随着资本在全球范围内谋求更大的利润空间，发达国家向发展中国家转移劳动密集型、高能耗、高污染产业的步伐也逐步加快，一些发达国家出现产业"空心化"问题。这是资本主导下的经济全球化的必然结果。

虽然就总体而言，发达国家是经济全球化的最大受益者，但经济全球化所带来的利益在发达国家之间及其内部各个地区、行业和人群之间的分配并不均衡，由经济全球化所导致的收入分配差距扩大、贫富悬殊的现象在发达国家也普遍存在。

2. 经济全球化对发展中国家的影响

对于广大发展中国家而言，经济全球化的深入发展，同样存在着积极影响和消极影响，既带来重要的发展机遇，也带来诸多风险与挑战。特别是对于一些经济基础薄弱、经济发展滞后、经济依赖性强的发展中国家，经济全球化带来的消极影响可能会大于积极影响，甚至影响本国经济的持续健康发展。

一方面，经济全球化给发展中国家带来难得的发展机遇。经济全球化有利于发展中国家引进资金、技术和先进的管理经验，为充分利用国内国外两种资源、两个市场实现经济现代化提供了可能；发展中国家可以充分发挥比较优势，发挥劳动力资源丰富优势，提高自然资源的利用效率，扩大本国产品的国际市场，实现更快的经济发展；有利于发展中国家加快工业化、城镇化的进程，解决本国就业问题，提高了人民收入水平；有利于发展中国家通过承接发达国家对外产业转移和服务外包，提升自己的技术能力和管理经验，实现自身更好的发展等。

另一方面，对于发展基础本来就较弱的发展中国家来说，经济全球化带来发展机遇的同时，由于不公正不合理的国际经济秩序的存在，也对其经济社会发展产生一定的冲击和负面影响。经济全球化所带来的各国经济的相互开放与一国国家主权的排他性本身就是矛盾的，在经济开放条件下，发展中国家管理本国经济事务的能力受到挑战，维护经济主权和安全的难度更大。大量资本流入发展中国家，虽有利于推动经济发展，但也会使其面临着巨大的金融风险，甚至在金融体制尚不健全、监管能力不强的情况下酿成金融危机，使经济增长积累的成果丧失殆尽。盲目承接发达国家的劳动密集型、高能耗、高污染产业转移，也容易损害发展中国家经济可持续发展能力，造成资源过快枯竭、环境污染等问题。

必须看到，经济全球化是全球范围内社会生产力发展的客观要求。发展中国家只有顺应时代潮流，立足本国实际，采取正确的政策趋利避害、妥善应对，才能实现更好的发展。

3. 经济全球化对世界格局的影响

马克思主义认为，物质生活的生产方式制约着整个社会生活、政治生活和精神生活的过程。经济全球化的深入发展，不仅深刻影响着当代世界经济的发展，也深刻影响着当代世界政治、文化的发展。

第一，经济全球化推动世界经济秩序的变革。长期以来，经济全球化都是由发达国家所主导的，发展中国家处于被支配的边缘地位。同时也应看到，随着经济全球化的深入发展，新兴市场国家和发展中国家群体性崛起成为不可逆转的时代潮流，在世界经济中扮演着越来越重要的角色。在这一过程中，中国经济发展始终保持中高速增长，已经成为世界经济的重要引擎。中国始终以积极的姿态活跃在国际舞台上，致力于推动经济全球化朝着更加开放、包容、普惠、平衡、共赢的方向发展，成为经济全球化的重要参与者、贡献者和引领者。正如习近平所指出的："20年前甚至15年前，经济全球化的主要推手是美国等西方国家，今天反而是我们被认为是世界上推动贸易和投资自由化便利化的最大旗手，积极主动同西方国家形形色色的保护主义作斗争。"① 经济全球化

---

① 《习近平谈治国理政》第2卷，外文出版社2017年版，第212页。

的深入发展，发展中国家经济实力和影响力的不断增强，将有利于推动世界经济秩序的变革与调整，推动经济全球化的健康发展。

第二，经济全球化深刻影响世界政治格局的调整。经济全球化的深入发展，使不同国家和地区结成了"你中有我、我中有你"、一荣俱荣、一损俱损的关系，必然要求建立反映世界多极化现实、更加强调以规则制度来协调的国际关系。资本主导下的经济全球化，虽然为世界经济发展注入了活力，但由于资本的天性是最大限度地逐利，必然会想方设法地影响各国经济政策的设计，甚至按照自己的意愿改变一个国家的政治走向。这是当代世界政治不公正不合理问题的根本原因。推动经济全球化健康发展，世界各国必须摒弃过时的零和思维，不能只追求你少我多、损人利己，更不能搞你输我赢、一家通吃，而是要坚持义利兼顾、义利兼得、义利平衡，最终实现义利共赢。

第三，经济全球化深刻影响当代世界文化的发展。经济全球化的深入发展，极大促进了世界各国之间的人员往来和文化交流，打破了区域性文化闭塞，扩大了不同文化的传播面，使文化多元多样多变的特征和趋势更加凸显。"物质的生产是如此，精神的生产也是如此。各民族的精神产品成了公共的财产。民族的片面性和局限性日益成为不可能，于是由许多种民族的和地方的文学形成了一种世界的文学。"[①] 但不能忽视的是，经济全球化也会带来文化渗透甚至文化侵略等问题，对一个国家的文化安全提出严峻挑战。在各种文化交流交融交锋变得更加频繁的情况下，如何保持本国文化的独立性、增强国家文化软实力，也成为世界各国特别是发展中国家必须面对的重大课题。

三、经济全球化背景下当代世界经济面临的主要问题

经济全球化作为不以人的意志为转移的必然趋势，反映了社会生

---

① 《马克思恩格斯文集》第2卷，人民出版社2009年版，第35页。

产力的客观要求,具有历史进步性,并显示出强大的生命力。尽管如此,经济全球化背景下,当代世界经济也面临发展不平衡加剧、经济不确定因素增多、全球经济治理相对滞后、生态环境持续恶化等诸多问题。这些问题的出现,根本原因在于经济全球化在一定程度上仍被资本所主导,是资本主义生产方式在世界范围内推行的必然结果。

1. 南北差距不断扩大,全球发展失衡问题更为突出

南北发展的不平衡是世界经济最大的不平衡。南北差距的显著扩大会使南北矛盾加剧,并因此造成世界上各种对立和冲突。

发展中国家与发达国家的经济发展原本就存在很大的差距,而各自从经济全球化中获益又极不平等,这加剧了全球发展的失衡。在经济全球化过程中,发达国家在国际分工中处于价值链的高端,获取了贸易全球化所带来的绝大部分利益,而发展中国家通过对外贸易获取的大量外汇储备流入了发达国家,发展中国家的大量优秀人才也被吸引到了发达国家,这些都使经济全球化带来的利益大部分为发达国家所获得。随着经济全球化的深入发展,发展中国家的发展速度总体上相对缓慢、经济社会发展相对滞后成为当今世界的突出问题,尤其是最不发达国家在经济全球化过程中日益被"边缘化"和"外围化"。

2. 世界经济发展不确定因素增多,各国宏观经济调控难度加大

在经济全球化背景下,世界经济发展之所以具有更多不确定性,更易引起经济的动荡不安,一个重要的原因就在于资本主义生产方式以及市场运行机制在全球的扩展。市场机制对生产和流通的调节具有一定的盲目性,经济运行易于发生波动,总供给和总需求的严重失衡还会导致周期性经济危机。更重要的是金融自由化、全球化的发展,使金融资本流动加速、规模更大、投机性加强。金融衍生产品层出不穷,规模庞大的国际"热钱"和对冲基金使金融交易与实体经济活动几乎完全脱节,对那些金融体制有缺陷、监管不力的国家来说,风险

在所难免。

在贸易全球化条件下，商品与要素的大规模自由流动，也极易受到国际市场风云变幻的影响，国际游资在国际市场上对大宗商品和战略物资的恶意炒作，使其价格大起大落，全球股市、汇市、期市更是变化莫测，所有这一切都大大加剧了世界经济的动荡与不安，对各国经济管理提出了空前严峻的挑战。经济全球化使得各国经济开放度大为提高，一国经济的对内均衡与对外均衡紧密相连并互相制约，外部冲击对一国经济稳定运行的作用变得更加重要。面对有可能随时变化的剧烈外部冲击，为确保本国宏观经济稳定运行，各国政府的经济政策经常陷入两难境地。

此外，当今世界经济发展的不确定性，还来自于美国对现有国际经贸规则的藐视和破坏。美国是当今世界最大最发达经济体，是现有国际经贸规则的主要发起者、设计者、倡导者，并由此获得了巨大利益。但是，美国把国际经贸规则当作自家的工具，想否定就否定，想换就换，而且美国对待国际经贸规则的这种态度已经成了一种习惯。在所谓"美国优先"政策的驱动下，美国随意歪曲现有国际经贸规则的合理性，否定其从中受益的基本事实，肆意挥舞贸易大棒，严重破坏现有国际经贸规则的正常运行，严重阻碍世界经济复苏。

3. 全球经济治理明显滞后，世界经济秩序不公正不合理的问题依然存在

长期以来，在全球经济治理中，发达国家掌握着主动权，主导着全球经济治理，从而形成了一个符合发达国家利益和愿望的、不公正不合理的全球经济治理体系。与经济全球化快速发展、深刻变化的形势形成鲜明对比的是，现行全球经济治理体系不适应现实需要的地方越来越多，国际社会对变革全球经济治理、建立更加公正合理有效的国际经济治理体系的呼声越来越高。随着发展中国家力量的增强以及合作的加强，发展中国家参与全球经济治理、在世界经济中维护自身

利益的意愿不断增强。但是，发达国家并不愿意放弃长期以来形成的优势地位和垄断利益，从而导致全球经济治理明显滞后于世界经济发展。

国际经济秩序是指使世界经济正常运行的行为规范及其保障机制。行为规范通常体现为国际规则、国际协议、国际惯例等，而保障机制通常体现为国际组织、国际会议以及其他相关国家都认可的组织形式。现行国际经济秩序的主要载体是布雷顿森林体系及其变型。以世界银行、国际货币基金组织和世界贸易组织（其前身是关贸总协定）为基础的布雷顿森林体系对维护世界经济稳定起了很大作用。但是，由于现行国际经济秩序是由发达国家主导的，因此也存在不公正不合理的问题。近年来，这一问题表现得更加明显：资本跨国流动的自由要远大于劳工流动的自由，导致全球范围内劳工利益受到损害，也导致发展中国家在面对国际垄断资本时难以维护本国人民的正当权益；在国际贸易领域，发达国家一方面强制要求发展中国家降低关税、打开国门施行自由贸易，另一方面对于国内的某些市场和产品加以严格保护，严重损害了发展中国家的利益，典型的例子就是美国等发达国家对于本国农产品市场的补贴和保护。

4. 全球生态环境持续恶化，经济可持续发展能力亟待增强

人类发展与自然环境之间的矛盾由来已久，但只是在资本主义大工业确立并向全球扩展以后，大规模的工业生产才使环境加速恶化。现代工业在给人类带来物质文明的同时也带给人类各种环境问题。特别是随着经济全球化的深入发展，环境污染和生态环境破坏也加速跨越国界向全球扩展。

发达国家出于提高其自身生活环境质量的需要以及为了降低环保成本，将原有的高能耗高污染产业转移到发展中国家，甚至一些发达国家还借机把大量危险废物和有害垃圾出口到发展中国家，这种做法加剧了对全球生态环境的破坏。同时，一些发展中国家为了加速工业

化进程以适应经济全球化发展的需要，往往只顾眼前利益而不顾环境保护和资源的承受能力，过度发展劳动密集型或高污染高排放的产业，然后以低廉的价格向国际市场出口其产品，结果是发达国家居民享受到了来自发展中国家的物美价廉的产品，而污染却留在了生产这些产品的发展中国家。

第二节　引领经济全球化健康发展

当前，世界经济复苏乏力，引发国际金融危机的深层次矛盾远未解决，一些国家政策内顾倾向加重，保护主义抬头，"逆全球化"思潮暗流涌动。解决世界经济面临的种种问题与挑战，关键要在正确认识经济全球化发展趋势的基础上，积极推动经济全球化朝着开放、包容、普惠、平衡、共赢方向发展。

一、推动共同发展、合作共赢的经济全球化

资本主导下的经济全球化，本质上是放任资本逐利、导致两极分化的经济全球化。国际金融危机就是金融资本过度逐利带来的严重苦果。而推动共同发展、合作共赢的经济全球化，是引领世界经济走出困境的唯一出路。

1. 建设创新型世界经济，增进经济全球化的发展活力

当代世界科学技术发展日新月异，以互联网为核心的新一轮科技和产业革命蓄势待发，人工智能等新产业、新技术、新业态层出不穷。研究表明，全球95%的工商业同互联网密切相关，世界经济正在向数字化转型。人工智能、虚拟现实等新技术的出现，虚拟经济与实体经济的结合，给人们的生产方式和生活方式带来革命性变化。

变革创新是推动人类社会向前发展的根本动力。谁排斥变革，谁

拒绝创新，谁就会落后于时代，谁就会被历史淘汰。创新是促进科技发展的必由之路，也是从根本上打开增长之锁的钥匙。在世界经济增长动力不足的情况下，世界经济增长需要发掘新动力，新旧动能转换已成为世界经济复苏繁荣的关键。这个动能首先来自创新。在数字经济和新工业革命领域加强合作，共同打造新技术、新产业、新模式、新产品，对发展中国家有利，也将为发达国家带来市场和投资机遇，增强全球经济的活力。建设创新型世界经济，需要各国合力推动，把握新一轮科技革命和产业变革的历史性机遇，在充分放大和加速其正面效应的同时，把可能出现的负面影响降到最低，提升世界经济中长期增长潜力。

2. 建设开放型世界经济，拓展经济全球化的发展空间

建设开放型世界经济是引领经济全球化走出困境的重要途径。当今世界，经济全球化深入发展，各国经济加速融合，各国只有打开国门搞建设，实行更加积极主动的开放战略，才能获得推动发展所必需的资金、技术、资源、市场、人才乃至机遇，不断为经济发展注入新动力、增添新活力、拓展新空间。人类社会发展的历史证明，开放带来进步，封闭必然落后。推进互联互通、加快融合发展成为促进共同繁荣发展的必然选择，任何国家都不能关起门来搞建设，那种企图重回以邻为壑的老路，搞贸易保护主义、画地为牢，不仅无法摆脱自身危机和衰退，而且会收窄世界经济的发展空间。

中国作为世界主要经济体，是建设开放型世界经济的重要力量。中国采取大幅度放宽市场准入、创造更有吸引力的投资环境、加强知识产权保护、主动扩大进口等举措；以更进一步的贸易自由化和投资便利化，扩大世界贸易和投资这两大经济引擎的发展空间，支持开放、透明、包容、非歧视性的多边贸易体制和投资机制建设；加快实施贸易和投资自由化便利化政策，扩大服务业对外开放，加快建设高标准自由贸易试验区，探索建设自由贸易港，构建面向全球的自由贸易区

网络；加大对发展中国家特别是最不发达国家援助力度，促进缩小南北发展差距，以实际行动推动经济全球化造福世界各国人民。

3. 建设联动型世界经济，凝聚经济全球化的互动合力

联动发展是对互利共赢理念的最好诠释。在经济全球化时代，各国发展环环相扣，没有哪一个国家可以独善其身，协调合作是必然选择。实现联动发展，既能为他国提供发展动力，也能为自身创造更大发展空间。

建设联动型世界经济，一是加强政策规则的联动，一方面通过宏观经济政策协调放大正面外溢效应，减少负面外部影响，另一方面倡导交流互鉴，解决制度、政策、标准不对称问题。二是夯实基础设施的联动，加大对基础设施项目的资金投入和智力支持。三是增进利益共赢的联动，推动构建和优化全球价值链，扩大各方参与，打造全球增长共赢链。只有加强各国之间的合作和协调，及时互通信息和资源，优势互补，联动发展，才能使世界经济真正走出困局。

4. 建设包容型世界经济，夯实经济全球化的共赢基础

发达国家主导的经济全球化，往往以牺牲一部分国家的利益为基础，换取其他国家经济的飞速发展。推动经济全球化不能再走这样的老路，而应实现世界各国包容发展、合作共赢。据有关统计，当前全球最富有的1%人口拥有的财富量超过其余99%人口财富的总和，7亿多人口生活在极端贫困之中。对很多家庭而言，拥有温暖住房、充足食物、稳定工作还是一种奢望。这反映出经济全球化进程中各国、各社会阶层发展的极度不平衡，也是一些国家社会动荡的重要原因。此外，技术进步对就业的挑战日益突出，如何处理好公平和效率、资本和劳动、技术和就业的矛盾，使经济全球化更具包容性，也是当今世界面临的重大课题。

推动包容发展、合作共赢的经济全球化，既要让世界各国成为经济全球化的受益者，也要让增长和发展惠及所有国家和人民，让各国

人民特别是发展中国家人民的日子都一天天好起来。

二、开辟经济全球化的新路径

推动经济全球化健康发展,应该是世界的事由世界各国商量着办,各国共同参与、共享经济全球化成果,实现共同发展的经济全球化。随着中国日益走近世界舞台中央,中国引领经济全球化健康发展的力量也越来越强。

1. 国家间合作发展的新模式

经济全球化是时代潮流,各国和各国人民都应该从这一进程中受益。在经济全球化面临挑战的形势下,中国创造性地提出"一带一路"倡议,成为区域和全球经济发展的领跑者。"一带一路"的重大意义就在于对经济全球化新路径的探索,为实现新型国际合作提供了根植历史、面向未来的宏大构想,展现了中国的全球视野、世界胸怀和大国担当。

"一带一路"倡议秉持共商共建共享的基本原则。共商,就是集思广益,好事大家商量着办,使"一带一路"建设兼顾双方利益和关切,体现双方智慧和创意。共建,就是各施所长、各尽所能,把双方优势和潜能充分发挥出来,聚沙成塔、积水成渊,持之以恒加以推进。共享,就是让建设成果更多更公平惠及全体人民,打造利益共同体和命运共同体。"一带一路"建设不是封闭的,而是开放包容的;不是中国一家的独奏,而是沿线国家的合唱。"一带一路"建设不是要替代现有地区合作机制和倡议,而是要在已有基础上,推动沿线国家实现发展,更好造福各国人民,从而推动构建人类命运共同体。随着"一带一路"的深入推进、逐步变成现实,经济全球化的新路径终将被开辟出来,成为活生生的现实。

"一带一路"倡议的核心内涵,是建立在政策沟通、设施联通、贸易畅通、资金融通、民心相通基础上的合作。当今各国合作的障碍,源于政策难沟通、设施不联通、资金难融通、贸易不畅通、民心有隔阂和政府之间不信任等。开辟经济全球化的新路径，就要深化各国间政策沟通，增进政治互信；实现基础设施无障碍对接，使四通八达的通道连接四面八方；不搞贸易壁垒，释放互利合作活力；不设资金融通限制，健全多元化投融资体系；加强文化交流合作，增进各国人民之间的思想和心灵沟通，加强各国政府之间的互谅互信。

"一带一路"是国家间合作发展新模式，契合了各国求发展、谋合作的共同愿望，并能与各国发展战略实现对接，吸引越来越多的国家参与其中，已经获得国际社会广泛认同。自"一带一路"倡议提出以来，已经有100多个国家和国际组织积极响应支持，80多个国家和国际组织同中国签署了合作协议。只要各方秉持和遵循共商共建共享的原则，就一定能增进合作、化解分歧，把"一带一路"打造成为顺应经济全球化潮流的最广泛国际合作平台，更好造福各国人民。

2. 金融合作和投资方式的创新

金融是现代经济的血液。血脉通，增长才有力。产能合作是经济全球化的抓手，也是各国提升经济竞争力的必然要求。金融创新及投资方式的变革，是开辟经济全球化新路径的重要一环。

中国积极构建新型金融机制，创新金融合作方式，成立亚洲基础设施投资银行（简称亚投行），旨在有效增加亚洲地区基础设施投资，多渠道动员各种资源投入基础设施建设领域，推动区域互联互通和经济一体化进程。截至2017年5月，亚投行已经为"一带一路"建设参与国的9个项目提供17亿美元贷款。亚投行与"丝路基金"、中国同中东欧"16+1"金融控股公司等新型金融机制，同世界银行等多边金融机构各有侧重、互为补充，形成层次清晰、初具规模的"一带一路"金融合作网络。在结算方式上，中国对上合组织、金砖国家开放本币结算，对非洲开放人民币结算和本币互换业务，这对扩大人民币影响力、实现贸易便利化、降低融资成本发挥了重要作用。

此外，中国着力创新对外投资方式，促进国际产能合作，形成面向全球的贸易、投融资、生产、服务网络。中国面对发展中国家提供优质和环境友好的产能和先进技术装备，帮助有关伙伴国家优化产业布局、提高工业化水平；帮助这些国家完善基础设施网络，共同确定一批能够提升区域整体合作水平的互联互通项目。同时，中国也不断深化同发达国家在能源、基础设施建设、交通物流、通信、航天等各领域合作，提高双边合作含金量。

3. 推动全球经济治理体系变革

当前国际力量对比发生深刻变化，新兴市场国家和发展中国家对全球经济增长的贡献率已经达到80%，国际影响力不断增强，但全球经济治理明显滞后，未能反映国际经济力量新格局，难以适应世界经济的这种新变化。全球产业布局在不断调整，新的产业链、价值链、供应链日益形成，而贸易和投资规则未能跟上新形势，机制封闭化、规则碎片化十分突出。全球金融市场需要增强抗风险能力，而全球金融治理机制未能适应新需求，难以有效化解国际金融市场频繁动荡、资产泡沫积聚等问题。这些都说明，全球经济治理体系变革势在必行。

什么样的全球经济治理体系对世界好、对世界各国人民好，要由各国人民商量，不能由一家说了算，不能由少数人说了算。中国积极参与全球经济治理体系建设，努力为完善全球经济治理贡献中国智慧，提出一系列新主张、新倡议和新行动方案，不断提升中国在全球经济治理体系变革中的制度性话语权。中国提出，全球经济治理需要与时俱进、因时而变，以平等为基础，更好反映世界经济格局新现实，增加新兴市场国家和发展中国家的代表性和发言权，确保各国在国际经济合作中权利平等、机会平等、规则平等；以开放为导向，坚持理念、政策、机制开放，不搞排他性安排，防止治理机制封闭化和规则碎片化；以合作为动力，各国共商规则、共建机制、共迎挑战；以共享为目标，提倡所有人参与、所有人受益，不搞一家独大或者赢者通吃，而是寻求利益共享，实现共赢目标。在推动全球经济治理体系变革的进程中，中国不当旁观者、跟随者，而是要做参与者、引领者，在国际规则制定中发出更多中国声音，为推动经济全球化新路径的开辟作出更大贡献。

第三节　中国成为世界经济的主要引擎

一个经济运行更稳定、增长质量更高、增长前景更可持续的中国，对世界经济发展是长期利好的。中国积极顺应经济全球化新趋势，深刻把握国内经济发展新要求，坚持以创新、协调、绿色、开放、共享新发展理念统领经济发展全局，坚定不移发展开放型经济，妥善应对经济社会发展面临的新困难和新挑战，经济保持中高速发展，成为世界经济的主要引擎，持续为世界经济复苏和发展提供强大动力。

一、中国经济成就及其对世界经济的贡献

在经济全球化的时代，国际社会日益成为一个联系紧密的命运共同体，中国的发展越来越成为世界发展的重要推动力量。160多年前，马克思、恩格斯都曾预言浴火重生的中国将带来"整个亚洲新纪元的曙光"[1]。今天，时间不断证明这两位伟人预测的前瞻性，蓬勃发展的中国经济越来越成为复苏乏力的世界经济格局中的"一缕曙光"。

1. 中国经济成就举世瞩目

改革开放以来，中国始终坚持以经济建设为中心，综合国力大幅提升，用几十年时间走完了发达国家几百年走过的发展历程，创造了世界经济和社会发展的奇迹。1979年至2017年，中国经济年均增长

---

[1]《马克思恩格斯文集》第2卷，人民出版社2009年版，第628页。

9.6%，远远超过同期世界经济年均增速2.2%；中国经济总量从世界第十跃升至第二，成功实现从低收入国家向上中等收入国家的跨越；中国经济的快速增长，不但刷新了日本和"亚洲四小龙"在经济起飞阶段创下的纪录，而且对世界经济发展起到了空前巨大的推动作用。

党的十八大以来，中国大力推进全面深化改革战略，推出1 500多项改革举措，力度之大前所未有，重要领域和关键环节改革取得突破性进展，主要领域改革主体框架基本确立，为经济社会发展增强了动力；发展质量和效益不断提升，经济平稳健康发展；经济结构不断优化，服务业比重持续上涨，消费对经济增长的贡献率明显增大，高技术产业增加值占规模以上工业增加值比重明显增长。2013—2017年，国内生产总值从54万亿元增长到82.7万亿元，年均增长7.1%，对世界经济增长的贡献率超过30%。8 000多万农业转移人口成为城镇居民，6 800多万贫困人口稳定脱贫。这些历史性成就极大增强了中国的综合国力、国际影响力和人民的获得感、幸福感、安全感。

必须看到，中国经济发展的巨大成就，是在顺应经济全球化的潮流中，主要依靠中国人民自力更生、艰苦奋斗和坚持改革开放取得的。总结中国经济发展的这些巨大成就，至少可以得出以下几条重要经验：必须坚持党对经济工作的坚强领导，确保党始终总揽经济全局，协调经济建设各个方面；必须坚持以人民为中心，激发人民群众的历史创造性，依靠人民创造历史伟业；必须坚持全面深化改革，不断完善我国社会主义基本经济制度，主动参与和推动经济全球化进程，发展更高层次的开放型经济。

2. 中国经济发展对世界经济的贡献

回顾中国融入经济全球化的曲折历程，习近平指出："融入世界经济是历史大方向，中国经济要发展，就要敢于到世界市场的汪洋大海中去游泳，如果永远不敢到大海中去经风雨、见世面，总有一天会在大海中溺水而亡。所以，中国勇敢迈向了世界市场。在这个过程中，我们呛过水,遇到过漩涡,遇到过风浪,但我们在游泳中学会了游泳。这是正确的战略抉择。"[1] 正是坚持这一正确的战略抉择,中国经济不仅实现了自身的中高速稳定增长,同时也对世界经济增长作出了积极贡献。当代中国已经从国际体系的参与者转变为公共产品的提供者和变革的"发动机"。

今天的中国对世界经济的贡献率,超过美国、欧元区和日本贡献率的总和,位居世界第一位。作为世界第二大经济体,中国经济的稳健增长已成为世界经济的"定盘星"和"压舱石"。特别是中国在成为世界制造大国的过程中,不仅给包括发达国家在内的世界市场提供大量商品,为许多国家提高人民生活水平作出了重要贡献,而且还通过全球采购,拉动了许多发展中国家的产业发展、就业增长和经济发展。与世界深度互动的中国,在实现自身经济发展的同时,为全球经济带来更多机遇,共同开辟世界经济发展的新航程。

3. 新时代中国经济发展的宏伟目标

经过长期努力,中国特色社会主义进入了新时代,这是对中国发展新的历史方位作出的重大判断。中国围绕新时代实现中华民族伟大复兴新的历史使命,对新时代推进我国社会主义现代化建设,作出新的顶层设计,提出分两步走在本世纪中叶建成社会主义现代化强国的战略安排。这一鼓舞人心、催人奋进的宏伟蓝图,反映了人民群众对未来美好生活的向往,展示了中国共产党的坚强决心,明确了中国经济未来发展的宏伟目标。

同时,也必须清醒看到,实现这样的宏伟目标还面临着不少困难和挑战:发展不平衡不充分的一些突出问题尚未解决,发展质量和效益还不高,创新能力不够强,实体经济水平有待提高,生态环境保护任重道远;民生领域还有不少短板,脱贫攻坚任务艰巨,城乡区域发

---

[1] 《习近平谈治国理政》第 2 卷,外文出版社 2017 年版,第 478 页。

展和收入分配差距依然较大,群众在就业、教育、医疗、居住、养老等方面面临不少难题;一些改革部署和重大政策措施需要进一步落实等。解决发展面临的这些问题,归根到底还是要靠经济发展。作为一个拥有13亿多人口的最大发展中国家,中国解决自身经济发展面临的这些困难和挑战,实现经济新的更大发展,这本身就是对世界经济作出的重大贡献。

二、坚持以新发展理念为指引

中国特色社会主义进入了新时代,中国经济发展也进入了新时代。党的十八大以来,中国成功驾驭经济发展大局,在实践中形成了以新发展理念为主要内容的习近平新时代中国特色社会主义经济思想。这一经济思想,是推动我国经济发展实践的理论结晶,是中国特色社会主义政治经济学的最新成果。

1. 新发展理念是引领中国发展全局深刻变革的科学指引

理念是行动的先导,发展实践都是由发展理念来引领的。发展理念是否对头,从根本上决定着发展的成效乃至成败。创新、协调、绿色、开放、共享的新发展理念不是凭空得来的,而是在深刻总结国内外发展经验教训的基础上形成的,是在深刻分析国内外发展大势的基础上形成的,也是针对中国发展中的突出矛盾和问题提出来的。新发展理念深刻揭示了实现更高质量、更有效率、更加公平、更可持续发展的必由之路,是引领中国发展全局深刻变革的科学指引。

新发展理念是中国经济社会发展实践的经验总结。在经济社会建设实践中,中国根据形势和任务的需要,对发展理念和规律的认识一步一步深化,从以经济建设为中心、发展是硬道理,到发展是党执政兴国的第一要务,到坚持全面协调可持续发展,再到坚持科学发展观,每一次发展理念、发展思路的重大创新,都推动了经济社会持续健康发展。创新、协调、绿色、开放、共享的新发展理念,集中反映了对经济社会发展规律认识的新深化，科学把握了新发展阶段的基本特征，在发展目标、发展动力、发展布局、发展保障等方面提出了一系列新思想，是对马克思主义经济发展理论的又一次重大创新。

新发展理念建立在对世界各国发展的成功经验与失败教训的借鉴反思的基础上。许多国家在发展过程中，经历过市场秩序混乱、资源过度使用、生态环境遭受污染、贫富差距过大等各种经济社会问题，对于这些问题的解决，可以为中国经济发展提供有益借鉴。同时，一些发达国家经济高速发展，就在于其政府高度重视和全力支持创新发展，形成促进创新发展的社会环境，从而为其经济稳定发展提供强大动力。当然，学习借鉴不等于全盘接收，而是立足中国的实际国情，以我为主、为我所用。

新发展理念是解决我国发展中的突出矛盾和问题的根本之策。中国正处在全面建成小康社会的决胜阶段，第一个百年奋斗目标即将实现。但是，与人民群众的期待相比，与发达国家的发展水平相比，还有相当大的差距，还要为实现第二个百年奋斗目标而继续努力奋斗。实现社会主义现代化强国的目标，需要在发展理念上与时俱进，不断开拓发展的新境界。创新、协调、绿色、开放、共享的新发展理念，深刻揭示了实现更高质量、更有效率、更加公平、更可持续发展的必由之路，是实现社会主义现代化建设新目标新任务的战略指引。

2. 新发展理念的丰富内涵

新发展理念对发展内涵作了具有新的时代特点的全方位拓展，是管全局、管根本、管长远的导向，指明了当前和今后一个时期中国的发展思路、发展方向和发展着力点。

创新是引领发展的第一动力。发展动力决定发展速度、效能、可持续性。对中国这么大体量的经济体来讲，如果动力问题解决不好，要实现经济高质量发展是难以做到的。坚持创新发展，是分析近代以来世界发展历程特别是总结中国改革开放成功实践得出的结论，是应对发展环境变化、增强发展动力、把握发展主动权、更好引领新常态的根本之策。抓住了创新，就抓住了牵动经济社会发展全局的"牛鼻子"。树立创新发展理念，必须把创新摆在国家发展全局的核心位置，不断推进理论创新、制度创新、科技创新、文化创新等各方面创新，让创新贯穿党和国家一切工作，让创新在全社会蔚然成风。

协调是持续健康发展的内在要求。中国发展不协调是一个长期存在的问题，突出表现在区域、城乡、经济和社会、物质文明和精神文明、经济建设和国防建设等关系上。在经济发展水平落后的情况下，一段时间的主要任务是要跑得快，但跑过一定路程后，就要注意调整关系，注重发展的整体效能，否则"木桶效应"就会愈加显现，一系列社会矛盾会不断加深。树立协调发展理念，必须牢牢把握中国特色社会主义事业总体布局，正确处理发展中的重大关系，重点推动区域协调发展、城乡协调发展、物质文明精神文明协调发展，推动经济建设国防建设融合发展，不断增强发展整体性协调性。

绿色是永续发展的必要条件。人因自然而生，人与自然是一种共生关系，人类发展活动必须尊重自然、顺应自然、保护自然。当前，中国生态环境保护形势依然非常严峻，人民群众对清新空气、干净饮水、安全食品、优美环境的要求越来越强烈。树立绿色发展理念，必须坚持节约资源和保护环境的基本国策，坚持可持续发展，坚定走生产发展、生活富裕、生态良好的文明发展道路，加快建设资源节约型、环境友好型社会，形成人与自然和谐发展现代化建设新格局，推进美丽中国建设，为全球生态安全作出新贡献。

开放是国家繁荣发展的必由之路。开放带来进步，封闭必然落后。中国要发展壮大，必须主动顺应经济全球化潮流，坚持对外开放。推进开放发展，面临的国际国内形势与以往有很大不同，国际经济合作和竞争局面正在发生深刻变化，全球经济治理体系和规则正在面临重大调整，引进来、走出去在深度、广度、节奏上都是过去所不可比拟的,应对外部经济风险、维护国家经济安全的压力也是过去所不能比拟的。树立开放发展理念,必须提高对外开放的质量和发展的内外联动性,主动参与和推动经济全球化进程,发展更高层次的开放型经济,积极参与全球经济治理和公共产品供给,提高我国在全球经济治理中的制度性话语权,不断壮大我国经济实力和综合国力。

共享是中国特色社会主义的本质要求。让广大人民群众共享改革发展成果,是社会主义的本质要求,是社会主义制度优越性的集中体现,是中国共产党坚持全心全意为人民服务根本宗旨的重要体现。这方面问题解决好了,全体人民推动发展的积极性、主动性、创造性就能充分调动起来,国家发展也才能具有最深厚的伟力。当前中国发展的"蛋糕"不断做大,但分配不公的问题仍然比较突出。在共享改革发展成果上,无论是实际情况还是制度设计,都还有不完善的地方。树立共享发展理念,就必须坚持发展为了人民、发展依靠人民、发展成果由人民共享,作出更有效的制度安排,坚持全民共享、全面共享、共建共享、渐进共享,使全体人民有更多获得感、幸福感、安全感,朝着共同富裕方向稳步前进。

创新、协调、绿色、开放、共享的发展理念,相互贯通、相互促进,是具有内在联系的集合体,不能顾此失彼,也不能相互替代,哪一个发展理念贯彻不到位,发展进程都会受到影响,必须从整体上、内在联系中把握,不断提高贯彻的能力和水平。

三、建设现代化经济体系,推动高质量发展

建设现代化经济体系,推动高质量发展,是贯彻新发展理念、遵循经济规律发展的必然要求,是保持经济持续健康发展的必然要求,是适应中国社会主要矛盾变化和全面建成小康社会、全面建设社会主义现代化国家的必然要求。用新发展理念统领发展全局,既要准确把握实现高质量发展的特征、趋势和要求,也要以建设现代化经济体系

为战略目标。

1. 中国经济进入高质量发展阶段

新时代中国经济发展的基本特征，是由高速增长阶段转向高质量发展阶段。高质量发展，集中体现了坚持以提高发展质量和效益为中心，是为了更好满足人民日益增长的美好生活需要的发展，是体现新发展理念的发展。推动高质量发展，对于我国发展全局具有重大现实意义和深远历史意义。

第一，推动高质量发展是保持经济持续健康发展的必然要求。过去，粗放型经济发展方式在中国发挥了很大作用，加快了经济发展步伐，但现在再按照过去那种粗放型经济发展方式来做，不仅国内条件不支持，国际条件也不支持，是不可持续的。中国经济既"做不到"也"受不了"像过去那样高速增长。中国正处于转变经济发展方式的关键阶段，劳动力成本上升，资源环境约束增大，粗放的发展方式难以为继，经济循环不畅问题十分突出。同时，世界新一轮科技革命和产业革命方兴未艾、多点突破。中国必须推动高质量发展，以适应科技新变化、人民新需要，形成优质高效多样化的供给体系，提供更多优质产品和服务。这样，供求才能在新的水平上实现均衡，中国经济才能持续健康发展。

第二，推动高质量发展是适应中国社会主要矛盾变化的必然要求。进入新时代，中国社会主要矛盾发生了重大变化，经济发展阶段也在发生历史性变化，不平衡不充分的发展就是发展质量不高的表现。中国要重视量的增长，但更要重视解决质的问题，在质的大幅提升中实现量的有效增长。解决中国社会主要矛盾，必须推动高质量发展，实现产业体系更加完整，生产组织方式网络化、智能化，创新力、需求捕捉力、品牌影响力、核心竞争力不断增强，产品和服务质量不断提高，更好地满足人民群众个性化、多样化、不断升级的需求。

第三，推动高质量发展是遵循经济规律发展的必然要求。有关研究表明，20世纪60年代以来，全球100多个中等收入经济体中只有十几个成为高收入经济体。那些取得成功的国家和地区，就是在经历高速增长阶段后实现了经济发展从量的扩张转向质的提高。那些徘徊不前甚至倒退的国家和地区，就是没有实现这种根本性转变。经济发展是一个螺旋式上升的过程，上升不是线性的，量积累到一定阶段，必须转向质的提升，中国经济发展也要遵循这一规律。通过高质量发展，实现生产、流通、分配、消费循环通畅，国民经济重大比例关系和空间布局比较合理，经济发展比较平衡，不出现大的起落，逐步进入高收入经济体行列。

在中国这样一个经济和人口规模巨大的发展中国家，高速增长阶段转向高质量发展阶段并不容易，不可能一夜之间就实现。一方面，必须跨越非常规的经济发展现阶段特有的关口，着重打好防范化解重大风险、精准脱贫、污染防治三大攻坚战。这个关口特别是防范化解金融风险的关口过不去，全面建成小康社会就会失去前提条件。另一方面，必须跨越常规性的长期性的关口，大力转变经济发展方式、优化经济结构、转换增长动力，增强国家治理能力。这个关口过不去，提前15年基本实现社会主义现代化的目标就会落空，到本世纪中叶全面建成社会主义现代化强国的目标就难以实现。要始终坚持以经济建设为中心，变中求新、新中求进、进中突破，推动中国经济实现高质量发展。

2. 建设现代化经济体系

建设现代化经济体系，是中国着眼于实现"两个一百年"奋斗目标作出的重大战略决策部署。国家强，经济体系必须强。只有形成符合中国国情、具有中国特色的现代化经济体系，才能更好顺应现代化发展潮流，赢得国际竞争主动，为其他领域现代化提供有力支撑，为实现人民对美好生活的向往打下更为坚实而强大的物质基础。

现代化经济体系，是由社会经济活动各个环节、各个层面、各个领域的相互关系和内在联系构成的有机整体。这一经济体系的内容主要包括：一是建设创新引领、协同发展的产业体系，实现实体经济、科技创新、现代金融、人力资源协同发展，使科技创新在实体经济发展中的贡献份额不断提高，现代金融服务实体经济的能力不断增强，人力资源支撑实体经济发展的作用不断优化；二是建设统一开放、竞争有序的市场体系，实现市场准入畅通、市场开放有序、市场竞争充分、市场秩序规范，加快形成企业自主经营公平竞争、消费者自由选择自主消费、商品和要素自由流动平等交换的现代市场体系；三是建设体现效率、促进公平的收入分配体系，实现收入分配合理、社会公平正义、全体人民共同富裕，推进基本公共服务均等化，逐步缩小收入分配差距；四是建设彰显优势、协调联动的城乡区域发展体系，实现区域良性互动、城乡融合发展、陆海统筹整体优化，培育和发挥区域比较优势，加强区域优势互补，塑造区域协调发展新格局；五是建设资源节约、环境友好的绿色发展体系，实现绿色循环低碳发展、人与自然和谐共生，牢固树立和践行绿水青山就是金山银山的理念，形成人与自然和谐发展现代化建设新格局；六是建设多元平衡、安全高效的全面开放体系，发展更高层次开放型经济，推动开放朝着优化结构、拓展深度、提高效益方向转变；七是建设充分发挥市场作用、更好发挥政府作用的经济体制。

　　建设现代化经济体系，推动高质量发展，必须推动经济发展质量变革、效率变革、动力变革，着力加快建设实体经济、科技创新、现代金融、人力资源协同发展的产业体系，着力构建市场机制有效、微观主体有活力、宏观调控有度的经济体制，不断增强经济创新力和竞争力。要大力发展实体经济，筑牢现代化经济体系的坚实基础；加快实施创新驱动发展战略，加强国家创新体系建设，强化现代化经济体系的战略支撑；实施乡村振兴战略，坚持走中国特色社会主义乡村振兴之路，加快推进农业农村现代化，夯实现代化经济体系的重要基础；

推动城乡区域协调发展，优化现代化经济体系的空间布局；发展开放型经济，形成陆海内外联动、东西双向互济的开放格局，提高现代化经济体系的国际竞争力；深化经济体制改革，坚决破除各方面体制机制弊端，完善现代化经济体系的制度保障。

3. 推进供给侧结构性改革

推进供给侧结构性改革，是适应国际金融危机发生后综合国力竞争新形势的主动选择，是推动中国经济实现高质量发展的必然要求，是当前和今后一个时期中国经济发展和经济工作的主线。供给侧管理和需求侧管理是调控宏观经济的两个基本手段。需求侧管理，重在解决总量性问题；供给侧管理，重在解决结构性问题。当前和今后一个时期，中国经济发展面临的问题，供给和需求两侧都有，但矛盾的主要方面在供给侧。必须从供给侧发力，找准在世界供给市场上的定位，把改善供给侧结构作为主攻方向，实现由低水平供需平衡向高水平供需平衡跃升。

纵观世界经济发展史，经济政策是以供给侧为重点还是以需求侧为重点，要依据一国宏观经济形势作出抉择。放弃需求侧谈供给侧或放弃供给侧谈需求侧都是片面的，二者不是非此即彼、一去一存的替代关系，而是要相互配合、协调推进。供给侧结构性改革，既强调供给又关注需求，既突出发展社会生产力又注重完善生产关系，既发挥市场在资源配置中的决定性作用又更好发挥政府作用，既着眼当前又立足长远。供给侧结构性改革的根本，是使我国供给能力更好满足广大人民日益增长的美好生活需要，从而实现社会主义生产目的。不能把供给侧结构性改革看成是西方供给学派的翻版，更要防止有些人用他们的解释来宣扬"新自由主义"。

供给侧结构性改革的重点，是解放和发展社会生产力，用改革的办法推进结构调整，减少无效和低端供给，扩大有效和中高端供给，增强供给结构对需求变化的适应性和灵活性，提高全要素生产率。打赢供给侧结构性改革这场硬仗，要把提高供给体系质量作为主攻方向，着力去产能、去库存、去杠杆、降成本、补短板。要通过深化供给侧结构性改革，优化存量资源配置，扩大优质增量供给，实现更高水平和更高质量的供需动态平衡，显著增强中国经济质量优势。

☐ 分析与思考

1. 有一种观点把世界乱象归咎于经济全球化。经济全球化曾经被人们视为"阿里巴巴的山洞"，现在又被不少人看作"潘多拉的盒子"。如何辩证分析和看待当代经济全球化发展的新趋势？

2. 中国提出的新发展理念对新时代的中国和当代世界发展具有哪些重要意义？

3. 习近平指出，中国是经济全球化的受益者，更是贡献者。如何认识中国是经济全球化健康发展的坚定推动者，理解中国提出的新型全球化理念和路径是引领经济全球化走出困境的唯一出路？

第二章
当代世界政治

当今世界是一个变革的世界，是一个新机遇新挑战层出不穷的世界，是一个国际力量对比深刻变化的世界。要树立世界眼光、把握时代脉搏，把当今世界的风云变幻看准、看清、看透，不能被乱花迷眼，也不能被浮云遮眼，而要端起历史规律的望远镜去细心观望，从林林总总的表象中发现本质，认清长远趋势。在世界多极化加速发展、国际秩序变革深刻调整的今天，中国坚持走中国特色社会主义政治发展道路，坚持走和平发展道路，提出一系列国际政治与国际关系的新理论新理念新主张，为促进人类政治文明发展贡献了中国智慧。

第一节 深刻变化中的当代世界政治

两极格局的终结开启了当代世界政治发展的新阶段。世界政治格局向着多极化方向演进、国际力量对比朝着有利于和平与发展方向变化，和平发展大势与和平赤字并存，构成变化中的当代世界政治的显著特征。我们既要充分估计国际格局发展演变的复杂性，更要看到世界多极化向前推进的态势不会改变；既要充分估计国际秩序之争的长期性，更要看到国际体系变革方向不会改变。

一、世界多极化助力和平发展大势

世界多极化的趋势，是在复杂多变的历史进程中逐步显现出来的。

多极化中的"极"不仅是数量的增加，还体现在内涵的变化上。多极化趋势与世界和平发展大势相一致，但多极化格局的形成将经历一个曲折的发展过程。

1. 世界多极化的加速演变

20世纪80年代末90年代初，以苏东剧变为标志，第二次世界大战后形成的两极格局宣告结束。两极格局的终结对整个世界形成了巨大冲击，但历史发展并没有按照西方国家所希望的那样，朝着资本主义一统天下迈进，而是向着多极化的大方向加速演变。

在当代，影响世界秩序的因素更加复杂多元，各种力量此消彼长，对世界政治格局产生重大影响。发达国家在面对各种国内问题和挑战的同时，仍试图继续维持符合自己利益的世界秩序。美欧关系以及欧盟的内部关系都发生了相应变化，美国政府奉行的"美国优先"政策，使美国与欧盟在经济、政治、外交和安全等领域的矛盾和分歧加深；英国"脱欧"和欧洲一些国家右翼政党的"反建制""反移民""反全球化"声浪，对欧盟传统政治关系造成冲击。德国、日本等国谋求政治大国地位的步伐加快，但由于种种原因而阻力重重。原苏东地区的一些国家虽陆续加入欧盟，但各自的利益诉求和政治主张各不相同。冷战时期的一些边缘国家或被认为无法影响国际关系发展的国家，拥有了更多的自主权。特别是以中国为代表的发展中国家快速崛起，在推动世界多极化进程中扮演越来越重要的角色。中国作为最大的发展中国家日益走近世界舞台中央，既是世界格局多极化的一种表现，又推动着世界格局多极化的均衡发展。

总之，当代世界秩序变革之活跃远远超出了两极格局时期，一些新特点逐渐从复杂多变的历史进程中显现出来，并体现了一个日益明显的基本面，这就是世界向着多极化方向演进的大势。

2. 世界多极化的特征

国际政治格局，是指国际社会中的主要政治力量在一定历史时期内相互联系和作用而形成的一种对比状态。这些具有较强的综合实力、能够对国际关系产生重要影响力的"力量中心",即"极"。"极"可以是一个国家,也可以是国家集团和战略联盟。与冷战时期的两极格局相比,世界多极化主要呈现以下三方面的新特征。

一是世界多极化中"极"的内涵发生新变化。在旧的两极格局中,"极"的基本内涵是控制力和支配力,美国和苏联两个超级大国形成各自势力范围,相互封闭和对抗;在各自阵营内部则实行经济、政治和军事的高度控制,保障超级大国的意志在本阵营内部得到贯彻实施。世界多极化格局中"极"的内涵,不仅是数量的增加,更重要的是体现在权力结构和关系层面的变化上。在多极化格局中,各"极"之间以开放代替封闭,以对话代替对抗;而某些由多国构成的"极"也不再有一个明显的权力中心,而是更多地强调国家的自主性,根据自身优势和特点,在不同层面上发展与"极"的关系,展开竞争与合作。

二是作为"极"的要件发生了变化。作为多极化格局中的一极,既要具备较强的经济、军事、科技实力和文化吸引力等综合实力,还要拥有国际影响力,在国际事务中有话语权,能在全球事务中发挥重要作用;战略运用得当,能得到其他国家的支持,具备凝聚力和吸引力。

三是多极格局以"去中心化"为核心。在多极化格局中,"极"的调整和变化的速率在加快,其趋势不再是形成类似冷战时期美国、苏联那样的超级强国和北约、华约那样的军事政治集团,而是要变革由少数国家主导的局面,在现有国际秩序基础上,建立完善平等互利互信和更加公正合理的政治秩序。

3. 和平发展仍然是时代发展的潮流

世界格局向多极化的转变,虽然不可能从根本上消灭战乱和冲突,但对霸权主义形成了制约,为维护世界和平发展奠定了重要的基础。

"当今世界,和平合作的潮流滚滚向前。和平与发展是世界各国人民的共同心声,冷战思维、零和博弈愈发陈旧落伍,妄自尊大或独善其身只能四处碰壁。"①

世界多极化与经济全球化、社会信息化相互促进,使各国之间的联系和依存越来越紧密,推动和平发展的潮流奔涌向前。各种国际主体的利益诉求越来越多元化,各极力量都要维护自己的利益,必然要求一种多极均衡的格局。由一个国家主宰世界事务不符合世界多极化的发展趋势,全球反对单极、主张多极的力量越来越强大。

求和平、谋发展的新兴市场国家和发展中国家,成为推动世界和平发展的重要力量。作为世界上最大的发展中国家,中国坚持走和平发展道路,致力于为世界谋和平谋发展,越来越成为维护世界和平发展的中坚力量。习近平强调:"为了和平,中国将始终坚持走和平发展道路。中华民族历来爱好和平。无论发展到哪一步,中国都永远不称霸、永远不搞扩张,永远不会把自身曾经经历过的悲惨遭遇强加给其他民族。"②

世界多极化有利于世界和平与安全,推动完善全球治理体系和变革国际秩序,有利于促进世界政治经济文化协调平衡发展。但也要清醒认识到,当前国际上各种力量仍在分化改组,国际体系和国际秩序仍在深度调整,世界多极化的发展过程也将是一个充满矛盾和斗争的曲折过程。

二、和平赤字问题不容忽视

和平发展是不可逆转的历史潮流,但当代世界仍面临严重的和平赤字。人类对和平与安宁的期待与丛林法则依然盛行的国际政治

---

① 习近平:《开放共创繁荣 创新引领未来——在博鳌亚洲论坛 2018 年年会开幕式上的主旨演讲》,《人民日报》2018 年 4 月 11 日。
② 《习近平谈治国理政》第 2 卷,外文出版社 2017 年版,第 446—447 页。

现实之间的入不敷出，威胁着当代世界仍显脆弱的和平前景。导致和平赤字的主要原因是，长期存在的冷战思维仍然远未根除，霸权主义和强权政治至今阴魂不散，新干涉主义大行其道，致使战乱、动乱绵延不绝，一些国家特别是某些热点地区的人民依然生活在战火硝烟之中，许多发展中国家谋求经济发展、维护政权稳定的任务依然严峻。

1. 冷战思维仍远未根除

冷战思维是指冷战时期形成的以传统国际政治中的权力政治为基点，以意识形态为载体，以缔结军事同盟为手段，以对抗为核心来认识处理国际事务的思维方式和行为准则。冷战结束以后，一些西方国家并没有结束冷战思维，而且在实践中有了新的表现形式。主要是：更加突出意识形态的对立，提出所谓"共产主义失败论""历史终结论"等；更加强调政治制度、外交政策等"软实力"在国际交往中的地位和作用，对外输出西方民主和价值观；更加强调对国际经济的主导权和话语权，控制国际经济组织和规则的制定，利用投机资本、金融衍生工具等手段掠夺财富，动用经济制裁、打贸易战等手段维护本国经济政治利益；坚持不摒弃旧的集团政治，更加重视战略优势和军事力量的威慑。

中国是西方冷战思维的主要针对国。为遏制中国发展，一些秉持冷战思维的西方势力交替利用各种围堵打压手段，例如鼓吹"中国崩溃论""中国威胁论""中国责任论"，对中国进行意识形态渗透，向中国输出西方民主和话语体系；不承认中国的市场经济地位，罔顾世界贸易组织的基本原则和精神，动用反倾销、技术壁垒等诸多手段限制中国产品进口，征收高额的惩罚性关税；利用台湾、西藏、新疆、南海问题挑衅和牵制中国；在人权、宗教、知识产权等问题上不断向中国发难；等等。这些都是冷战思维依然存在的突出表现。由此可见，虽然人类早已进入21世纪，但一些人的"脑袋还停留在过去，停留在殖民扩张的旧时代里，停留在冷战思维、零和博弈老框框内。"① 冷战思维对世界和平发展构成重大威胁，严重阻碍国际关系民主化的进程和新型国际关系的建立。

2. 霸权主义和强权政治依然存在

霸权主义是指强国凭借经济、政治、军事实力，置国际法与通行的国际准则于不顾，侵犯别国主权、干涉别国内政，甚至直接用军事战争手段颠覆别国政权，以达到扩大加强势力范围的目的。强权政治思想起源于17世纪意大利马基雅维利的《君主论》。他认为统治者要取得权势首先要谋求实力，致力于战争，为了权势可以不择手段。美国学者摩根索也认为，国际政治像一切政治一样，是追求争夺权力的斗争，国际政治中权力斗争主要表现为维持权力、增加权力和显示权力。这就是典型的强权政治理论。

当代世界，霸权主义仍然盛行是世界和平发展的重大阻碍，和平赤字问题十分严重。冷战结束至今，一些西方国家凭借其实力，对第三世界国家交替使用或者同时并用政治打压、经济制裁、外交孤立、军事入侵以及文化、意识形态上的心理战等手段，对世界和平构成重大威胁和挑战，成为导致一些国家和地区局势紧张乃至战乱的主因。比如，在西亚、北非地区，原本就复杂的民族宗教矛盾，由于西方国家插手干预而变得更加激化，2010年年底发端于突尼斯的动荡已经影响整个西亚、北非地区的稳定。2011年叙利亚冲突爆发后，其国内真正存在的问题久拖不决，人民饱受战乱之苦，原因就在于介入叙利亚问题的国际势力存在着利益博弈的传统地缘政治思维，西方国家反恐政策的双重标准，使中东地区战乱一直不能平息。可见，霸权主义仍然是当代威胁全球战略稳定的主要因素。

3. 新干涉主义大行其道

新干涉主义是霸权主义和强权政治最直观的体现。新干涉主义的

---

① 《习近平谈治国理政》第1卷，外文出版社2018年版，第273页。

基本论点是"人权至上""人权高于主权""人道干涉无国界"等，以维护人权、捍卫民主、反对恐怖主义为名，干涉他国内政，力图使干涉获得国内政治支持和国际道义支持；新干涉主义运用政治、外交、经济、文化、军事等多种手段实施干涉，特别是突出军事干涉。新干涉主义的显著特点是，试图在《联合国宪章》的人道主义保护条款或联合国安理会的有关决议（如反对核扩散）中找到干涉依据，以"国际社会"名义对他国实施干涉，甚至绕开联合国安理会，强行对有关国家实施打击，迫使其政权更迭。

新干涉主义是历史上殖民主义、霸权主义在当代的新表现。新干涉主义颠覆了《威斯特伐利亚合约》关于把国际政治与国内政治分开、外来势力不得干涉各国内政的原则，破坏了《联合国宪章》不得干涉"本质上属于任何国家国内管辖之事件"和"不得使用威胁或武力威胁，侵害任何会员国之领土完整或政治独立"等原则，对世界诸多地区失序、混乱有着不可推卸的责任。新干涉主义打着的"人道主义"旗号虽然迷人，实际上不仅没有解决所谓的人权问题，反而使被干涉国家政权不稳，甚至发生更迭，各种势力相互倾轧，民众生活艰难、流离失所、伤亡惨重，出现人道主义灾难。

4. 地区冲突战乱此起彼伏

"纵观人类文明发展进程，尽管千百年来人类一直期盼永久和平，但战争从未远离，人类始终面临着战火的威胁。"[①] 第二次世界大战结束以来，虽然全球没有再爆发大规模的世界性战争，但局部战争和武装冲突此起彼伏，许多国家的民众依然生活在战火硝烟之中。

与冷战时期相比，当代地区冲突战乱呈现出新的特点：一是数量和发生频率显著上升，远远高于冷战时期；二是平均持续时间相对下

---

① 习近平：《携手建设更加美好的世界——在中国共产党与世界政党高层对话会上的主旨讲话》，《人民日报》2017年12月2日。

降；三是主要以国内战争和地区冲突为主，内部冲突主要由宗教、种族、贫困和分配不公等问题引发，地区国家间冲突主要源于领土和边界争端。这些地区冲突和战乱的背后，常常可以看到西方国家所谓"颜色革命"的推波助澜。"颜色革命"脱胎自冷战期间西方国家推行的"和平演变"。一些西方国家虽然披着"颜色"漂亮的外衣，但在处理国际关系上的所作所为却处处暴露着霸权性和自私性，给他国带去的不是和平，而是动荡不安。

5. 恐怖主义和极端主义蔓延肆虐

恐怖主义和极端思潮泛滥，是对和平与发展的严峻考验。恐怖主义是对平民或非武装人员有组织地使用残暴血腥的手段，以达到某种政治目的的行为。恐怖主义已成为当今国际社会的一大公害，被称为"21世纪的政治瘟疫"。

近年来，全球恐怖主义呈现以下发展趋势：一是扩张趋势，从南亚和中东扩散到非洲、美国、欧洲等地，恐怖主义事件多发；二是恐怖主义本土化趋势，更多的施暴者来自本国公民，而非外来者；三是恐怖组织越来越通过网络传播极端主义和恐怖主义思想，培训实施恐怖活动的手段与方法，组织、策划和实施恐怖活动，同时利用新媒体散布恐怖信息，制造恐怖氛围，进行恐吓和威胁。总的来看，虽然国际社会对恐怖主义的打击取得了一些进展，但由于各国在打击恐怖主义上缺乏共识，在打击上欠缺力度，致使全球反恐形势并未根本好转，距离根本消灭恐怖势力还差得很远。中国反对和打击恐怖主义态度坚决，主张"恐怖主义不分国界，也没有好坏之分，反恐不能搞双重标准。同样，也不能把恐怖主义同特定民族宗教挂钩，那样只会制造民族宗教隔阂。没有哪一项政策能够单独完全奏效，反恐必须坚持综合施策、标本兼治。"[①]

---

① 《习近平谈治国理政》第2卷，外文出版社2017年版，第462页。

冷战结束后，以极端民族主义和宗教极端主义为主要特征的极端主义思潮在全球兴起并蔓延。极端主义打着民族、宗教的旗号，煽动偏狭的民族情绪，破坏了正常的宗教活动和信教自由以及不同民族的正常交往，采取的手段非人道、残忍，违背公认的国际准则。极端主义体现了狭隘的自私利益，是恐怖主义盛行的重要原因。极端主义的代表"伊斯兰国"就是其中的典型。2017年年底，虽然"伊斯兰国"实体瓦解，但全球反对极端主义、反对恐怖主义的压力并未减轻，"伊斯兰国"所代表的极端主义思想仍在许多国家和地区渗透，未来仍可能催生新的恐怖主义形态，国际反恐形势依然严峻，反恐斗争任重道远。

第二节 当代国际政治秩序的变革

世界上的事情越来越需要各国共同协商，建立国际机制、遵守国际规则、追求国际正义成为多数国家的共识，当代国际政治秩序变革正处在历史转折点上。同时，各国变革国际政治秩序也有着不同的主张，存在坚持与变革的分野。中国坚定维护以联合国为核心的国际体系，同时主张对国际体系进行必要的改革完善。中国的变革主张不是推倒重来，也不是另起炉灶，而是推动国际政治秩序向着更加公正合理的正确方向发展。

一、变革国际政治秩序日益成为普遍共识

西方国家主导下的国际政治秩序，已无法有效应对层出不穷、日益多样的各种全球性挑战。在坚持国际社会公认的基本原则基础上，推动国际政治秩序向着更加适应时代要求、更加公正合理的方向发展，越来越成为世界各国的共识。

1. 现有国际政治秩序难以适应时代发展

现有国际政治秩序，不适应世界多极化的发展趋势，与"世界的事情各国商量着办"存在明显对立。现有国际政治秩序主要是以西方价值观为主导建立的，坚持的是以西方为中心的双重标准，即以西方的民主标准判断国际行为的合法性，以西方的人权观为制定国际规范的原则，以西方的自由市场经济原则指导国际经济规则的改革。这种建立在以西方为中心的双重标准上的国际秩序，难以体现世界多极化的发展要求和时代需要，是导致当代国际政治领域出现种种问题、难以有效应对挑战的重要原因。

国际力量对比的变化和人类共同面临的全球性挑战，对当代国际政治秩序的深刻调整产生了重大影响。当今国际力量对比发生深刻变化，新兴市场国家和一大批发展中国家快速发展，国际影响力不断增强。很多问题不再局限于一国内部，很多挑战也不再是一国之力所能应对，全球性挑战越来越需要各国的通力合作。变革现有国际政治秩序是大势所趋，不仅事关国际秩序和国际体系的发展方向，而且事关各国在国际秩序和国际体系中的地位和作用。实践证明，以联合国及其安理会为核心的集体安全体系，是维护世界和平的重要途径。在联合国框架内，依据国际法基本准则，解决国际矛盾，是各国的共同愿望，也应成为国际政治秩序变革的基础。当代世界政治领域的种种不公正不合理现象，不是因为《联合国宪章》的宗旨和原则过时了，恰恰是由于这些宗旨和原则未能得到有效履行。

2. 国际政治秩序变革的方向

随着国际力量对比消长变化和全球性挑战日益增多，加强全球治理、推动全球治理体系变革是大势所趋。虽然变革国际政治秩序越来越成为各国共识，但在如何变革这个方向性问题上，各国的主张却存在明显的分歧甚至对立，特别是在少数发达国家与广大发展中国家之间存在根本分歧。

发达国家对现有世界政治秩序的态度相对一致,就是要维持由发达国家领导的,以其社会制度、发展模式和价值观为基础的国际政治秩序。但发达国家内部也存在矛盾和分歧:美国希望建立符合自身利益的单极世界秩序,而欧盟则反对一国独霸,不认同美国打造以单极格局为基础的国际政治秩序,主张联合国应该在未来的国际秩序中发挥更大的作用。日本与欧盟的主张较为接近,但也有各自的利益诉求。

在现行国际政治秩序中,占世界大多数的发展中国家在世界政治体系中处于"国弱言轻"的弱势地位,长期被排斥在重大国际事务之外,要求变革国际政治秩序的愿望更加强烈,主张大小国家一律平等,使发展中国家能够更充分、有效地参与国际事务的决策过程。以金砖国家为代表的新兴市场国家也主张以联合国发挥中心作用、尊重国际法为基础,推动形成更加公平、民主、多极化的国际秩序;遵守《联合国宪章》原则,秉持团结、互信、互利、平等、合作的精神,共同应对全球性挑战、实现可持续和平。

中国历来是变革国际政治秩序的建设性力量。中国始终主张,要推动国际秩序朝着更加公正合理的方向发展,更好维护中国和广大发展中国家共同利益,为中国营造更加有利的外部条件,为促进人类和平与发展的崇高事业作出更大贡献。习近平强调:"无论中国发展到什么程度,我们都不会威胁谁,都不会颠覆现行国际体系,都不会谋求建立势力范围。中国始终是世界和平的建设者、全球发展的贡献者、国际秩序的维护者。"① 现行国际秩序并不合理,但只要它以规则为基础,以公平为导向,以共赢为目标,就不能随意被舍弃,更容不得推倒重来。在国际政治秩序变革进程中,中国坚定维护以联合国为核心

---

① 习近平:《开放共创繁荣 创新引领未来——在博鳌亚洲论坛 2018 年年会开幕式上的主旨演讲》,《人民日报》2018 年 4 月 11 日。

的国际体系,坚定维护以《联合国宪章》宗旨和原则为基石的国际关系基本准则,同时主张改革完善国际体系,推动国际体系朝着更加公正合理的方向发展,尤其是维护好广大发展中国家的正当权益,使世界更平等、更和谐、更安全。

二、变革国际政治秩序的中国主张

推动国际政治秩序的变革,前提是坚持而不是颠覆国际社会公认的国际关系基本准则和国际法基本原则,而是要摒弃传统零和思维,树立国际安全新理念,秉持正确义利观,构建新型国际关系,推动国际政治秩序向着更加公正更加合理的方向发展。中国始终坚持走和平发展道路,提出了一系列中国的理念主张,得到国际社会特别是广大发展中国家的广泛认可,为促进世界和平发展作出了中国贡献。

1. 坚持和平共处五项原则

和平共处五项原则,是中国外交政策的基石,也是中国推动国际政治秩序变革的基础。"和平共处五项原则作为一个开放包容的国际法原则,集中体现了主权、正义、民主、法治的价值观。"①

和平共处五项原则生动反映了《联合国宪章》宗旨和原则,并赋予这些宗旨和原则以可见、可行、可依循的内涵,在实践中展现了强大生命力。其一,和平共处五项原则,适用于各种社会制度、发展水平、体量规模国家之间的关系,已经成为国际关系基本准则和国际法基本原则。其二,和平共处五项原则的精髓是所有国家主权一律平等,反对任何国家垄断国际事务,对于广大发展中国家维护权益,促进南南合作、推动南北关系改善和发展,具有重要作用。其三,和平共处五项原则为和平解决国家间历史遗留问题及国际争端开辟了崭新道路,

---

① 习近平:《弘扬和平共处五项原则 建设合作共赢美好世界——在和平共处五项原则发表60周年纪念大会上的讲话》,人民出版社2014年版,第4—5页。

在推动建立更加公正合理的国际政治经济秩序过程中已经并将继续发挥重要的积极作用。习近平强调:"新形势下,和平共处五项原则的精神不是过时了,而是历久弥新;和平共处五项原则的意义不是淡化了,而是历久弥深;和平共处五项原则的作用不是削弱了,而是历久弥坚。"①

2. 树立正确义利观

中国提出的正确义利观,回答了中国以什么样的身份参与国际事务,以什么样的理念和行动与外部世界交往,既是中国外交理念的重大创新,也为当代世界各国处理相互关系提供了有益借鉴。

正确义利观就是辩证地处理好道义和利益的关系,实现二者的有机统一。中国在对外交往中,强调"义以为上",义重于利,反对"见利忘义";同时,强调义以生利,义以建利,义利兼顾。新时代的中国,既是社会主义大国,同时也是发展中国家。正确的义利观,明确体现在中国按照"亲诚惠容"理念深化同周边国家关系、秉持"真实亲诚"理念加强同发展中国家团结合作的一系列政策上。中国始终视自己为第三世界的一员,坚持平等相待、义利相兼,绝不唯利是图、斤斤计较,不附加任何条件,在自身发展的同时支持广大发展中国家的发展。

树立正确的义利观,既要在谋求中国自身发展与实现世界共同发展问题上实现义利的辩证统一,也要把维护国家核心利益与关注世界共同利益统一起来。国家利益主要包括国家主权、国家安全、领土完整、国家统一、国家政治制度、社会大局稳定、经济社会可持续发展等核心利益,是关乎一个国家的存亡、不能进行交易或退让的重大利益。中国在从富起来走向强起来的过程中,要坚持走和平发展道路,

---

① 习近平:《弘扬和平共处五项原则 建设合作共赢美好世界——在和平共处五项原则发表60周年纪念大会上的讲话》,人民出版社2014年版,第6—7页。

但决不放弃正当权益,决不牺牲国家核心利益。任何外国不要指望中国会拿自己的核心利益做交易,不要指望中国会吞下损害自己主权、安全、发展利益的苦果。中国走和平发展道路,其他国家也都要走和平发展道路,只有各国都走和平发展道路,各国才能共同发展,国与国才能和平相处。世界和平是中国和平发展的有利外部条件,中国和平发展也是对世界和平的重要贡献,也只有一个确保主权和安全的中国才能更加坚定不移地走和平发展道路。当今世界,各国越来越成为利益攸关的共同体,中国与其他国家的利益汇合点也日益增多。坚持正确的义利观,要在维护国家核心利益的前提下,与世界各国一道共同维护人类共同利益、解决全球性问题。中国在维和反恐、经济、金融、气候、环境等领域,为维护世界和平发展作出了自己的积极贡献,体现出一个负责任大国的重要作用。

3. 倡导新安全观

当代世界,传统安全威胁和非传统安全威胁相互交织,扩展到人类社会生活的一切领域,突破各种新老安全屏障,对国家、个人等所有行为体构成安全威胁。面对日益突出的全球安全问题,需要超越传统的零和安全观,建构一种新安全观,在世界各种行为体之间实现共同安全,在各领域实现综合安全,各国合作共同解决安全,确保现实安全及未来持久安全。共同、综合、合作、可持续的新安全观,是中国提出的有别于西方传统安全观的国际安全新理念。中国积极推动建设开放、透明、平等的安全合作新架构,主动参与国际热点难点问题的政治解决进程,推动各国共同维护地区和世界和平安全。

新安全观具有独特鲜明的理论内涵,是总体安全观思想在国际政治领域的坚持和运用,是对国际安全理念的重大创新,对于推动建立更加公正合理的国际政治秩序具有重大意义。"共同",就是要尊重和保障每一个国家的安全。安全应该是普遍的,不能一个国家安全而其他国家不安全,一部分国家安全而另一部分国家不安全,更不能牺牲别国安全谋求自身所谓绝对安全;安全应该是平等的,各国都有平等参与国际和地区安全事务的权利,也都有维护国际和地区安全的责任;安全应该是包容的,应尊重各国自主选择的社会制度和发展道路,尊重并照顾各方合理安全关切。"综合",就是要统筹传统领域和非传统领域安全,既着力解决当前突出的安全问题,又统筹谋划如何应对各类潜在的安全威胁。"合作",就是要以对话合作增进互信关系、处理共同安全议题、和平解决争端、寻找安全利益的交汇点。"没有一个国家能凭一己之力谋求自身绝对安全,也没有一个国家可以从别国的动荡中收获稳定。弱肉强食是丛林法则,不是国与国相处之道。穷兵黩武是霸道做法,只能搬起石头砸自己的脚。"① "可持续",就是要发展和安全并重,把发展作为解决一切问题的总钥匙,只有标本兼治,才能保证持久性安全。

4. 推动建设新型国际关系

中国提出要推动建设新型国际关系,坚持以相互尊重为基础,以公平正义为原则,以合作共赢为愿景,更好地处理同世界各国的关系。

相互尊重、平等互信是建设新型国际关系的基础。合作共赢的基础是平等,离开了平等难以实现合作共赢。国家不分大小、强弱、贫富,都是国际社会的成员,都有平等参与国际事务的权利。相互尊重,既体现在尊重各国主权、独立和领土完整,不干涉别国内政,也体现在尊重各国自主选择社会制度和发展道路的权利,尊重各国推动经济社会发展、改善人民生活的实践。

公平正义是建设新型国际关系的原则。主要体现在:一是推进国际关系民主化,不能搞"一国独霸"或"几方共治"。世界命运应该由各国共同掌握,国际规则应该由各国共同书写,全球事务应该由各国共同治理,发展成果应该由各国共同分享。协商是民主的重要形式,

---

① 《习近平谈治国理政》第 2 卷,外文出版社 2017 年版,第 523 页。

应该成为现代国际治理的重要方法,要倡导以对话解争端、以协商化分歧。二是推进国际关系法治化,推动各方在国际关系中遵守国际法和公认的国际关系基本原则,用统一适用的规则来明是非、促和平、谋发展。在国际社会中,法律应该是共同的准绳,适用法律不能有双重标准,没有只适用他人、不适用自己的法律,也没有只适用自己、不适用他人的法律,必须反对歪曲国际法、以"法治"之名行侵害他国正当权益的行为。三是推进国际关系合理化,推进全球治理体系改革,充分体现各方关切和诉求,更好维护广大发展中国家正当权益。要坚持大家的事大家一起商量着办,特别是要让新兴市场国家和发展中国家更多参与到全球治理体系中来,拥有更多的代表性和话语权,让全球治理体系更加全面地反映大多数国家的意愿和利益。

合作共赢是建设新型国际关系的目标和路径。合作共赢强调共同发展、利益共享,使合作各方在合作中互惠互利、相得益彰。在旧的国际关系中,结盟对抗是主旋律,难以化解国家之间的矛盾分歧;只有合作才能抑制冲突,防止对抗,维护世界和平发展。共赢是区别于零和博弈、赢者通吃的传统国际关系模式的根本特征,要求各国在追求本国利益时兼顾别国利益,在寻求自身发展时兼顾别国发展,最终实现共同发展与普遍繁荣。

中国在推进建设新型国际关系的实践中,构建总体稳定、均衡发展的大国关系框架。近年来,西方一些学者炒作所谓"修昔底德陷阱",认为中国迅速崛起后,必将与美国、日本等传统强国发生冲突。历史和实践都表明,国强必霸不是历史定律,强国只能追求霸权的主张不适用于中国。"中国不认同'国强必霸'的陈旧逻辑。当今世界,殖民主义、霸权主义的老路还能走得通吗?答案是否定的。不仅走不通,而且一定会碰得头破血流。只有和平发展道路可以走得通。"[①]

[①] 《习近平谈治国理政》第 1 卷,外文出版社 2018 年版,第 266 页。

"世界上本无'修昔底德陷阱',但大国之间一再发生战略误判,就可能自己给自己造成'修昔底德陷阱'。"① 中国是快速发展的新兴大国,但中国的发展是和平发展,中国主张同世界各国共同构建新型国际关系,共同构建人类命运共同体。中国创造性地开展大国外交,坚持不冲突不对抗、相互尊重、合作共赢,是符合时代潮流的正确选择。同时,中国坚持不结盟而结伴,在国际和区域层面建设伙伴关系,坚持志同道合是伙伴、求同存异也是伙伴,走出了一条国与国交往的新路。中国不结盟,但积极结伴,率先把建立伙伴关系确定为国家间交往的指导原则,并不断充实伙伴关系内涵。中国已经同100个左右的国家、地区和地区组织建立了不同形式的伙伴关系,实现了对世界各个地区、不同类型国家的全覆盖,形成了全方位、多层次和立体化的外交布局。通过结伴,中国与他国政治关系更加友好、经济纽带更加牢固、安全合作更加深化、人文联系更加紧密。中国通过上海合作组织等平台,确定不针对其他国家和国际组织的原则,构建起不结盟、不对抗、不针对第三方的建设性伙伴关系,超越了文明冲突、冷战思维、零和博弈等陈旧观念,确立了国与国交往应当遵循的基本准则,在国际上获得广泛认同和支持。

第三节 中国特色社会主义政治及对世界的贡献

每个国家的政治制度和所走的政治发展道路,都应立足于本国实际,世界上不存在适用于一切国家的政治制度和政党制度模式。中国坚持以马克思主义为指导,在实践中逐步探索形成了中国特色社会主义政治制度,走出了一条中国特色社会主义政治发展道路,既为中国

---

① 《十八大以来重要文献选编》(中),中央文献出版社2016年版,第689页。

特色社会主义取得历史性成就、实现历史性跨越提供了根本政治保证，也对人类政治文明发展作出了中国的独特贡献。

一、中国的政治发展道路

中国是一个发展中大国，坚持正确的政治发展道路是关系根本、关系全局的重大问题。独特的文化传统、独特的历史命运、独特的基本国情，注定了中国必然要走适合自己特点的发展道路。经过长期艰辛探索，中国在发展社会主义民主政治方面取得了重大进展，走出了一条具有鲜明中国特色的政治发展道路，为实现最广泛的人民民主确立了正确方向。中国特色社会主义政治发展道路，有科学的指导思想、严谨的制度安排、明确的价值取向、有效的实现形式和可靠的推动力量。这一政治发展道路的核心思想、主体内容、基本要求，都在宪法中得到了确认和体现。

走中国特色社会主义政治发展道路，必须坚持党的领导、人民当家作主、依法治国有机统一。党的领导是人民当家作主和依法治国的根本保证，人民当家作主是社会主义民主政治的本质特征，依法治国是党领导人民治理国家的基本方式，三者是一个相辅相成的有机整体，统一于我国社会主义民主政治伟大实践。任何把党的领导、人民当家作主、依法治国割裂开来、对立起来或者相互取代的主张和做法，都不符合社会主义民主政治的根本性质、核心理念和实践要求。尤其需要强调的是，在我国政治生活中，党是领导一切的，坚持党的领导、人民当家作主、依法治国有机统一，最根本的是坚持党的领导。

走中国特色社会主义政治发展道路，必须积极稳妥推进政治体制改革。应该看到，我国社会主义民主政治的体制、机制、程序、规范以及具体运行上还存在不完善的地方，在保障人民民主权利、发挥人民创造精神方面也还存在一些不足，必须继续加以完善。要以加强党的全面领导为统领，以国家治理体系和治理能力现代化为导向，以推进党和国家机构职能优化协同高效为着力点，改革机构设置，优化职能配置，深化转职能、转方式、转作风，提高效率效能，全面提高国家治理能力和水平。

中国的社会主义民主政治，始终坚持以马克思主义民主理论与中国实际相结合的基本原则为指导，借鉴人类政治文明的有益成果，吸收中华优秀传统文化和制度文明中的民主性因素，具有鲜明品格和巨大优势。改革开放以来，中国经济实力、综合国力、人民生活水平不断跨上新台阶，不断战胜前进道路上各种世所罕见的艰难险阻，各民族长期共同团结奋斗、共同繁荣发展，社会长期保持和谐稳定。事实充分证明，中国特色社会主义政治发展道路是符合中国国情、保证人民当家作主的正确道路。坚定中国特色社会主义制度自信，首先要坚定对中国特色社会主义政治制度的自信，增强走中国特色社会主义政治发展道路的信心和决心。

二、中国的政治制度

政治制度在一个国家经济社会发展中具有重要作用。每个国家的政治制度都是历史的、具体的。政治制度是不是民主的、有效的，不能脱离特定的社会条件来抽象评判。

1. 没有政治制度上的"飞来峰"

政治制度是用来调节政治关系、建立政治秩序、推动国家发展、维护国家稳定的，不可能脱离特定社会政治条件来抽象评判，不可能千篇一律、归于一尊。设计和发展国家政治制度，必须注重历史和现实、理论和实践、形式和内容的有机统一，坚持从国情出发、从实际出发，既要把握长期形成的历史传承，又要把握走过的发展道路、积累的政治经验、形成的政治原则，还要把握现实要求、着眼解决现实问题，不能割断历史，不能想象突然就搬来一座政治制度上的"飞来峰"。在政治制度上，看到别的国家有而我们没有就简单认为有欠缺，要搬过来；或者，看到我们有而别的国家没有就简单认为是多余的，要去除掉。这两种观点都是简单化的、片面的，因而都是不正确的。

"橘生淮南则为橘，生于淮北则为枳"。世界上不存在完全相同的政治制度，也不存在适用于一切国家的政治制度模式。照抄照搬他国的政治制度，会水土不服，会画虎不成反类犬，甚至会把国家前途命运葬送掉。"一些发展中国家照搬西方政治制度和政党制度模式，结果如何呢？很多国家陷入政治动荡、社会动荡，人民流离失所。"①"物之不齐，物之情也。"各国国情不同，每个国家的政治制度都是独特的，都是在这个国家历史传承、文化传统、经济社会发展的基础上长期发展、渐进改进、内生性演化的结果。中国特色社会主义政治制度之所以行得通、有生命力、有效率，就是因为它是从中国的社会土壤中生长起来的。中国特色社会主义政治制度过去和现在一直生长在中国的社会土壤之中，未来要继续茁壮成长，也必须深深扎根于中国的社会土壤。

2. 发展社会主义民主政治制度

一个国家的政治制度决定于这个国家的经济社会基础，同时又反作用于这个国家的经济社会基础，乃至于起到决定性作用。中国实行工人阶级领导的、以工农联盟为基础的人民民主专政的国体，实行人民代表大会制度的政体，实行中国共产党领导的多党合作和政治协商制度，实行民族区域自治制度，实行基层群众自治制度，具有鲜明的中国特色。这样一套制度安排，是中国共产党和中国人民的伟大创造，必须长期坚持、全面贯彻、不断发展。

人民代表大会制度是坚持党的领导、人民当家作主、依法治国有机统一的根本政治制度安排。在中国实行人民代表大会制度，是中国

---

① 《习近平关于社会主义政治建设论述摘编》，中央文献出版社2017年版，第19页。

人民在人类政治制度史上的伟大创造,是符合中国国情和实际、体现社会主义国家性质、保证人民当家作主、保障实现中华民族伟大复兴的好制度。充分发挥人民代表大会制度的根本政治制度作用,要毫不动摇坚持党的全面领导,善于使党的主张通过法定程序成为国家意志,善于运用民主集中制原则维护党和国家权威、维护全党全国团结统一;保证和发展人民当家作主,从各层次各领域扩大公民有序政治参与,发展更加广泛、更加充分、更加健全的人民民主;坚持全面推进依法治国,使民主制度化、法律化,保证人民平等参与、平等发展权利,维护社会公平正义,尊重和保障人权,实现国家各项工作法治化。

中国共产党领导的多党合作和政治协商制度是我国的一项基本政治制度,是从中国土壤中生长出来的新型政党制度。这一新型政党制度,新就新在它是马克思主义政党理论同中国实际相结合的产物,能够真实、广泛、持久代表和实现最广大人民根本利益、全国各族各界根本利益;新就新在它把各个政党和无党派人士紧密团结起来、为着共同目标而奋斗;新就新在它通过制度化、程序化、规范化的安排集中各种意见和建议、推动决策科学化民主化。要用好政党协商这个民主形式和制度渠道,推动协商民主广泛、多层、制度化发展,形成完整的制度程序和参与实践,保证人民在日常政治生活中有广泛持续深入参与的权利。

民族区域自治制度是我国的一项基本政治制度,是中国特色解决民族问题的正确道路的重要内容和制度保障。民族区域自治制度符合我国国情,在维护国家统一、领土完整,在加强民族平等团结、促进民族地区发展、增强中华民族凝聚力等方面起到了重要作用。要坚持统一与自治相结合、民族因素与区域因素相结合,把宪法和民族区域自治法的规定落实好,帮助民族自治地方发展经济、改善民生,使民族区域自治制度这一理论根源越扎越深、实践根基越打越牢。

基层群众自治制度是我国的一项基本政治制度,是社会主义民主政治建设的基础和重要组成部分。完善基层民主制度,发展基层民主,必须充分发挥党总揽全局、协调各方的领导核心作用,把党的领导贯穿基层群众自治机制建设全过程、各方面,确保基层民主建设始终沿着中国特色社会主义政治发展道路前进。要畅通民主渠道,促进群众依法自我管理、自我服务、自我教育、自我监督,切实防止出现人民形式上有权、实际上无权的现象。

中国特色社会主义民主是一个新事物,需要不断完善和发展。制度自信不是裹足不前、固步自封,而是要把坚定制度自信和不断改革创新统一起来,在坚持根本政治制度、基本政治制度的基础上,不断推进制度体系完善和发展,切实加强人民当家作主的制度保障,确保人民享有更加广泛、更加充分、更加真实的民主权利。

三、为人类政治文明发展作出中国贡献

习近平指出:"中国特色社会主义是不是好,要看事实,要看中国人民的判断,而不是看那些戴着有色眼镜的人的主观臆断。中国共产党人和中国人民完全有信心为人类对更好社会制度的探索提供中国方案。"① 在新时代,中国特色社会主义政治制度正在彰显更加强大的制度优越性和生机活力,与当今西方民主制度出现的危机和国家治理面临的困境形成鲜明对比,用事实宣告了所谓"历史终结论"和以西方制度模式为归宿历史观的最终破产。

1. 西方民主陷入困境

长期以来,在很多人的视野中,发展民主政治的道路只有西方民主一种模式,特别是苏东剧变、世界社会主义陷入低潮后,西方一些

---

① 《习近平谈治国理政》第 2 卷,外文出版社 2017 年版,第 37 页。

人士更加认为只有西方的民主政治模式才是人类政治文明发展的唯一正确道路。美国学者福山就曾在《历史的终结》一文中宣布:"自由民主制度也许是'人类意识形态发展的终点'与'人类最后一种统治形式',并因此构成'历史的终结'。换句话说,在此之前的种种政体具有严重的缺陷及不合理的特征,从而导致其衰落,而自由民主制度却正如人们所证明的那样不存在这种根本性的内在矛盾。"①

但历史的发展却与福山的预言背道而驰。国际金融危机爆发后,当代资本主义陷入系统性危机,越来越多的有识之士开始反思和质疑西方民主制度,认为西方自由民主制度的内在矛盾是与生俱来的,也不可能被自身所克服,以美国为代表的自由民主制国家正承受着严重的政治衰败。应当承认,经过几百年的发展,西方民主制度在历史上发挥过积极作用,但其内在矛盾也随着时间的推移逐步显露出来,政党政治演变为政党恶斗,权力制衡演化为"否决政治",国家发展的重大议题成为长期争议的拉锯战,西方民主制度乱象丛生。从根本上说,当今西方民主遭遇的困境,折射出的是资本主义私有制和自由市场经济无法自我克服的内在矛盾。西方民主制度是建立在私有制基础上的,这就决定了其民主只是少数人逐利的工具,本质上被垄断资本所控制,这是西方民主出现种种乱象的根本原因。

2. 中国政治发展道路对人类政治文明发展的贡献

中国特色社会主义政治发展,突破了把是否实行西方民主模式作为衡量是否民主的认识樊篱,对人类政治文明发展作出了重大贡献。中国的政治发展实践表明,衡量民主制度的标准并不是唯一的。比如,在政党制度方面,最主要的应该看这一制度是否能够顺畅表达和有效整合民意,而不在于采取的是一党制还是多党制。从中国土壤中生长

---

① 参见[美]弗朗西斯·福山:《历史的终结及最后之人》,黄胜强、许铭原译,中国社会科学出版社2003年版,第1页。

出来的中国政党制度,新就新在它有效避免了旧式政党制度代表少数人、少数利益集团的弊端,有效避免了一党缺乏监督或者多党轮流坐庄、恶性竞争的弊端,有效避免了旧式政党制度囿于党派利益、阶级利益、区域和集团利益决策施政导致社会撕裂的弊端。正是从这个意义上讲,中国的新型政党制度,是对人类政治文明的重大贡献。与西方政治制度相比,中国把政治发展和政治制度建设纳入国家和社会发展的总体框架,而不是孤立地突出民主价值。习近平强调:"民主不是装饰品,不是用来做摆设的,而是要用来解决人民要解决的问题的。"①

中国特色社会主义政治制度,坚持共产党领导、人民当家作主和依法治国的有机统一,有利于统筹各方利益,避免使社会陷入各种利益集团的纷争和牵扯之中,迅速作出符合国家整体发展和人民根本利益的决定。这在西方的政治制度下是不可想象的。人民当家作主不能简单地通过投票的方式实现,而必然是一个社会解放和人民群众自我教育、自我解放的过程,必然是一个自觉有序的过程,因而是用先进理论武装并组织起来的过程。因此,党的领导和马克思主义的指导,是社会主义民主不可或缺的有机构成。中国特色社会主义政治制度把选举民主和协商民主相结合,既保障人民有民主选举的权利,又强调"有事好商量,众人的事情由众人商量"②,可以弥补单一选举民主的缺陷,找到全社会意愿和要求的最大公约数,从而体现人民民主的真谛。

中国特色社会主义政治发展道路,坚持发展立足中国国情、符合中国实际的社会主义民主政治,为那些既希望发展民主又不希望照搬西方政治模式的发展中国家提供了有益启示,为人类对更好社会制度

---

① 《十八大以来重要文献选编》(中),中央文献出版社 2016 年版,第 76 页。
② 《十八大以来重要文献选编》(中),中央文献出版社 2016 年版,第 73 页。

的探索提供了新的方案。尤为重要的是，中国特色社会主义政治发展道路所蕴含的民主政治发展规律，超越了西方主流政治发展理论，其中的一系列新概念新范畴新理念，丰富发展了马克思主义政治学理论。中国发展民主政治的实践表明，世界文明是丰富多彩的，西方制度模式不是其他国家的唯一归宿。善于吸取人类政治文明发展成果，坚持走适合自身的政治发展道路，才是发展民主政治的正道，各国完全可以走出一条属于自己的政治发展道路。

□ 分析与思考

1. 习近平指出，回答人类社会向何处去的"时代之问"，要不畏浮云遮望眼，善于拨云见日，把握历史规律，认清世界大势。请运用 21 世纪中国马克思主义分析处在大变革时期的当代世界政治及其发展趋势。

2. 在国际秩序变革的历史转折点上，中国为推动国际政治秩序向着更加公平合理的方向发展贡献了独特的智慧。请结合当代中国与世界的关系，谈谈你对中国马克思主义国际关系理论的理解。

3. 中国特色社会主义是不是好，要看事实，而不是戴着有色眼镜主观臆断。中国特色社会主义政治发展道路和当代中国马克思主义政治发展理论，为人类政治文明发展贡献了中国方案。请从中西政治制度和政治发展绩效的对比中进行分析，并思考为什么要坚定对中国特色社会主义的制度自信。

第三章
当代世界文化

文化是一个国家、一个民族的灵魂,也是人类进步、社会发展的重要推动力量。"人类社会每一次跃进,人类文明每一次升华,无不伴随着文化的历史性进步。"① 当今时代,文化在人类社会发展中的地位和作用更加显著,随着经济全球化的深入发展,文化日益多元多样多变,各种文化交流交融交锋日趋频繁,当代社会思潮相互激荡,世界文化格局正在发生深刻改变。建设社会主义文化强国,必须正确把握当代世界文化发展的趋势和规律,深入理解当代世界文化深刻变化的本质,站在当代世界文化发展的战略高度,坚定文化自信,推动中国特色社会主义文化繁荣发展,不断增强中华文化的吸引力、影响力,增强国家文化软实力,为实现中华民族伟大复兴提供强大的精神力量。

第一节 当代世界文化发展趋势及面临的挑战

人类社会产生以来,不同民族在历史发展过程中,形成了不同的历史传统、生活习俗和思维特点,构成了丰富绚丽的世界文明。第二次世界大战以后,以信息革命为先导的新技术革命,推动了人类生产方式的巨大变革,也推动人类文化形态发生巨大变化;经济全球化大

---

① 《十八大以来重要文献选编》(中),中央文献出版社2016年版,第119页。

大推动了不同民族文化的交流交融,也引发了不同思想文化观念的交锋。世界文化发展呈现出的新趋势新特点,要求我们要"以文明交流超越文明隔阂、文明互鉴超越文明冲突、文明共存超越文明优越"①,协同推进世界文化发展和人类文明进步。

一、文化在世界发展中的地位和作用日益凸显

当今时代,国家核心竞争力中的文化因素越来越突出,谁拥有了强大的文化软实力,谁就能够在激烈的国际竞争中赢得主动。可以说,提高文化软实力,不仅关系一个国家在世界文化格局中的地位,而且关系一个国家的国际影响力、感召力、塑造力。

1. 文化是一个国家、一个民族的灵魂

思想文化是一个国家、一个民族的灵魂,无论哪一个国家、哪一个民族,如果不珍惜自己的思想文化,丢掉了思想文化这个灵魂,这个国家、这个民族是立不起来的。文化最大的特质,就是具有极强的渗透性、持久性,像空气一样无时不在、无处不在,能够以无形的意识、无形的观念,深刻影响着有形的存在、有形的现实。对于一个国家、一个民族来说,文化始终是血脉和纽带,铭刻着一个民族的集体记忆,寄托着一个民族的共同追求,民族和国家的认同从根本上说就是文化的认同。文化是引领国家和民族前进的旗帜和号角,民族的觉醒首先是文化的觉醒,社会的进步总是以文化的进步为先导。近代欧洲一批国家的崛起可以说是源自于文艺复兴,正是这场思想启蒙运动,将欧洲推向了世界文明发展的前列。近代中国重新踏上民族复兴之路,也正是从文化的觉醒、新文化运动的兴起开启的。事实证明,文化深刻体现着一个民族和国家的创造力、生命力,是民族生存发展、国家

---

① 习近平:《决胜全面建成小康社会 夺取新时代中国特色社会主义伟大胜利——在中国共产党第十九次全国代表大会上的报告》,人民出版社 2017 年版,第 59 页。

繁荣兴盛的精神支柱和力量源泉。

2. 文化是社会文明进步的标识

物质财富和精神文化共同繁荣是社会文明进步的重要特征，经济、政治、文化、社会协同发展是现代化国家的必然要求。随着人类实践的不断深化，人们对文化的地位作用的认识大大提升，越来越多的人认识到，文化不仅是现代化建设的重要保证，而且是经济社会发展不可或缺的重要内容和重要目标。从文化在经济发展中的作用看，文化不仅直接贡献于经济增长，而且在提升发展质量中发挥着越来越重要的作用。文化资源日益成为经济发展的基础资源，文化消费日益成为拉动经济增长的重要引擎，文化产业日益成为经济结构调整和转变经济发展方式的重要着力点。只有当文化表现出更强大力量的时候，当发展具有更多文化含量的时候，经济发展才能进入更高层次、更高水平。

文化也是社会的"润滑剂""减压阀"，实现人与社会、人与人的和谐，都离不开人文精神的培育、离不开优秀文化的滋养。人创造了文化，文化也塑造着人。文化对人来说，是一种精神上的内在需求、普遍需求，也是终生相伴的需求。人们需要通过文化来启蒙心智、认识社会，获得思想上的教益，也需要通过文化愉悦身心、陶冶性情，获得精神上的满足和依归。精神文化上的充实和丰盈，始终是幸福生活和美好人生的内在要求。随着生活水平的不断提高，人们不再仅仅局限于吃饱穿暖等物质方面的需求，对丰富精神文化生活的期待更加迫切、愿望更加强烈，文化越来越成为保障和改善民生的重要内容。

3. 文化是综合国力的重要组成部分

当代世界，文化在综合国力竞争中的地位和作用更加凸显，文化与经济相融合产生的竞争力越来越成为一个国家最根本、最持久、难以替代的竞争优势。许多国家都把提高文化软实力作为重要战略，利用文化展示本国形象、拓展国家利益。美国制定了《国家战略传播构架》，欧盟20多个国家发表了各自的文化政策官方文件，日本和韩国也都提出了文化立国的战略。目前，一些发达国家文化产业增加值已占到 GDP 的 15%以上，不仅给他们带来了丰厚的经济利益，而且传播了他们的价值观念，文化软实力成为实实在在的硬实力。

二、当代世界文化交流交融交锋日趋频繁

当今世界正处在大发展大变革大调整时期，各种思想文化交流交融交锋更加频繁。应准确把握这一趋势和特点，以更加开放的姿态加强同其他民族的文化交流，促进不同文化的相互交融、取长补短，积极应对日趋激烈的文化交锋，繁荣发展中国特色社会主义文化，不断提高中华文化的国际影响力。

1. 文化交流空前活跃

文化交流是人类活动的重要组成部分，不同国家、地区之间通过文化交流，可以推动人们沟通心灵、开阔眼界、增进共识，使人们在持续的以文化人中提升素养，使文化交流成为构建人类命运共同体的重要路径。

经济全球化的快速发展推动了文化交流的空前活跃，为世界各国、各民族开展文化交流提供了重要前提。人们在接受世界各地产品的同时也产生了对其背后精神文化了解学习的需求，经济全球化程度越高，这种需求越旺盛。经济全球化的深入发展，既推动了世界经济政治格局的深刻变化，也推动了世界文化交流，使文化在当代世界中的地位和作用进一步凸显。特别是网络信息传播技术的飞速发展及其普及应用，极大提高了世界文化产品、文化观念的传播速度，人们多样化文化需求的满足方式更加便捷，世界文化交流的活跃度大大提高。

2. 文化交融日益加深

文化交融是指不同类型的文化之间的相互结合、相互吸收的过程及其形态。在交融的过程当中，各种文化之间相互结合、相互渗透。在当代世界，不同文化之间相互影响、相互借鉴的趋势更加突出。

文化交融体现在不同文化背景下人们的语言、思维、风俗、价值观的相互渗透，体现为不同国家、不同民族文化的相互促进。文化交融不是不同文化之间的无序融合，人们在文化交融过程中，通过对不同文化的比较与选择，推动文化的变革创新和发展进步。世界不同文化交融发展，深刻改变了人们的生活方式。文化交融发展推动了世界多元文化环境的形成，人们在日常生活的各个方面都可能受到不同文化的影响，文化生活的国际化趋势日益显著。在当代世界，没有一种文化可以完全不受其他文化的影响而发展，不同国家、不同民族的人们都要受到世界文化交融的影响。不同国家、民族文化的交融应遵循相互尊重的原则，不能将文化交融变成一个"大鱼吃小鱼"式的文化侵略过程。

3. 文化交锋复杂尖锐

不同国家和民族的文化由于历史和传统不同，必然存在文化差异。任何一种思想文化，都是在不同文化的互相碰撞、相互借鉴中不断发展的。当然，在文化交流互鉴的过程中，既有学习、消化、融合、创新，同样也会伴随着冲突、矛盾、疑惑、拒绝。对待不同文化的态度，应该是平等的、互相尊重的。文化因平等才有交流互鉴的前提，各种文化都各有千秋，也各有不足，了解各种文化的真谛，必须秉持平等、谦虚的态度。如果居高临下对待另一种文化，不仅不能参透文化的奥妙，而且会与之格格不入，激化不同文化之间的交锋与冲突。

当代世界，随着文化交流交融特征日趋明显，文化之间的碰撞、交锋也日益突出，存在着不承认各种文化应当平等交流的文化霸权倾向。唯我独尊的文化心态和文化行为，阻碍了正常的文化交流。一些西方发达国家宣扬所谓"西方中心论"，认为西方的文化和价值观是"普世"的，优越于其他文化和文明，依仗经济实力和文化交流中的主导地位，推行文化霸权主义，向其他国家输出其价值观，迫使发展中国家对西方制度和价值观的认同。西方文化霸权主义在扩张进程中，自然会遇到发展中国家的抵制和反对。历史和现实都表明，傲慢和偏见是文明交流互鉴的最大障碍。

三、顺应当代世界文化多样化的发展态势

文化因多样才有交流互鉴的价值。人类在漫长的历史长河中，创造和发展了多姿多彩的文化。各种独特的文化形态，不同的历史文化渊源，决定了当代世界文化及其发展的多样化态势。必须遵循求同存异的原则，顺应文化多样化的发展趋势，尊重不同民族独特的文化发展道路，并且在相互学习借鉴中推动文化发展繁荣。

1. 维护世界文化多样化

和而不同是一切事物发生发展的规律，世界文化的发展也不例外。多样化是世界文化的基本属性和基本样态，维护世界文化多样化是推动世界文化健康发展的基本前提。每个民族的文化保持其特色和生命力，不仅是本民族生存发展的需要，也是其他民族发展的需要。每一个国家和民族的文化都扎根于本国本民族的土壤之中，都有自己的本色、长处、优点，都有自己存在的价值，要正确处理本国文化与其他文化的差异。每一个国家和民族的文化都是独特的，多样的世界文化是世界多样性的重要内容。

维护文化多样化是推动世界文化健康发展的必然要求。维护文化多样化，要求不同国家、不同民族维护本国、本民族文化的独立性，并在此基础上加强文化的相互交流、相互学习、相互借鉴，而不能相互隔阂甚至相互排斥、相互取代。任何想用强制手段来解决文化差异的做法，都是文化霸权主义和文化利己主义的体现，非但不会成功，反而会给世界文化带来灾难。

2. 尊重各国各民族文化

没有各民族文化的健康发展，就没有世界文化的健康发展。每个国家、每个民族不分强弱、不分大小，其思想文化都应该得到承认和尊重。不同国家、民族的文化各有千秋、各具特色。文化特别是蕴含其中的核心价值观是一个国家、一个民族的灵魂；一个国家的历史及

其记忆，积淀在文化中；一个民族的生命力，聚积在文化中；一个事业的前途命运，蕴含在文化中。承认和尊重本国本民族的文化传统，不是要搞自我封闭，更不是要搞唯我独尊。发展本国本民族文化，应该看到别国别民族思想文化的长处和精华，在开放、包容、交融、互鉴中更好地促进本国本民族思想文化的自尊、自信、自立。

3. 促进文化交流互鉴

文化因交流而多彩，文化因互鉴而丰富。文化具有流动性和开放性，任何一种文化，不管它产生于哪个国家、哪个民族的社会土壤之中，都是流动的、开放的，这是文化发展的一条重要规律。在经济全球化条件下，没有一个国家可以自我封闭起来搞建设，开放是各民族生存发展的基础和条件，这里的开放包括文化上的开放。不同文化的相互开放、相互学习已经成为不同国家、民族发展进步的重要途径。国家之间、民族之间的隔阂常常源自文化认知上的缺乏，文化开放可以增进不同国家、不同民族的相互理解。"纵观人类历史，把人们隔离开来的往往不是千山万水，不是大海深壑，而是人们相互认知上的隔膜。"[①]

在进行文化学习借鉴实践中，必须坚持从本国本民族实际出发进行文化学习借鉴，坚持取长补短、择善而从，讲求兼收并蓄。同时，也要反对囫囵吞枣、莫衷一是，坚持去粗取精、去伪存真。历史表明，那种不顾本民族文化特点，简单移植外来文化的做法不利于本民族文化的健康发展。

第二节 当代主要社会思潮

社会思潮是思想文化的集中反映。当代世界，各种社会思潮更加

[①] 《习近平谈治国理政》第 1 卷，外文出版社 2018 年版，第 264 页。

纷繁复杂，对人们的思想乃至行为产生更为深刻的影响。正确认识和分析当代社会思潮的本质及影响，对于坚持和巩固马克思主义在意识形态领域的指导地位，发展积极健康向上的主流思想舆论具有重要意义。

一、社会思潮是社会意识形态的特殊形式

社会思潮是一定历史时期社会意识形态的一种特殊形式。正确的社会思潮可以促进社会发展和时代进步，错误的社会思潮会误导人们的认知，扰乱社会思想，甚至引发社会动荡。运用马克思主义客观辩证地分析当代各种社会思潮，有助于更好地培育和践行社会主义核心价值观，正确引领社会思潮，提高政治鉴别力，增强抵御各种错误思潮侵蚀的能力，不断巩固和发展社会主义主流意识形态，不断增强社会凝聚力和价值共识。

1. 社会思潮及其特点

社会思潮一般是指在一定时期内，以特定的社会存在为基础，以较为直观的方式，反映某一阶级、阶层或群体的利益和要求，广泛传播并对社会生活产生一定影响的思想趋势或思想潮流。

不同的社会思潮，对社会发展和人们的精神信念产生不同性质、不同程度的影响。社会思潮与成熟完备、逻辑严谨并且体系化的主流社会意识形态相比，无论其传播途径还是思想表达，通常都是不完备、不系统的。因此，在使用这一特定概念时，应与社会的主流意识形态区别开来。

一般说来，社会思潮具有以下主要特点：

倾向性。社会思潮是特定历史条件下的产物，是社会存在的反映。它代表了一定社会阶级、阶层或群体维护自身利益的思想主张，因而具有一定的倾向性。

多样性。由于当代社会经济结构、社会组织、就业方式、分配方

式日益多样化，相应地引起社会思想更加多元多样多变，使社会思潮出现丰富的变化，即在一定时期内会出现反映现阶段不同群体利益诉求的多种社会思潮。

易变性。社会思潮尽管也是一种理论观点或思想流派，但它更容易受到不断变化的社会实践、社会心理和社会情绪的影响，是一种不稳定的社会意识形态，具有较大的易变性。

扩散性。某种社会思潮一旦形成，往往会影响和干预人们的思想和现实生活，从而引起较大的社会关注。同时，社会思潮多以情绪性、大众性和流行性的语言表达，在传播中更易于扩散。

可塑性。多样化的社会思潮并不是完全无序的，往往会受更强大、更有说服力的意识形态的影响，具有可以被引导的特点。用主流意识形态引领社会思潮是国家治理的需要，是社会主流思想文化的基本功能。

2. 社会思潮的产生及影响

社会思潮之所以能够在社会的一定范围内传播，并在相当程度上为社会个体所接受，一方面是因为社会思潮多运用表达一定诉求的概念体系来征服人心（消极甚至错误的思潮往往也具有一定的理论迷惑性）；另一方面是因为社会思潮还表征着一定的社会心理和社会情感，具有较强的感染力。当一种理论或价值取向能够调动相当数量群众的情绪时，就有可能产生一定的社会共鸣，进而形成社会思潮。

马克思、恩格斯曾深刻地指出：＂意识在任何时候都只能是被意识到了的存在，而人们的存在就是他们的现实生活过程。＂[①] 社会思潮作为一种社会意识，同样是对现实生活的一种反映。在阶级社会或有阶级存在的社会里，作为社会经济、政治条件反映的社会

[①] 《马克思恩格斯文集》第1卷，人民出版社2009年版，第525页。

思潮无不带有鲜明的阶级烙印。同时，从表现形式来看，社会越是处在变革时期，各种社会矛盾越是错综复杂，社会人群越是多元分化，社会思潮就越可能表现出多样性。特别是20世纪80年代以来，随着人们受教育程度普遍提高，民主意识、参与意识、权利意识增强，对社会政治及理论的关注加强，大众传媒尤其是互联网、移动终端等媒介的应用日益广泛，社会思潮更易于形成和传播。

具有不同性质和特点的社会思潮会产生不同的影响。一般来说，科学进步、积极向上的社会思潮，有利于拓展人们的视野，推动思想文化创新和社会变革，激发社会活力和创造力；而错误落后、消极保守的社会思潮，则会扰乱人们的思想，破坏社会的稳定，甚至阻碍社会的进步。

3. 思想文化领域斗争的新特点

冷战结束以后，世界上思想文化领域的斗争呈现出更加复杂的态势，思想文化上的交流交融交锋更加频繁和剧烈。在这样的历史背景下，思想文化领域的矛盾和斗争呈现出新的特点。

当今世界，一些势力将中国视为意识形态上的主要对手。在冷战时期，世界上的意识形态斗争是两大阵营的斗争。随着社会主义阵营的解体，仍然走社会主义道路的中国成为一些势力主要的围攻目标，它们想方设法否定中国共产党的领导、颠覆社会主义制度。从根本上说，意识形态上的这种斗争反映的是两种制度、两种价值观的较量，其趋势是长期、复杂、尖锐的。

一些国家、一些组织、一些势力利用多种手段，加紧进行意识形态渗透，在政治上否定中国特色社会主义民主政治制度，宣扬多党制和"三权分立"；在经济上否定公有制的主体地位，宣扬私有化；在文化上否定马克思主义，宣扬西方所谓的"普世价值"，大肆利用互联网进行意识形态渗透，互联网已经成为意识形态斗争主战场。

二、资本主义价值观及其对当代社会思潮的影响

资本主义价值观主要是指近代以来在欧洲资本主义发展过程中形成和发展起来的、适应资本主义经济政治制度、以资产阶级意识形态为主导的价值观。

1. 资本主义价值观的形成及历史演变

资本主义价值观是随着资本主义生产方式的形成发展，经过长期历史过程逐渐形成的。随着资产阶级统治地位的巩固，资产阶级逐渐建立了一整套体现其利益的经济、政治、文化和社会制度，并在此基础上形成了反映自己利益诉求的价值观。资本主义价值观的核心是个人主义，强调个人利益至上，宣扬自由主义、功利主义、拜金主义和享乐主义，这些价值观是资本主义经济制度和政治制度的理论基础。

资本主义价值观作为历史的产物，也曾对人类社会发展起到过重要的积极作用。它促进了资本主义生产关系的发展，为近代以来资本主义工业化、市场化、现代化进程的开启提供了思想条件。但资本主义价值观主要反映了资本主义生产方式发展的需要，反映了资产阶级的利益。在经济上，它为资本主义的雇佣劳动关系和市场经济准则提供了价值观基础，并作出道义上的辩护；在政治上，它是资产阶级统治的思想工具，是资本主义制度的理论支撑和思想前提；在文化上，它反映了资产阶级的道德准则和价值要求，是资本主义精神的内核。

资产阶级在上升时期，为了实现和维护本阶级的利益，提出了自由、民主、平等、博爱、人权等价值观念，以此反对宗教神权和封建专制，扫清了资本主义生产关系发展的思想障碍。但在资产阶级夺取政权并牢固地建立了自己的阶级统治以后，就逐步背离了当初的宣言，不断强化阶级的专政。正如马克思所指出的，只要资产阶级的统治受到威胁，他们就立即把"自由，平等，博爱"这句格言代以毫不含糊

的"步兵，骑兵，炮兵"。①

马克思、恩格斯在科学考察资本主义社会的基础上深刻指出，资产阶级标榜的自由、民主、平等、博爱、人权等价值观念，实质上是为了维护资产阶级对财产占有和使用的自由，维护资本在市场上进行交换和竞争的自由。资产阶级在法律形式上规定的平等权利，维护着事实上的不平等，"平等归结为法律面前的资产阶级的平等；被宣布为最主要的人权之一的是资产阶级的所有权"②。

2. 当代错误社会思潮的主要表现及对中国的影响

近年来，一些错误社会思潮在我国时有表现，主要包括西方宪政民主、"普世价值"、公民社会、新自由主义、西方新闻观、历史虚无主义、质疑改革开放和质疑中国特色社会主义的社会主义性质等。

西方宪政民主。西方宪政民主思潮是近些年出现的西方政治思潮，有着鲜明的政治内涵和指向。它鼓吹要在全球推销西方资本主义政治制度，实行西方式的三权分立、多党制、普选制、司法独立、军队国家化。西方宪政民主思潮具有一定的迷惑性、欺骗性，它借用"依法""依宪"等观念，把中国共产党的领导与宪法和法律实施对立起来，企图把依宪执政与西方宪政民主等同起来，以西方政治制度和政治理念置换实施社会主义宪法、维护中国宪法法律尊严等概念，其最终目的就是要把西方宪政和资本主义民主搬到中国来，使中国改旗易帜、改弦更张。

"普世价值"。所谓"普世价值"并不是指人类道德评价、审美评价的普遍性或共性，也不是基于利益协调基础上形成的价值共识，而是把资本主义的政治价值观及其制度设计泛化为"普世价值"和"普世模式"，即把西方的自由民主制度普世化。资本主义价值观是在资

---

① 参见《马克思恩格斯文集》第 2 卷，人民出版社 2009 年版，第 509 页。
② 《马克思恩格斯文集》第 3 卷，人民出版社 2009 年版，第 524 页。

本主义生产方式基础上形成的，从根本上说，是为资产阶级利益服务的。资产阶级把自己的利益说成是社会全体成员的共同利益，把自己的价值观以全人类的共同价值观装饰起来，目的就是为了巩固其统治地位。政治价值观及其制度设计由于有鲜明的阶级性和直接现实性而不可能具有普世性，没有一种国家制度是全世界都适用的。在全世界推行所谓的"普世价值"，不仅是一些国家、势力进行意识形态渗透的主要方式，也是我们坚持和发展中国特色社会主义、深化改革开放所必须克服的重大干扰。因此，问题根本不在于是否承认人类有某些共同的价值追求，而在于为什么不能用所谓的"普世价值"来指引我国的改革实践。

公民社会。公民社会思潮是西方一些人为适应发达资本主义国家在世界各国扩大政治、经济、文化影响的需要而鼓吹的社会政治思潮。它把国家的阶级统治关系歪曲为所谓"个人权利"与"公权力"间的对抗，其目的是推销西方的政治模式。近年来，一些国家在全世界推行"新干涉主义"，到处搞"颜色革命"，公民社会思潮充当了其思想工具。事实上，这些国家的所谓"公民社会"组织并不像公民社会思潮宣扬的那样，是"超政府"的，而大多是在垄断资本和政府控制之下的。一些人之所以要在中国宣扬公民社会思潮，其目的就是要争夺基层组织的领导权，使基层群众自治的发展排斥和脱离党的领导，成为与基层政权乃至国家相对抗的力量。一些人打着捍卫公民权利的旗号，其目的是要制造人民政府与人民群众的对立，否定党的领导和人民民主专政制度。

新自由主义。新自由主义是当代国际垄断资本的政治纲领和经济范式，本质上反映了垄断资产阶级的利益，是为国际垄断资本全球扩张服务的。它在经济上主张完全"自由化"、全面私有化和市场化，否定政府宏观调控；在政治上全面否定社会主义制度、鼓吹多党制；在国际战略和政策上鼓吹以超级大国为主导的全球经济、政治、文化一体化,即全球资本主义化。近年来,一些国家极力推行新自由主义,借助社会思潮传播扩散,给许多发展中国家带来了灾难性后果。新自由主义思潮在当代中国有比较大的影响和危害,其核心主张是取消公有制、实行私有化,根本改变我国的基本经济制度。公有制为主体、多种所有制经济共同发展,是我国在社会主义初级阶段的基本经济制度。社会主义公有制的主体地位决不能动摇,否则我国现行的基本政治制度和经济制度将改变性质,发展社会主义就是一句空话。

西方新闻观。西方新闻观以抽象的"人性""理性"作为出发点,鼓吹无条件的、绝对的、超阶级的新闻自由,标榜新闻媒体是"社会公器""第四权力"。但实际上,新闻作为上层建筑的组成部分,意识形态属性是它的重要属性。新闻媒体总是表现出一定的政治倾向、价值立场。在发达资本主义国家,新闻媒体的创办权、使用权和新闻信息发布权,大都掌握在垄断资本集团及其代理人手中,媒体受到金钱的支配和资本的奴役,新闻自由实际上是垄断资产阶级及其利益维护者的自由。从根本上说,西方新闻观宣扬的新闻报道的"纯粹客观性"是不存在的,任何新闻都蕴涵着一定的价值观,都要受一定的意识形态影响。真实、客观、公正,是世界各国新闻界公认的新闻工作准则,但是不同的新闻观,对其内涵有着不同的理解。马克思主义新闻观强调:真实,必须是事实的真实、总体的真实、本质的真实的统一;客观,就是用"事实总和"说话,通过事实本身的力量来说服人、引导人;公正,就是站在最广大人民根本利益的立场,而不是站在个人和小团体利益的立场,公正无私地报道事实和发表评论,对人民负责,对社会负责。

历史虚无主义。近年来,境内外一些人以"重新评价历史"为名,歪曲中国共产党的历史和新中国的历史,否定和歪曲被压迫人民和民族争取解放的斗争,宣扬革命是一种单纯破坏的力量,为历史上的各色反动人物评功摆好,企图通过否定历史从根本上否定中国共产党的历史地位和作用，进而否定中国共产党执政的合法性。历史虚无主义奉行唯心主义历史观，不顾历史事实地刻意"抹黑"，违背了研究历史的客观真实原则；在政治上适应了国外势力西化、分化中国的政治图谋，起了搞乱思想、涣散人心的消极作用。历史虚无主义思潮的泛滥造成了十分严重的危害，它妨碍人们对历史的科学认知，割裂革命与建设、历史与现实的有机联系；它妨碍历史共识与政治共识的形成，造成了严重的思想混乱。认清历史虚无主义的实质，关键要运用唯物史观，揭示历史虚无主义的唯心主义本质和理论上的荒谬性。要坚持从普遍联系中把握历史的真实，反对玩弄实例和随意肢解历史，反对用抽象人性论看待历史，反对用改良否定革命的错误观点，反对夸大历史人物作用的英雄史观，更要反对为反动历史人物翻案的错误主张。

质疑改革开放、质疑中国特色社会主义的社会主义性质。一些人看不到改革是社会主义制度的自我发展和完善，把发展中的矛盾和问题归咎于改革开放，认为改革"改过了头""背离了社会主义方向"，质疑中国还是不是社会主义；有的则宣扬"改革停滞论""政治体制改革滞后论"，主张按照全盘西化的方案搞所谓"彻底的改革"。否定中国的改革开放，就是否定党的十一届三中全会以来的路线方针政策，否定中国特色社会主义。

坚持用马克思主义立场、观点、方法，客观辩证地分析各种西方社会思潮，有助于辨明其意识形态本质和政治倾向，提高政治鉴别力与政治敏锐性，更好地引领社会思潮。

三、用社会主义核心价值观引领社会思潮

在当代中国，随着经济社会的深刻变革，人们思想活动的独立性、选择性、多变性、差异性不断增强。在社会主流思想舆论不断扩大的同时，各种社会思潮也出现了多样化的趋势。用社会主义核心价值观

引领多样化社会思潮,是巩固马克思主义在意识形态领域指导地位、巩固全党全国各族人民团结奋斗的共同思想基础的必然要求,也是提升国家文化软实力、推动社会主义文化繁荣发展的必然要求。

1. 当代中国社会思想的多样性

当代中国社会思想和舆论的总体态势是正确、进步、积极、向上的,主要表现在:马克思主义在意识形态领域的指导地位得到进一步巩固;中国特色社会主义道路、理论、制度、文化成为全党全国各族人民的普遍共识,道路自信、理论自信、制度自信、文化自信更加坚定;中国特色社会主义文化呈现繁荣发展的良好局面,社会主义文化强国建设扎实推进;社会主义核心价值观的引领作用充分彰显,以爱国主义为核心的民族精神和以改革创新为核心的时代精神深入人心,集体主义传统在社会主义市场经济条件下获得了新的坚实基础等。

当代中国社会思想文化领域也出现了一些复杂的新情况。随着经济体制深刻变革、社会结构深刻变动、利益格局深刻调整,社会各阶层之间的利益关系更加复杂,一些与群众切身利益密切相关的问题增多,人们的思想文化观念发生着明显的变化,各种社会群体竞相发声;社会思想文化多元多样多变的现象更加突出,各种思潮此起彼伏,主流与非主流的思想观念并存,既有正确的、积极的、进步的社会思潮,也有错误的、消极的、落后的社会思潮;互联网时代,思想舆论传播格局发生了根本变革,人人都可以是自媒体,信息传播方式由单向式、广播式传播转为全民交互式、裂变式传播,使信息来源难以预测、信息内容难辨真伪、信息流向难以控制,互联网管理的难度进一步加大。

同时,随着中国对外开放的扩大和对外交往的增多,西方社会思想文化越来越多地涌入中国,其中有值得学习借鉴的内容,但也有容易造成思想混乱的错误观点。一些敌对势力借此对中国实施西化、分化图谋,进行意识形态和价值观渗透,企图利用西方文化中心论、文明冲突论、文明优越论等冲击中国的文化自信,利用宗教、人权、涉台、涉藏、涉疆等敏感问题削弱中国人民共同奋斗的思想基础，通过夸大、歪曲、炒作中国国内发生的一些社会热点问题，攻击社会主义制度，挑战马克思主义的指导地位、挑战中国共产党的领导、挑战社会主义先进文化，从而进一步增加了社会思想文化领域的复杂性。

巩固和发展主流思想舆论，必须坚持社会主义先进文化前进方向，树立高度的文化自觉和文化自信，在与各种社会思潮更广泛的交流、更积极的交融和更激烈的交锋中，进一步坚持以马克思主义为指导，打牢全党全国各族人民团结奋斗的共同思想基础。

2. 正确引领社会思潮

任何社会都存在主流意识形态和各种非主流意识形态，而任何主流意识形态都有自己的价值内核，都要反映体现自身所从属的社会存在。当代中国正处于发展的关键期、改革的攻坚期、矛盾的凸显期，各种社会思潮活跃是正常现象，同时也必须加强思想引领。

掌握马克思主义世界观和方法论。马克思主义世界观和方法论是我们观察现实、把握问题的科学指南，只有运用好这个科学指南，才能科学认识各种社会思潮的本质及后果。正确认识和引领社会思潮尤其要增强辩证思维能力。习近平强调，要学习掌握唯物辩证法的根本方法，不断增强辩证思维能力，提高驾驭复杂局面、处理复杂问题的本领。掌握唯物辩证法的根本方法，有助于我们认识各种错误思潮的片面性、表面性和欺骗性。

善于用中国特色社会主义的生动实践驳斥各种错误社会思潮。各种错误社会思潮往往从抽象的观念出发，用抽象的理论裁剪丰富的实践，又用剪裁过的片面实践否定我们的基本理论和基本实践。要善于用事实说话，用不断发展的具体实践抵制和批判错误社会思潮，深刻揭示错误社会思潮脱离当代中国发展实践的实质和危害，使错误社会思潮在实践面前暴露其空洞性和荒谬性。要从理论和实践的结合上，注重对中国特色社会主义的伟大实践不断进行理论上的概括和总结，增强人们对中国特色社会主义的认同感,增强人们的道路自信、理论自信、制度自信、文化自信。

正确开展舆论斗争和思想斗争。对待错误社会思潮不能简单否定了事,要从理论、历史、现实等角度,全面深入科学地进行剖析。要旗帜鲜明,立场坚定,在大是大非和政治原则问题上敢于批评、敢于亮剑,对错误思潮的本质、危害以及迷惑性进行深入揭露。

3. 凝聚和培育当代中国社会的价值共识

社会主义核心价值观是社会主义核心价值体系的内核,体现社会主义核心价值体系的根本性质和基本特征,反映社会主义核心价值体系的丰富内涵和实践要求,是社会主义核心价值体系的高度凝练和集中表达。社会主义核心价值观是当代中国社会在价值诉求上的最大公约数,是抵制各种错误社会思潮的思想理论武器。

要以先进的思想和彻底的理论为指导。核心价值观背后表达的是利益诉求。在无数的利益诉求中,究竟什么样的利益能得到历史的承认和人民的拥护,没有先进的理论指导和有效的理论武装,是无法作出科学预测的。在价值观多元多样多变的今天,只有在科学思想理论的指导下,才能够自觉培育和践行社会主义核心价值观。

要体现社会主义的精神追求。社会主义在长期的历史发展进程中形成了自身独特的精神追求:体现劳动和劳动人民在社会生活中崇高地位的"劳动伟大""劳动光荣",体现人民作为国家真正主人的"人民至上""为人民服务",体现社会主义制度优越性的"共同富裕""先富帮后富"等,无疑是社会主义精神追求的重要内容。凝聚和培育当代中国社会的价值共识,要将社会主义精神追求融入社会主义核心价值观的培育和践行的全过程。

要立足中华优秀传统文化。牢固的核心价值观,都有其固有的根基。抛弃传统、丢掉根本,就等于割断了自己的精神命脉。博大精深的中华优秀传统文化是我们在世界文化激荡中站稳脚跟的根基。中华文化源远流长，积淀着中华民族最深层的精神追求，代表着中华民族独特的精神标识，为中华民族生生不息、发展壮大提供了丰厚滋养。中华传统美德是中华文化的精髓，蕴含着丰富的思想道德资源。不忘本来才能开辟未来，善于继承才能更好创新。

要融入社会生活。一种价值观要真正发挥作用，必须融入社会生活，让人们在实践中感知它、领悟它。要注意把我们的倡导与人们日常生活紧密联系起来，在落细、落小、落实上下功夫。要使社会主义核心价值观的基本精神，融入法律法规以及各行各业规章制度、市民公约、乡规民约和学生守则等行为准则，使社会主义核心价值观成为人们行为规范的基本遵循。

习近平指出："核心价值观，承载着一个民族、一个国家的精神追求，体现着一个社会评判是非曲直的价值标准。"[1] 面对世界范围思想文化交流交融交锋形势下价值观较量的新态势，面对改革开放和发展社会主义市场经济条件下思想意识多元多样多变的新特点，积极培育和践行社会主义核心价值观，对于巩固马克思主义在意识形态领域的指导地位、巩固全党全国人民团结奋斗的共同思想基础，对于促进人的全面发展、引领社会全面进步，对于集聚全面建成小康社会、实现中华民族伟大复兴的中国梦的强大正能量，具有重要现实意义和深远历史意义。

第三节　中国文化强国发展战略

文化兴国运兴，文化强民族强。没有高度的文化自信，没有文化的繁荣兴盛，就没有中华民族伟大复兴。要坚定文化自信，增强文化自觉，坚持走中国特色社会主义文化发展道路，激发全民族文化创新

---

[1] 《习近平谈治国理政》第1卷，外文出版社2018年版，第168页。

创造活力，不断提高国家文化软实力，建设社会主义文化强国。

一、文化自信是更基本、更深沉、更持久的力量

文化自信，是更基础、更广泛、更深厚的自信，是更基本、更深沉、更持久的力量。坚定文化自信，事关国运兴衰、事关文化安全、事关民族精神独立。

1. 文化是民族生存和发展的重要力量

人类社会每一次跃进，人类文明每一次升华，无不伴随着文化的历史性进步。中华民族有着 5 000 多年的文明史，是一部不断战胜各种艰难困苦、玉汝于成的历史。这其中一个很重要的原因，就是世代中华儿女培育和发展了独具特色、博大精深的中华文化，为中华民族克服困难、生生不息提供了强大精神支撑。

"远人不服，则修文德以来之"，中华民族很早就意识到文化的力量。中华民族之所以在世界有地位、有影响，不是靠穷兵黩武，不是靠对外扩张，而是靠中华文化的强大感召力和吸引力。重视以德服人、以文化人是中华文明发展过程中的一个重要特点。中华民族有着强大的文化创造力，既坚守本源又不断与时俱进，使中华民族保持了坚定的民族自信和强大的修复能力，培育了共同的情感和价值、共同的理想和精神。

历史和现实都证明，没有中华文化繁荣兴盛，就没有中华民族伟大复兴。一个民族的复兴需要强大的物质力量，也需要强大的精神力量。没有先进文化的积极引领，没有人民精神世界的极大丰富，没有民族精神力量的不断增强，一个国家、一个民族不可能屹立于世界民族之林。

2. 坚定文化自信的历史依据与现实基础

一个国家、一个民族只有对自身文化理想、文化价值充满信心，对自身文化生命力、创造力充满信心，才能有坚持坚守的定力、奋起奋发的勇气、创新创造的活力。一个抛弃或者背叛了自己历史文化的民族，很可能上演一幕幕历史悲剧。

中国特色社会主义文化，源自于中华民族悠久历史所孕育的中华优秀传统文化，熔铸于党领导人民在革命、建设、改革中创造的革命文化和社会主义先进文化，植根于中国特色社会主义伟大实践。博大精深、灿烂辉煌的中华优秀传统文化不仅为中华民族发展壮大提供了丰厚滋养，也为人类文明进步作出了卓越贡献，这是我们坚定文化自信的深厚基础。激昂向上的革命文化和生机勃勃的社会主义先进文化是中华优秀传统文化的凝聚升华，是中国共产党人和中国人民伟大创造精神的生动体现，是激励全党全国各族人民奋勇前进的强大精神力量。这是坚定文化自信的坚强基石。改革开放以来，中国共产党团结带领全国各族人民坚持不懈地进行中国特色社会主义伟大实践，推动我国经济实力、科技实力、国防实力、综合国力进入世界前列，使科学社会主义在21世纪显示出强大生命力，使中华民族以崭新姿态屹立于世界的东方。这是我们坚定文化自信的强大支撑。

意识形态是文化的灵魂，决定着文化前进方向和发展道路，是坚定文化自信的核心内容。在当代中国，坚定文化自信，首要的任务是牢牢掌握意识形态工作领导权，不断推进马克思主义中国化时代化大众化，建设具有强大凝聚力和引领力的社会主义意识形态，使全体人民在理想信念、价值理念、道德观念上紧紧团结在一起。具体来讲，就是要加强理论武装，推动习近平新时代中国特色社会主义思想深入人心；深化马克思主义理论研究和建设，加快构建中国特色哲学社会科学，加强中国特色新型智库建设；坚持正确舆论导向，高度重视传播手段建设和创新，提高新闻舆论传播力、引导力、影响力、公信力；大力弘扬中国精神，积极培育和践行社会主义核心价值观，推动中华优秀传统文化的创造性转化和创新性发展；加强互联网内容建设，建立网络综合治理体系，营造清朗的网络空间等。总之，坚定文化自信，发展中国特色社会主义文化，必须坚持马克思主义，坚持不忘本来、吸收外来、面向未来，更好构筑中国精神、中国价值、中国力量，为人民提供精神指引。

二、推动中华优秀传统文化创造性转化、创新性发展

文化就像一条奔腾不息的长河，凝结着过去，联结着未来。凡是历史文化悠久的国家和民族，其文化发展都是一个绵延不断、接续推进的过程，都是在继承传统的基础上开拓创新的过程。如果抛弃历史文化传统，割断民族文化血脉，文化发展就会像无根浮萍、断线风筝，就会迷失方向和目标。中华民族伟大复兴需要以中华文化繁荣发展为条件，推动中华优秀传统文化创造性转化、创新性发展，不断增强中华文化的影响力和吸引力，创造中华文化新的辉煌。

1. 中华优秀传统文化是中华民族的"根"和"魂"

中华优秀传统文化是中华民族的"根"和"魂"，是中国特色社会主义植根的沃土，是我们在世界文化激荡中站稳脚跟的根基。源远流长、博大精深的优秀传统文化，为中华民族生生不息、发展壮大提供了强大精神支撑。

中华民族为人类文明进步作出了不可磨灭的贡献。中国优秀传统文化的丰富哲学思想、人文精神、教化思想、道德理念等，也蕴藏着解决当代人类面临的难题的重要启示，可以为人们认识和改造世界提供有益启迪，可以为治国理政提供有益启示，也可以为道德建设提供有益启发。

中华优秀传统文化蕴含的思想观念，如革故鼎新、与时俱进，脚踏实地、实事求是，惠民利民、安民富民，道法自然、天人合一等，为人们认识和改造世界提供了有益启迪，为治国理政提供了有益借鉴。中华优秀传统文化蕴含的人文精神，如求同存异、和而不同的处事方法，文以载道、以文化人的教化思想，形神兼备、情景交融的美学追求，俭约自守、中和泰和的生活理念等，滋养了中华民族独特丰富的文学艺术、科学技术、人文学术，至今仍然具有深刻影响。中华优秀

传统文化蕴含的道德规范，如天下兴亡、匹夫有责的担当意识，精忠报国、振兴中华的爱国情怀，崇德向善、见贤思齐的社会风尚，孝悌忠信、礼义廉耻的荣辱观念，体现着评判是非曲直的价值标准，潜移默化地影响着中国人的行为方式。传承发展中华优秀传统文化，就是要用蕴含其中的精髓精华滋养当代中国人的精神世界，提振当代中国人的精神力量。

以科学态度对待传统文化。中国共产党在领导人民进行革命、建设、改革伟大实践中，自觉肩负起传承发展中华优秀传统文化的历史责任，是中华优秀传统文化的忠实传承者和弘扬者。要坚持古为今用、推陈出新，有鉴别地加以对待，有扬弃地予以继承，取其精华、去其糟粕，用中华民族创造的一切精神财富来以文化人、以文育人。

2. 推动传统文化与时代文化相融相通

传统文化在其形成和发展过程中，不可避免会受到当时人们的认识水平、时代条件、社会制度的局限性的制约和影响，因而也不可避免会存在陈旧过时或已成为糟粕性的东西。学习、研究、应用传统文化时，要结合新的实践和时代要求进行正确取舍，而不能搞厚古薄今、以古非今，努力实现传统文化的创造性转化、创新性发展。

传承和弘扬传统文化的思想精华。要讲清楚中华优秀传统文化的历史渊源、发展脉络、基本走向，讲清楚中华文化的独特创造、价值理念、鲜明特色，增强文化自信和价值观自信。系统梳理传统文化资源，让收藏在禁宫里的文物、陈列在广阔大地上的遗产、书写在古籍里的文字都活起来。深入挖掘和阐发中华优秀传统文化讲仁爱、重民本、守诚信、崇正义、尚和合、求大同的时代价值。大力宣传中华民族的优秀文化和光荣历史，继承五四运动以来的革命文化传统，通过多种方式加强爱国主义、集体主义、社会主义教育，引导人们树立和坚持正确的历史观、民族观、国家观、文化观，增强做中国人的骨气和底气。

对传统文化进行创造性转化、创新性发展。所谓"创造性转化",就是要按照时代特点和要求,对中华优秀传统文化中有借鉴价值的内容加以改造,赋予其崭新的时代内涵及当代表达形式,激活其生命力。所谓"创新性发展",就是要按照时代的新进步和新发展,对中华优秀传统文化的内涵加以补充、拓展、完善,增强时代感和影响力。创造性转化和创新性发展是内在联系在一起的,并非截然不同的两个环节,创造性转化本身就意味着创新性发展,而创新性发展则蕴含着创造性转化。中华优秀传统文化与社会主义市场经济、民主政治、先进文化、社会治理等还存在需要协调适应的地方。弘扬中华优秀传统文化,要处理好继承和创造性发展的关系,实现中华文化的创造性转化和创新性发展。

中华民族是一个兼容并蓄、海纳百川的民族,在漫长历史进程中,不断学习他人的好东西,把他人的好东西化成自己的东西,这才形成我们的民族特色。文明因交流而多彩,文明因互鉴而丰富,对各国人民创造的优秀文明成果,都应该采取学习借鉴的态度,在不断汲取各种文明养分中丰富和发展中华文化。

三、提升国家文化软实力

文化软实力集中体现了一个国家基于文化而具有的凝聚力和生命力,以及由此产生的吸引力和影响力。古往今来,一个大国的发展进程,往往既是经济总量、军事力量等硬实力提高的过程,也是价值观念、思想文化等软实力提高的进程。提高国家文化软实力,关系我国在世界文化格局中的定位,关系我国国际地位和国际影响力。

1. 弘扬传播当代中国价值

当代中国价值,就是中国特色社会主义价值观念,代表了中国先进文化的前进方向。我国成功走出了中国特色社会主义道路,实践证明我们的道路、理论、制度、文化是成功的。要加强提炼和阐释,拓展对外传播平台和载体,把当代中国价值贯穿国际交流和传播方方面面。要把对中国梦的宣传阐释与当代中国价值紧密结合起来,从哲理、历史、文化、社会、生活等方面深入阐释中国梦,不要空喊口号,不能庸俗化。要注重从历史层面、国家层面、个人层面、全球层面等方面说清楚、讲明白,使中国梦成为传播当代中国价值的生动载体。

坚持以人民为中心的创作导向。坚持以人民为中心的创作导向,必须深刻认识和把握好文艺与人民的辩证关系。一是人民需要文艺。人民对精神文化生活的需求时时刻刻都存在,随着生活水平不断提高,人民对文化产品的质量、品位、风格等方面的要求也更高了。文艺创作各领域都要跟上时代发展、把握人民需求,以充沛的激情、生动的笔触、优美的旋律、感人的形象创作生产出人民喜闻乐见的优秀作品,让人民精神文化生活不断迈上新台阶。二是文艺需要人民。人民是文艺创作的源头活水,一旦离开人民,文艺就会变成无根的浮萍、无病的呻吟、无魂的躯壳。要虚心向人民学习、向生活学习,从人民的伟大实践和丰富多彩的生活中汲取营养,始终把人民的冷暖、人民的幸福放在心中,把人民的喜怒哀乐倾注在自己的笔端,讴歌奋斗人生,刻画最美人物,坚定人们对美好生活的憧憬和信心。三是文艺要热爱人民。有没有感情,对谁有感情,决定着文艺创作的命运。文艺工作者要想有成就,就必须对人民爱得真挚、爱得彻底、爱得持久,自觉与人民同呼吸、共命运、心连心,欢乐着人民的欢乐,忧患着人民的忧患,做人民的孺子牛。要扎根人民、扎根生活开展文艺创作,用现实主义精神和浪漫主义情怀观照现实生活,用光明驱散黑暗,用美善战胜丑恶,让人们看到美好、看到希望、看到梦想就在前方。

实现中华民族伟大复兴,不仅在物质上要强大起来,在精神上也要强大起来,必须构筑中国精神、中国价值、中国力量,夯实国家文化软实力的根基。价值观是文化软实力的核心,当代中国价值,代表了中国先进文化的前进方向,要始终发扬中国人民的伟大创造精神、伟大奋斗精神、伟大团结精神，为中国发展和人类文明进步提供强大精神动力。

2. 不断深化文化体制改革

文化体制改革是解放和发展文化生产力，增强文化发展活力，推动文化创新的根本出路。改革开放以来我国文化体制改革逐步深化，对外开放不断扩大，文化发展的体制环境发生了深刻变化。随着社会主义市场经济体制的逐步建立和我国正式加入世界贸易组织，文化工作面临许多新情况、新问题，迫切要求加快改革步伐，进一步革除制约文化发展的体制性障碍，建立科学合理、灵活高效的文化管理体制和文化产品生产经营机制。

文化体制改革要突出重点、整体推进。要加强和改善党对文化工作的领导，理顺政府与文化企事业单位的关系，健全和规范文化行业组织，探索建立新形势下党委领导、政府管理、行业自律、企事业单位依法运营的宏观管理体制。深化文化企事业单位内部人事制度、劳动制度、分配制度改革，转变经营和管理方式，健全激励机制，探索建立保证正确导向、富有经营活力的微观运行机制。加强文化法制建设，健全监督机制，提高执法水平，探索建立体现文化特点、适应法制建设总体要求的政策法规体系。按照一手抓繁荣、一手抓管理的方针，健全文化市场体系，完善管理机制，整顿市场秩序，探索建立传播健康精神文化产品、促进资源优化配置、竞争有序的市场环境。坚持以我为主、为我所用，有步骤、有选择地扩大对外开放，加强对外文化交流，探索建立吸收国外优秀文化和先进技术，抵制腐朽文化，用好两个市场、两种资源的开放格局。

文化既具有一般行业的特点，又具有意识形态属性，事关国家安全和社会稳定。文化体制改革必须充分考虑我国国情，充分考虑文化领域的意识形态特点，充分考虑社会主义精神文明建设的需要。改革要适应社会主义市场经济的要求，借鉴经济领域改革的成功经验和国外的有益做法，逐步建立有利于调动文化工作者积极性，推动文化创新，多出精品、多出人才的文化管理体制和文化产品生产经营机制。

为人民提供丰富的精神食粮、推动文化繁荣发展，动力在改革，出路在改革。要把握文化创作生产传播特点，进一步发挥市场在文化资源配置中的积极作用，推进文化体制机制创新，完善文化管理体制，加快构建把社会效益放在首位、社会效益和经济效益相统一的体制机制，形成有利于创新创造的文化发展环境，调动全社会参与文化发展改革的积极性、主动性、创造性。推动文化事业繁荣发展，以完善公共文化服务体系为重点，创新公共文化服务方式，深入实施文化惠民工程，丰富群众性文化活动，提高基本公共文化服务标准化均等化水平。推动文化产业加快发展，以健全现代文化产业体系和市场体系为重点，促进文化产品和要素在全国范围内合理流动；创新生产经营机制，完善文化经济政策，运用云计算、人工智能、物联网等科技成果，培育新型文化业态。

3. 讲好中国故事

近年来，随着我国经济社会发展和国际地位提高，国际社会对中国的关注度越来越高。"中国为什么能""中国共产党为什么能"，国外很多人对中国发生的奇迹有着浓厚兴趣，想破解中国成功的秘诀，对我国发展道路和发展模式的理性认识逐步加深。同时，国际社会对我们的误解也不少，"中国威胁论""中国崩溃论"等论调不绝于耳，一些西方媒体仍然在"唱衰"中国。在这样复杂的形势下，要集中讲好中国故事，传播好中国声音，向世界展现一个真实的中国、立体的中国、全面的中国。

讲好中国故事，必须树立强烈的文化自信。我们业已形成的符合中国国情的道路不能走偏，我国没有断流的文化更不能丢掉。要坚守中华文化立场、传承中华文化基因、展现中华审美风范，从中华民族的辉煌历史和国家发展的伟大成就中汲取精神力量，增强文化自信，增强讲好中国故事的底色和底气。这对激励人们继续沿着中国道路前进，加深国际社会对中国道路的认识至关重要。

讲好中国故事，必须解决"挨骂"问题。落后就要挨打，贫穷就要挨饿，失语就要挨骂。现在国际舆论格局总体是西强我弱，我们往往有理说不出，或者说了传不开，一个重要原因是我们的话语体系还没有建立起来，不少方面还没有话语权，甚至处于"无语"或"失语"状态，我国发展优势和综合实力还没有转化为话语优势。要着力推进国际传播能力建设，创新对外宣传方式，精心构建对外话语体系，创新对外话语表达，打造融通中外的新概念新范畴新表述，把我们想讲的和国外受众想听的结合起来，努力构建国际话语权，增强文化传播亲和力。要多用外国民众听得到、听得懂、听得进的途径和方式，积极传播中华文化，阐发中国精神，展现中国风貌，让世界对中国多一分理解、多一分支持。

讲好中国故事，必须积极主动、久久为功。要想国际社会了解和接受我们，就要主动把我们的想法说清楚，让正确的声音先入为主，盖过种种负面舆论和奇谈怪论。要讲好中国特色社会主义的故事，讲好中国梦的故事，讲好中国人的故事，讲好中华优秀文化的故事，讲好中国和平发展的故事。要加强统筹协调，整合各类资源，奏响交响乐、唱响大合唱，把中国故事讲得愈来愈精彩，让中国声音愈来愈洪亮。

要着力推进国际传播能力建设，创新对外宣传方式，用中国理论阐释中国实践，用中国实践升华中国理论，更加鲜明地展现中国思想、提出中国主张。加强对外话语体系建设，研究国外不同受众的习惯和特点，采用融通中外的概念、范畴、表述，把我们想讲的和国外受众想听的结合起来，增强对外话语的创造力、感召力、公信力。提高讲好故事的能力，着重讲好中国的故事、中国共产党的故事、中国特色社会主义的故事、中国人民的故事，展示文明大国、东方大国、负责任大国、社会主义大国形象。

□ 分析与思考

1. 经济全球化推动了不同民族文化的交流交融，也引发不同思想文化观念的交锋。试用马克思主义的历史文化观，分析当代世界文化发展的趋势，认清西方文化霸权主义的实质和危害。

2. 当今社会思潮复杂多变，请运用马克思主义观点和方法辨识错误思潮的本质，并思考如何提高政治鉴别力，不被错误社会思潮所误导，增强社会主义意识形态的价值共识。

3. 请谈谈你对提升国家文化软实力的认识。

第四章
当代社会问题

当代世界正处于大发展大变革大调整时期，经济全球化、世界多极化、文化多样化、社会信息化持续推进，在推动人类社会文明进步的同时，也使得社会矛盾和问题更加复杂多样，社会建设与治理成为世界各国必须面对的共同课题。在当代，社会治理的基本任务就是解决社会面临的突出问题，调整社会关系，稳定社会心理，维护社会秩序，保持社会安定，促进社会进步。中国特色社会主义进入新时代，中国社会主要矛盾的深刻变化，使社会建设面临一系列新的治理课题。中国推进社会治理创新、完善社会治理体系的努力，不仅能够更好地把社会主义制度优势转化为社会治理优势，实现人民安居乐业、社会安定有序、国家长治久安，而且能够为解决世界性的当代社会问题贡献中国智慧。

第一节 当代社会问题及原因分析

当代世界各国家各地区都出现了不同程度不同类型的社会问题，其中许多问题具有共性，对这些问题及其原因的分析是加强社会建设、创新社会治理的前提。

一、当代社会问题的集中表现

各国的社会问题，一般是由各国基本国情、经济社会发展阶段、社会历史文化传统和社会主要矛盾等因素决定的，在不同国家有不同的内容和形式。但从世界范围来看，也存在一些共性的社会问题。

1. 人口问题

人口是社会的构成要素，是社会物质生活的必要条件，是全部社会生产和社会生活的基础和主体。人口问题在不同国家的具体表现形式和程度都有不同，但其实质主要是人口再生产与物质资料再生产之间的比例关系失调，人口增长与经济社会发展水平、资源环境承载限度的关系失调。

当代人口问题主要表现在一些发展中国家人口规模过度增长和一些发达国家低生育率、人口老龄化严重等方面。大多数发展中国家的生育率保持在高位，人口的过度增长影响了国家发展、社会稳定和人民生活水平的提高，是造成就业困难、社会负担加重、住房紧张、物资匮乏等社会问题的重要原因。一些贫困国家的新生儿高出生率与高死亡率并存，社会保障不健全也带来多子养老的需要。与此相反，发达国家生育率大大低于更替水平。人口的过高或过低增长，都会对社会产生严重影响。人口结构失衡已经成为突出的社会问题。一些国家人口结构老龄化趋势正在加剧，甚至出现人口零增长或负增长，导致劳动力紧缺、社会生产力下降、人口比例失衡、社会福利难以为继等问题，背上了沉重的社会负担。

就业问题与人口问题密切相关。随着经济社会发展和科技进步，世界各国就业问题日益突出。一些国家长期存在失业问题，有的还在不断恶化；一些国家存在不充分就业以及各种形式的隐形失业；在许多国家，失业者生活水平下降，导致社会不满情绪加重，社会冲突或动荡加剧。失业问题如果得不到及时有效解决，会严重影响一个国家的经济发展和社会稳定。

2. 贫富差距问题

贫富差距问题由来已久。在私有制社会中，阶级差别、收入差距、分配不公是长期存在的。在当代，贫富差距问题是一些国家出现社会危机和社会动荡最直接、最主要的原因。一些国家分配不公问题更加突出,资本垄断使强者更强、弱者更弱,经济资源和财富很大程度地集中在少数人手中,简单化的机会均等口号使公平问题被掩盖,社会的层次分化更加明显,社会阶层固化现象严重,甚至出现社会阶层之间的断裂,贫困群体被社会边缘化。

贫困现象是贫富差距问题的突出表现。贫困问题不仅意味着一部分人收入微薄,无法应对疾病或某种灾难带来的影响,而且意味着这些人发展能力匮乏,甚至导致贫困代际延续。贫困问题,不仅大面积、长期地存在于一些发展中国家,而且在国际金融危机背景下,一些发达国家贫困人口的数量也有所增加;不仅存在着个体或群体的贫困,而且存在着区域性的贫困。

3. 社会稳定问题

社会要发展,就会有变化,但如果不能妥善处理发展与稳定的关系,把控不好社会变化变迁的方向、范围、程度,就会造成社会整体局面的动荡和不稳。当今世界,一些国家或地区出现大规模的社会动荡,甚至在个别地方出现失控状态,频繁发生的社会冲突事件、大规模的难民潮等引人关注。2015年以来,中东、北非地区战乱不断、持续动荡,使得大批难民外涌。随着难民的流动,难民潮问题引发的难民危机,成为一些国家共同面对的难题。

频繁发生的社会冲突事件是社会动荡不安的主要表现。特别是2008年国际金融危机后,一些国家经济复苏乏力,不同地区、不同民族、不同群体之间的利益矛盾进一步加剧,社会冲突时有发生。不仅在一些欠发达国家发生了大规模的社会冲突事件,甚至引发大规模内乱,而且在部分发达国家如美国、法国、德国均发生大规模的社会骚乱事件,日本、韩国等国家民众示威游行频频发生。

4. 公共安全问题

与社会冲突与动荡不安相联系,社会公共安全问题也更加凸显,主要表现为犯罪活动呈现新变化、公共安全事件频发等。与失业、贫困、大规模社会无序流动等问题相交织,犯罪活动出现了新变化。除了犯罪年轻化、有组织化特征更为明显外,犯罪活动的影响越来越广,社会危害程度有所加重,极端犯罪案件时有发生。跨国犯罪活动增多,跨境的毒品交易、洗钱销赃、人口贩运等成为各国共同关注的严重问题。近些年网络犯罪活动激增,网络金融诈骗涉及金额、人数远远超过以前,盗卖个人信息、侵犯个人隐私等行为对个人安全构成严重威胁。

公共安全事件、重大安全事故频频发生。例如,意大利、法国、德国、美国近年均出现重大安全事故,日本福岛核事故影响至今。一些极端组织频频制造恐怖事件,造成重大人员、财产损失。不仅一些发展中国家民众深受公共安全事件困扰,一些发达国家民众也严重缺乏安全感。例如,美国近年来发生了多起枪击案,2016年6月发生的奥兰多枪击案,死伤人数超过100人;2017年10月再次发生拉斯维加斯特大枪击事件,死伤人数超过500人。一些恶性案件的背后,与严重的社会失衡失控具有直接的联系。同时,公共食品卫生事件也呈现上升势头,暴露了食品链上的生态污染问题以及管理问题。如果一旦失控,就会成为影响一国乃至波及其他地区的重大问题。

此外,腐败问题也越来越成为世界各国需要共同应对的一个重大问题。腐败是阻碍、破坏社会发展和社会秩序的毒瘤。世界各国都存在不同程度的腐败问题,个人或团体滥用权力牟取私利、贪污受贿,破坏社会规范,败坏社会风气。当代社会腐败问题高发易发,高层腐败、群体腐败现象不断增多,造成严重的社会负面影响。

同时,教育问题、道德问题、种族问题、暴力问题、青少年问题等,也是当代世界各国日益关注的社会问题。

二、当代社会问题产生的主要原因

当代社会问题是复杂多样的,产生的原因也有很多,主要原因有以下几方面。

第一，生产力发展水平是当代社会问题产生的根本原因。生产力与生产关系、经济基础与上层建筑的矛盾运动，是推动社会前进的根本动力。生产力发展水平不能适应人类社会发展的需要，人类创造的物质和精神财富不能充分满足整个社会的需求，是各种社会问题产生的根源。而在剥削社会里，建立在私有制基础上的生产关系、阶级关系以及剥削制度，是造成各种社会问题的主要原因。特别是在资本主义社会，生产资料私有制带来的社会剥削和压迫，导致社会财富分配失衡，两极分化扩大，以及人与人之间在社会地位、发展机会、社会资源上的不平等。在当代，大多数国家由于生产力发展水平不高、经济社会发展不平衡，将发展着力点放在促进经济发展上，在一定程度上忽视了社会建设，而导致出现种种社会问题。

第二，社会变革加速是当代社会问题产生的现实原因。在世界范围内，社会变革加快并带来社会结构、社会体制、社会机制的急剧变动，人类的生产方式、生活方式、行为方式和交往方式也发生深刻的调整变化，既有的社会观念、行为规范、法律制度等都面临着变化和挑战，各种社会问题更加复杂、更加凸显。经济全球化的不断深化，也加大了社会问题和社会风险产生蔓延的可能，一些国家社会剥削、社会排斥、社会歧视、社会犯罪等问题不断增多，对社会发展稳定构成严峻挑战和威胁。当前，一些发达国家贸易保护主义有所抬头，使许多发展中国家经济雪上加霜，内外矛盾交织，对社会稳定构成威胁。

第三，不公正不合理的国际政治经济秩序是当代社会问题产生的重要外因。在经济全球化的今天，一些国家社会问题的产生既与其国内矛盾密切相关，也与不公正不合理的国际政治经济秩序相关。总的来看，由于种种原因，现行国际政治经济秩序是少数发达国家主导的。国际金融危机使一些发达国家深陷危机而迟迟难以摆脱困境，一些发达国家在化解危机时不仅没有承担本应履行的大国责任，反而凭借在国际政治经济领域的主导地位，想尽办法转嫁危机，这在一定程度上也加重了发展中国家的国内危机，引起这些国家社会矛盾上升、冲突加剧。

除了上述几个方面的原因外，不同国家社会问题的产生还有着各自具体的、特殊的原因。特别是一些社会问题，一旦与种族矛盾、民族矛盾、宗教矛盾等相互影响，就会变得更为复杂而敏感，解决的难度也大大增加，甚至酿成大规模的社会动乱。所以说，社会问题产生的原因是极其复杂的，应对这些复杂的问题，特别是从根源上清除其产生的基础，是摆在世界各国特别是广大发展中国家面前的重大难题。

第二节 当代社会治理的探索

随着经济全球化深入发展，世界各国相互联系、相互依存日益加深，命运与共、休戚相关。面对全球性的种种问题与挑战，需要各国采取切实行动并积极推进全球治理。当代社会治理同全球治理密切相连，不仅是全球治理的重要组成部分，也是化解众多当代社会难题的重要手段。健全社会治理体系，提升社会治理效能，越来越成为世界各国的共识。

一、当代社会治理的基本途径和主要措施

当代世界，许多国家为维护社会稳定和促进社会发展，不断调整和完善社会治理方式，在探索与本国相适应的社会治理模式方面，积累了有益的经验。创新社会治理，必须了解和把握世界各国在解决社会治理问题方面采取的有效措施，不断拓展社会治理的路径方式。

1. 制定社会政策

社会政策是针对社会问题由公共权力机关组织制定、颁布和施行

的一系列法令、政策和规章规定。成功的社会治理，需要社会政策的支持保障和国家法律制度的规范引导。

在当代社会治理实践中，社会政策繁杂多样，包括公共安全政策、劳动力市场政策、农业发展政策、医疗政策、义务教育政策等。比如，各国政府为解决经济发展和城市化进程中人口流动、食品药品安全、公共环境卫生、传染病防治等问题，制定出台了安全生产、环境污染防治等一系列公共安全政策。劳动力市场政策是协调劳动关系、保护劳动者权益的有效手段，政府也会通过制定禁止雇佣童工、妇女劳动保护、最低工资限制、带薪休假等相应政策，维持劳动力市场稳定。一些国家在解决社会问题时，充分运用社会政策的灵活性，一旦出现社会热点问题或一些矛盾凸显出来，在政策层面就及时跟进，从而实现较好的社会治理效果。另外，随着人口老龄化、失业、贫富差距过大等社会问题凸显，一些国家在制定社会政策时，也会在赡养老年人、支持就业、促进分配公平与机会公平等政策上有所偏重，使社会政策更加具有针对性、科学性和实效性。

2. 完善社会保障体系

社会保障是社会治理的重要内容。社会保障制度是指国家或政府通过立法形式，在国民收入的分配和再分配基础上，运用社会化的保障手段，对社会成员提供物质帮助和社会服务，以确保其基本生活的社会制度。虽然在当代社会治理实践中，社会政策手段和社会保障措施有重合交叉，但是，社会保障往往由于其作用的基础性而凸显出来。现代社会保障体系主要包括社会保险、社会救助和社会福利，但各国社会保障制度所包含的具体内容有所差异。

社会保险是国家以立法形式，按照权利与义务对等原则，确保丧失或暂时失去劳动能力以及失去工作机会的劳动者基本生活需要的一项社会保障制度，主要包括医疗保险、老年保险、失业保险、家庭补贴等。社会救助是根据维持人的最起码的生活需求设立一条最低生活保障线,当社会成员收入水平过低时,能够得到国家和社会按一定标准提供的现金和实物救助。社会福利也是基础性的社会保障,通常由政府财政拨款支付,使低收入者或某些特定人群能够享受某些权益,如保障少年儿童享受一定的义务教育,保障贫困者的基本生活等。社会救助与社会福利相辅相成,是一个国家社会保障体系的重要组成部分。

社会保障体系的完善,有利于缓和社会矛盾、维护社会稳定、防范社会风险。为更好地给民众提供基本社会保障,一些国家还通过多种方式确保社会保障制度的执行。例如,加强法律保障,制定完善的相关社会保障法律;加大政府对于社会保障的投入,扩大保障的覆盖范围,维持社会保障制度的持续运转等。

3. 完善社会服务

社会服务是政府和社会力量为了满足全体公民尤其是特殊困难群体的基本需求,而提供的具有福利性质或基本保障性质的服务。在社会治理实践中,社会服务主要包括公共服务、市场化服务、志愿服务等内容。

公共服务既可以通过政府公共管理部门直接提供,也可以通过政府资助社会组织、企业或个人提供。公共服务的内容或领域一般包括广播、教育、电力服务、消防治安、公共交通、社会住房、通信、城镇计划、废物管理、供水服务、公共信息(如图书馆)、环境保护等,服务内容丰富多样。市场化服务是政府以特许或其他形式吸引中标的企业参与提供公共服务,并允许企业有投资收益权。志愿服务是指由个人或社会组织发起,志愿贡献个人的时间及精力,在不为取得任何物质报酬的情况下,为改善社会、促进社会进步而提供的服务。一些国家志愿服务活动开展得十分活跃,有较广泛的群众基础和良好的社会声誉,逐渐步入组织化、规范化和系统化的轨道,成为完善社会治理的重要手段。

完善社会服务需要发挥社会组织的作用。社会组织是指由一定数量的社会成员按照一定的规范围绕一定的目标而组成的社会群体。面对大量的、复杂的社会问题，一些国家开始鼓励、支持社会组织参与社会治理，为社会提供公共服务。社会组织的类型多种多样，社会组织服务的领域也很广泛，包括医疗、文化、教育、社会保障，同时还涉及公共决策咨询、民意调研等方面。为了动员社会组织参与社会治理，一些国家还制定了针对社会组织的鼓励扶持政策和办法。例如，实行一定的免税政策，提供公共财政支持，给社会组织成员提供专门培训，等等。

4. 协调社会关系

协调社会关系是社会治理的重要内容，也是社会治理的重要途径和方式。协调好社会关系，可以为社会治理提供良好的环境，也有利于化解社会矛盾和社会纠纷，促进社会发展与稳定。

在当代社会治理实践中，多元参与和合作共治的理念逐渐形成并被广泛接受。这一理念在实践中也包含着许多协调社会关系的做法。例如，重视政府与市场之外的第三方的作用，实际上这是一种社会权力结构的调整。政府将大量社会服务项目推向市场和社会，或者在社会服务中引入市场运作理念，这样有助于调动多方的积极性。一些发达国家非常重视政府与非营利组织的协作，政府通过直接补助、减免税费、购买服务等多种方式对这些组织进行扶持，而这些组织则提供了许多政府做不到、做不好或不便做的社会服务。

协调社会利益也是协调社会关系的重要内容。以劳资纠纷为例，在一些发达国家，工会周期性地与雇主协会就一系列涉及双方利益的问题进行协商、谈判。当谈判陷入僵局时，还可以由劳资双方或政府指定的第三方或政府直接出面调解、仲裁。这些做法确实在一定程度上缓解了社会矛盾，但是，这种外科手术式治理还是难以从根本上解决问题。

二、当代社会治理的主要经验和反思

对于世界各国社会治理的丰富实践，既要学习借鉴先进的理念和有效的做法，也要认识总结其中存在的局限、不足甚至教训。

1. 当代社会治理的主要经验

世界各国虽然对于社会治理所采取的措施和方式不尽相同，但也有其共通性和普遍性。总的说来，当代世界社会治理的主要经验包括注重市场、依靠法治、利用自治、运用技术、促进合作等。

第一，注重市场作用。发达国家在社会治理中特别注重运用经济手段，倾向采用市场化方式调节社会关系，解决社会矛盾。这种方式的优势在于：首先，在公共领域引入竞争机制，实现政府与市场机制相结合，这不仅有利于提高政府部门的工作效率，也使市场主体通过获得更多的公共财政支持而与政府保持一致。其次，通过购买服务、合同外包等方式，将政府原有的部分职能向市场和社会转移，有利于调整和优化政府职能，精简政府机构，一定程度上有利于节约行政成本、提高治理效率。最后，有利于调动社会大众的积极性，激发民间活力，扩大社会治理的参与面，避免矛盾焦点过于向政府集中，缓解社会冲突。

第二，依靠法律制度。完善的法律制度是社会治理的重要支撑。发达国家的社会治理体系比较严密，社会治理的手段多样化，而这一切均与法治联系在一起。这些国家基于法治的社会治理有两大策略值得关注。其一是底线治理。国家的法律和规章制度很细致且违规成本高，只要公民不违反法律、不触犯社会道德底线，国家和政府部门一般不予干预。这种底线治理方式，有利于降低治理成本、提高治理效率，但也可能因为公众具有较大的社会自由度而导致混乱。其二是注重监管，不仅重视法律的制定，更注重法制的实施。政府将大量的法治资源投入到执法和监管环节，确保法律和制度的实际落实，依靠法治化来支撑社会治理效能的提升。

第三，利用自治手段。社会治理的有效实施，需要充分调动民众参与公共事务的积极性和主动性。民众具备强有力的社会自治意识、较高的社会参与能力，是社会自治的重要前提。发达国家在利用自治手段推进社会治理方面，有着长期的实践和探索。首先，西方社会倡导的个人主义价值观具有两重性，当个人自我负责的责任意识较为突出、能压倒自私自利时，在一定程度上会有助于自治。其次，政府鼓励公民积极参与社会治理，自觉承担抵抗各类风险的责任，不仅降低了政府承担的风险和压力，节约了公共财政开支，而且有利于民众对所制定的社会政策予以理解和支持。最后，政府注重通过社会组织来有效激发民众参与社会治理。

第四，加强技术管理。现代社会中，人们的社会关系、社会行为、思想意识日趋复杂多元，尤其是互联网条件下，已经形成新的人际交往模式、新的经济运行模式，也引发了社会治理的深刻变革。对于信息化的现代社会，单靠人力已经无法满足现实的社会治理的需要，电子计算机技术、网络技术和大数据技术等技术手段的快速发展，可以为社会治理提供有力的支持。例如，一些国家利用科技手段实现公民个人信息的大范围快速查询、社会资源的跨系统跨区域整合调配、社会纠纷的大面积动态监控等，使得社会治理的效率和精准度有明显提升。

第五，加强各方合作。当代世界社会问题越来越复杂，大量问题靠单一的国家或政府部门难以解决，跨国跨地域跨部门的合作协同成为社会治理的迫切需要。国家内部的社会治理合作，主要包括政府与非政府组织、公共机构与私人机构之间的合作和自愿结合，通过协商、确立认同等方式实施管理。同时，随着各国经济政治联系的日益紧密，许多社会问题的治理需要发挥国际组织的重要作用，加强各国之间的合作。例如，各国在应对全球金融风险中，重视与国际经济组织、跨国公司等的合作；在打击跨国犯罪问题上，重视与国际刑警组织和其他国家的合作；在应对全球性疾病威胁时，重视与世界卫生组织、国际红十字会以及诸多民间社团组织之间的合作，从而共同有效地抵御风险。

2. 对当代社会治理的反思

对当代世界，尤其是发达国家社会治理的理论、政策和手段应辩证看待，既要看到其经验与良策，也要看到其不足与局限，通过合理吸收借鉴找到创新社会治理的途径办法。

首先，过度的自由化与市场化扩大了市场经济的弊端，成为社会混乱的重要源头。市场化和自由化的环境一方面激发了社会各类主体的活力，另一方面也容易造成社会的混乱。过度强调市场的作用，使政府在社会治理过程中丧失了主导权，必然导致一系列社会问题的出现。资本市场的高速自由运转以及花样翻新的"金融创新"，使得社会财富"变化莫测"，贫富差距急剧扩大。尤其应该反思的是，一些国家社会公共政策制定的出发点并没有真正落实到民生上，本质上仍然是为资本逐利服务，受到市场强势主体特别是一些利益集团的影响。

其次，失控的政党政治竞争降低社会治理效能。西方国家的政党代表不同的利益集团，在许多社会政策上难以形成共识，一些政党为了赢得选举什么都可以承诺，但往往最后都是空头支票。这种党派之间的恶性竞争，不仅会降低社会治理的效率，而且会导致社会的不稳定。无论哪一党派执政，在制定社会政策时往往会遇到反对党为了反对而反对，致使一些政策悬而不决，同时也受利益集团诉求、选情需要、舆情民意等因素制约，无法从全局和长远出发为社会各阶层谋福利，导致某些社会领域治理的缺失。正因如此，西方国家一些尖锐的社会问题长期得不到有效解决，不仅成为社会骚乱的根源，也成为推进社会改革和创新社会治理的重大障碍。

最后，过度张扬的个人主义导致社会共识的缺失。个人主义是资本主义价值观的文化之根，而个人主义的过度张扬则成为社会治理的障碍。在极端个人主义的支配下，一些人过度崇拜自己，把追求个人利益当作唯一目的，把国家和社会看作一个满足个人利益、实现个人诉求的工具或手段，造成个人与国家社会的对立。以个人主义为核心体现在资本主义制度、社会生活各个方面，一些人片面追求思想、言论自由，阻碍社会共识的达成，损害社会和谐共存的基础，也制约了社会治理的实施成效。此外，个人主义盛行也出现"养懒人"的现象，发达国家虽然通过福利制度解决和缓解社会问题，但过高福利也会滋生社会的惰性与不负责任，助长一些人"不劳而获"的懒惰心理，导致部分公民责任感下滑。近些年，尽管深陷经济危机，一些西方国家仍维持较高社会福利，保障项目包罗万象，财政赤字不断扩大；一些社会群体因福利降低或受损而出现极端行为，这也是导致一些发达国家出现民粹主义和强烈排外倾向的重要原因。

第三节　创新社会治理的中国方案

中国坚持从社会主义初级阶段基本国情出发，在吸收借鉴当代社会治理经验的基础上，提出创新社会治理这一重大时代课题，并在实践中积极探索社会建设的有效途径和办法，建立和完善了中国特色的社会治理体系，不仅有力保障了改革开放和社会主义现代化建设大局，始终保持社会长期稳定有序，同时也为其他发展中国家完善社会治理提供了中国方案，为解决当代许多社会治理难题提供了中国智慧。

一、当代中国的社会建设思想

马克思主义关于社会建设思想的内容十分丰富。马克思主义认为，社会"是人们交互活动的产物"①,人们的物质关系构成他们一切活动的基础;社会是一个由各种社会要素组成的"能够变化并且经常处于变化过程中的有机体"②。社会是不断运动的,也是充满矛盾的,生产力和生产关系之间、经济基础和上层建筑之间的矛盾是推动人类社会发展的基本矛盾。在政治革命之后,还要进行社会改造和社会建设,为迎接新社会的到来和建设新社会创造更充分的条件。马克思主义的社会建设思想,以唯物辩证法和唯物史观为基础,深刻揭示了当代社会问题产生的根源和解决社会问题的基本途径,为解决当代社会问题、推进社会建设提供了科学的世界观和方法论。

改革开放以来,中国坚持运用马克思主义的社会建设思想指导和推动中国的社会建设实践,提出一系列重要理论观点。主要包括:解放和发展生产力是解决社会问题的根本途径,要坚持以经济建设为中心,促进社会建设与经济建设相适应相协调;以实现最广大人民的根本利益为目的,着力解决好人民群众最关心最直接最现实的利益问题,建立更加公平可持续的社会保障制度,努力为社会提供多样化服务,更好满足人民需求;公平正义是中国特色社会主义的内在要求,必须坚持维护社会公平正义,在全体人民共同奋斗、经济社会发展的基础上,逐步建立以权利公平、机会公平、规则公平为主要内容的社会公平保障体系,保证人民平等参与、平等发展权利;社会和谐是中国特色社会主义的本质属性,要把保障和改善民生放在更加突出的位置,团结一切可以团结的力量,最大限度增加和谐因素,增强社会创造活力,确保人民安居乐业、社会安定有序、国家长治久安;统筹兼顾、正确处理改革发展稳定关系是处理社会矛盾的基本方法,要使社会各方面的利益关系得到妥善协调,人民内部矛盾和其他社会矛盾得到正

---

① 《马克思恩格斯文集》第 10 卷,人民出版社 2009 年版,第 42 页。
② 《马克思恩格斯文集》第 5 卷,人民出版社 2009 年版,第 10—13 页。

确处理，人民的合法权益得到切实维护和实现，努力构建社会主义和谐社会等。这些观点进一步丰富和发展了马克思主义社会建设思想，深化了对经济社会发展规律的认识。

党的十八大以来，中国高度重视社会治理问题，把加强和创新社会治理作为完善和发展中国特色社会主义制度、推进国家治理体系和治理能力现代化的重要内容，强调要坚持以人民为中心，以最广大人民根本利益为根本坐标，充分调动各方面积极性，最大限度增强社会发展活力，充分发挥人民群众首创精神，使全社会创造能量充分释放；突出制度和体系建设在社会治理格局中的基础性、战略性地位，树立大社会观、大治理观，使社会治理的成效更多、更公平地惠及全体人民，不断增加人民的获得感、幸福感、安全感；善于把党的领导和我国社会主义制度优势转化为社会治理优势，着力推进社会治理系统化、科学化、智能化、法治化，增强社会治理的整体性和协同性，探索一条符合中国社会发展实际、更可持续的中国特色社会主义治理之路，打造共建共治共享的社会治理格局等。这一系列新思想新战略，反映了中国对社会运行规律和治理规律认识的深化，是社会治理理念的一次重大变革，是推进国家治理体系和治理能力现代化的重要体现，为在新时代加强和创新社会治理指明了方向。

二、中国创新社会治理的思路和举措

党的十八大以来，中国在社会建设领域推出一大批惠民举措，使一些社会治理难题得到有效破解，社会治理体系不断完善，社会安全稳定形势持续向好，人民生命财产安全得到有效维护，平安中国建设取得重大进展。与此同时，也要清醒地看到，在社会大局总体稳定的同时，社会利益关系日趋复杂，社会阶层结构分化，社会矛盾和问题交织叠加，人民群众对社会事务参与意愿更加强烈，社会治理面临的形势环境更为复杂。面对一系列新问题新形势，在实践中，中国提出

了创新社会治理的一系列新思路新举措,有力推动了当代中国的社会治理创新。

1. 中国创新社会治理的总体思路和目标原则

解决我国在社会建设领域存在的问题,要深入认识新时代社会治理规律,创新社会治理的理念思路、体制机制、方法手段,确保国家长治久安、人民安居乐业。

一是坚持以人民为中心。这既是马克思主义唯物史观根本立场的集中体现,是中国共产党全心全意为人民服务根本宗旨的集中体现,也是加强社会建设、创新社会治理体系的基本遵循。党的十八大以来,中国共产党顺应人民对美好生活的向往,把实现人民幸福作为一切工作的出发点和归宿。习近平多次强调:"检验我们一切工作的成效,最终都要看人民是否真正得到了实惠,人民生活是否真正得到了改善,人民权益是否真正得到了保障。"[①] 要把以人民为中心的发展思想体现在经济社会发展各个环节,坚持人民主体地位,把人民对美好生活的向往作为奋斗目标,依靠人民创造历史伟业,做到老百姓关心什么、期盼什么,改革就要抓住什么、推进什么,通过改革给人民群众带来更多获得感。创新社会治理,最根本的是要坚持以人民为中心的发展思想,并把这一原则体现到社会治理体系构建的方方面面,体现到加强社会建设的全过程。

二是明确社会治理总体思路。创新社会治理,要坚持系统治理、依法治理、综合治理、源头治理相统一,这是完善社会治理体系的总体思路。在系统治理方面,就是要坚持系统思维和整体设计,加强党委领导,发挥政府主导作用,鼓励和支持各方面力量参与社会治理,实现政府治理和社会自我调节、城乡居民自治良性互动。在依法治理方面,就是要加强社会治理的法治保障,运用法治思维和法治方式化

---

① 《习近平谈治国理政》第 1 卷,外文出版社 2018 年版,第 28 页。

解社会矛盾、维护社会秩序。在综合治理方面，就是在社会治理途径方式上要多方施策，多向使力，强化道德约束，规范社会行为，调节利益关系，协调社会关系，运用综合性手段方式解决社会问题。在源头治理方面，就是强调社会治理要标本兼治、重在治本，以网格化管理、社会化服务为方向，健全基层综合服务管理平台，及时反映和协调人民群众各方面各层次利益诉求，满足人民群众合理需求，把矛盾、问题尽可能化解在基层和源头。

三是加强社会领域制度建设。创新社会治理，要加强社会领域制度建设，增强人民群众获得感，维护社会和谐稳定。国家根本制度为社会治理制度建设提供基本遵循和重要保障。加强社会领域制度建设，要遵循社会主义基本经济制度、根本政治制度以及社会主义核心价值观的要求，同时体现社会建设、社会治理的特点特色。正是基于这样的原则和要求，中国探索并建立了具有自身特点的社会保障制度、公共安全制度、基层自治制度等，这些制度覆盖社会建设和社会治理方方面面。就社会治理内部制度建设而言，逐步建立与完善社会建设相关条例、社会组织管理相关条例、社会服务管理相关条例、社会治理工作队伍建设相关制度、社会治理评价相关制度等。中国社会治理制度建设还特别注重公平，着力解决制度建设中地区差异大、碎片化问题，增强制度的协同、配套与一致性。

四是形成"党委领导、政府负责、社会协同、公众参与、法治保障"的社会治理格局。"党委领导、政府负责"，就是在社会治理中坚持中国共产党的领导，充分发挥各级党组织在社会治理中总揽全局、协调各方的领导核心作用，全面落实各级党委和政府社会治理主体责任，形成权责明晰、奖惩分明、分工负责、齐抓共管的社会治理责任体制。"社会协同、公众参与"，就是培育和引导社会组织，引领和推动社会力量积极参与社会治理，充分调动与合理引导人民群众的积极性主动性，提升基层单位自我管理、自我服务、自我监督的能力与水平，努力营造社会治理人人参与、人人尽力、人人共享的良好局面。"法治保障"，就是按照全面依法治国的总体要求，不断完善社会治理的制度法规和政策，充分发挥法治对社会治理的引领、规范和保障作用，运用法治思维和法治方式来化解矛盾、解决纠纷，引导群众依法行使权利、表达诉求，确保社会生活的规范、有序。

五是提高社会治理的社会化、法治化、智能化、专业化水平。社会治理的社会化、法治化、智能化、专业化水平，体现了对社会运行规律和治理规律的充分认识，体现了提升社会治理效能的总体要求。社会化，就是要强化社会治理的有序参与，支持各类社会主体自我约束、自我管理，发挥市民公约、乡规民约、行业规章、团体章程等社会规范在社会治理中的积极作用，提高社会治理的社会化程度。法治化，就是要把法治作为实施社会治理的基本路径和创新社会治理的重要手段，充分发挥法律规范作用，推动全社会普遍守法观念的形成，更好地运用法治来引导和规范社会生活，努力提高社会治理的法治化水平。智能化，就是要运用大数据、云计算、人工智能等新科技手段优化社会治理环境，实现社会治理资源的整合，建立协同采集、分享使用、高效安全的公共信息系统，增强社会治理的整体性和协同性，推动社会治理的智能化。专业化，就是要遵循社会治理以及人才管理的规律，建设高素质专业化干部队伍和社会治理各类人才队伍，提高社会治理的专业化水平。

2. 中国创新社会治理的主要举措

中国积极探索和推进各项社会治理的有效举措，始终注重坚守民生底线、突出治理重点、完善保障体系、引导社会心理，出台了一系列惠民生、保民生的举措，实现了社会治理的创新发展。

第一，坚守民生底线。民生是人民幸福之基、社会和谐之本。增进人民福祉是发展的根本目的。中国在创新社会治理过程中，始终从人民最关心最直接最现实的利益问题出发，牢牢把握教育、就业、健康等民生基本保障问题，努力使人民获得感、幸福感、安全感更加充实、更有保障、更可持续。

优先发展教育事业是社会治理的重要举措。建设教育强国是中华民族伟大复兴的基础工程。中国始终把教育放在优先发展位置，大力发展基础教育、义务教育，不断提高教育质量和水平，使国民文化教育程度大幅上升，处于发展中国家前列。为有效提高人民思想文化素质，更好实现教育公平，大力推动城乡义务教育一体化发展，高度重视农村义务教育，积极办好学前教育、特殊教育、网络教育、继续教育，大力发展高等教育，不断完善职业教育和培训体系。同时，深入落实立德树人根本任务，全面关心青少年成长成才，塑造青少年良好品行和健全人格。实践证明，教育优先发展战略不仅为中国特色社会主义事业提供了源源不断的高素质人才，而且为保持社会稳定、促进社会全面进步提供了重要的人才支撑和智力支持。

就业是最大的民生，收入分配是民生之源，提高就业质量和人民收入水平，是社会治理的重要课题。在就业方面，为应对大规模就业人口的压力和结构性就业矛盾，中国始终高度重视解决就业问题，实施积极就业政策，多措并举、积极应对。一方面，统筹人力资源市场，打破城乡、地区、行业分割和身份、性别歧视，切实维护劳动者平等就业权利；另一方面，加强对灵活就业、新就业形态的扶持，积极推动高校毕业生等青年群体、农民工多渠道就业创业，以创业带动就业，并提供全方位公共就业服务与就业援助，以实现比较充分就业和高质量就业。在收入分配领域，坚持共享理念，坚持和完善按劳分配为主体、多种分配方式并存的分配制度，推动构建和谐劳动关系，促进收入分配更合理、更有序。坚持在经济增长的同时实现居民收入同步增长，在劳动生产率提高的同时实现劳动报酬同步提高，鼓励勤劳守法致富，扩大中等收入群体，增加低收入者收入，调节过高收入，取缔非法收入，不断提高人民收入水平。同时，注重发挥再分配调节职能，加大转移支付力度，大力推进基本公共服务均等化，努力缩小收入分配差距。

人民健康是民族昌盛和国家富强的重要标志。面对市场化改革过程中出现的老百姓看病难、看病贵、基本医疗卫生资源配置不均衡的问题，中国始终把维护人民健康权益放在重要位置，积极实施健康中国战略。深化医疗卫生体制改革，全面建立中国特色基本医疗卫生制度、医疗保障制度和优质高效的医疗卫生服务体系。深入开展爱国卫生运动，广泛开展全民健身运动，切实实施食品安全战略，努力为促进人民健康提供全面保障与周到服务。

第二，突出治理重点。贫困问题、网络治理问题、公共安全问题一直是世界各国社会治理的难点，中国社会治理也面临这些重点和难点问题。中国通过加强社会建设和治理，在消除贫困、网络治理、公共安全等方面取得了举世瞩目的成效。

坚决打赢扶贫攻坚战。新中国成立以来特别是改革开放以来，中国始终把消除贫困、逐步实现人民共同富裕作为重要使命，带领人民持续向贫困宣战，实施大规模扶贫开发行动，效果明显。党的十八大以来，中国在解决贫困问题取得的历史性成就基础上，提出并实施精准扶贫、精准脱贫战略，采取系统的、精准的扶贫政策，因地施策、因户施策、因人施策；强化责任制，坚持中央统筹省负总责市县抓落实的工作机制，动员全社会参与；把扶贫与扶志、扶智相结合，深入实施发展生产脱贫一批、易地扶贫搬迁脱贫一批、生态补偿脱贫一批、发展教育脱贫一批、社会保障兜底一批的"五个一批"；做到"六个精准"，即扶贫对象精准、项目安排精准、资金使用精准、措施到户精准、因村派人精准、脱贫成效精准。中国在扶贫问题上取得历史性成就，同时也赢得国际社会的广泛认同和赞誉。

加强网络治理。网络空间是人类共同的活动空间，网络和信息安全牵涉国家安全和社会稳定。面对互联网技术的飞速发展，中国网络治理一度严重滞后，制度规范建设缺位严重，管理体制弊端明显，主要表现为多头管理、职能交叉、权责不一、效率不高等问题。党的十八大以来，中国提出"积极利用、科学发展、依法管理、确保安全"的方针，大力实施网络强国战略、国家大数据战略、"互联网+"行动计划，形成从技术到内容、从日常安全到打击犯罪的互联网管理合力，既确保网络正确运用和安全，又有力促进了互联网和经济社会融合发展。同时，深化国际合作，尊重网络主权，促进实现信息共享、技术共享、资源共享，共同构建和平、安全、开放、合作的网络空间，建立多边、民主、透明的国际互联网治理体系。

保障公共安全。安全是人的基本需求，也是一个社会良性运行的基本保障。面对公共安全这个世界性治理难题，中国把平安中国放在更加突出的位置来谋划，确保人民安居乐业、社会安定有序、国家长治久安。在社会治安方面，做到把整体防范与专项打击结合起来，积极预防、严厉打击各类违法犯罪活动；把重点整治与完善机制结合起来，最大限度地消除各类隐患和治安盲点；把保障安全与服务民生结合起来，全面增强公共安全管理服务效能。在化解社会矛盾纠纷方面，尽最大努力把矛盾纠纷解决在基层、解决在萌芽状态。

第三，完善社会保障体系。社会保障发挥着民生安全网、社会稳定器的作用，与人民幸福安康息息相关，也关系着国家的长治久安。中国注重从实际出发，基本建成了覆盖全民、城乡统筹、权责清晰、保障适度、可持续的多层次社会保障体系，在居民养老、社会救助、住房制度等方面取得了一系列显著成就。

养老是现代人面临的一大社会难题，关系千万家庭幸福和社会稳定和谐。中国自古以来就有尊老爱幼的传统美德，把"百善孝为先"作为立身处世最基本的道德规范。当前，中国老龄化问题日益严峻。中国实施全面参保计划，完善城镇职工基本养老保险和城乡居民基本养老保险制度，积极推进社区养老、医养结合，构建养老、孝老、敬老政策体系和社会环境，不断提升养老保障水平。当然，对于人口众多、老龄化问题日益凸显的中国来说，构建充分体现社会主义制度优越性的养老保障体系还有很长的路要走。

加强社会救助体系建设。统筹城乡社会救助体系，完善最低生活保障制度，让低收入的困难群众满足个人生存要求。同时，对重点群体进行重点救助，充分保障妇女儿童合法权益，努力建立健全农村留守儿童和妇女、老年人关爱服务体系，积极发展残疾人事业，不断完善社会救助相关制度与具体政策，让社会救助最大范围覆盖到最需要的人群。

住房问题是全世界面临的现代化发展难题，也一直是中国政府大力关注的问题。随着中国经济社会发展，房子越来越成为城乡居民心头的一块病，如何满足居民的住房需求，成为社会治理的重点问题。中国强调"房子是用来住的，不是用来炒的"，着力加强保障性住房建设和管理，加快建立多主体供给、多渠道保障、租购并举的住房制度，努力实现让全体人民住有所居。

第四，引导社会心理。社会治理不能一味地求快、求高，而要坚持治理的适度，根据经济发展确定社会治理水平，合理引导社会心理预期，确保各项社会分配收支平衡，保障制度长期稳定运行。加强社会心理引导，就是要促进社会形成良好舆论氛围和预期，使改善民生始终成为党和政府的工作方向，成为广大人民群众自身奋斗的目标。

坚持从实际出发。民生工作直接同老百姓见面、对账，承诺了的就一定要兑现，要做到件件有着落、事事有回音，让群众看到变化、得到实惠。同时还要意识到，群众对美好生活的期待是不断提升的，需求是多样化、多层次的，而我国仍处于并将长期处于社会主义初级阶段，改善民生不能脱离这个最大的实际提出过高的目标，收入的提高必须建立在劳动生产率提高的基础之上，福利水平的提高也必须建立在经济和财力可持续增长的基础之上。决不能开空头支票，特别是要防止把胃口吊得过高，用过度承诺讨好群众，结果导致无法兑现，社会出现效率低下、增长停滞、通货膨胀，收入分配最终反而恶化。

加强思想教育。思想教育是引导合理预期的重要途径和方式。虽然享受基本社会保障等是公民的权利，但自立自强自尊是现代社会公民的基本要求，要引导群众认识到困难面前首先不是"坐等要"，而是通过自己的努力去改变。要宣传劳动光荣，彰显劳动价值，突出按劳分配主导，强调获取和奉献、权利和义务的统一，倡导诚实劳动，反对不劳而获，努力促进人的全面发展。

三、中国创新社会治理的意义

中国创新社会治理的实践和成就，不仅为维护中国改革发展稳定、推动经济社会全面发展提供了良好的社会条件，同时也为世界上面临同类问题的国家提供了有益参考，特别是给一些发展中国家解决自身的社会问题提供了新的路径选择。

1. 逐步实现共同富裕

共同富裕既体现了马克思主义的基本原理，也立足于中国传统文化中的社会"大同"思想。马克思主义经典作家所描绘的共产主义理想社会，就是一个物质生活与精神生活水平很高、人与人充分平等的美好社会。虽然古代中国相比现代社会而言生产力水平很低，但中国古人主张的"大道之行也，天下为公"，"老有所终，壮有所用，幼有所长，鳏寡孤独废疾者，皆有所养"，对当代中国社会建设仍然具有很强的现实意义。

公平正义是中国特色社会主义的内在要求，坚持共同富裕，促进社会公平正义，是中国加强社会建设、创新社会治理的根本原则和奋斗目标。邓小平曾经明确指出："社会主义最大的优越性就是共同富裕，这是体现社会主义本质的一个东西。"[①] 党的十八大以来，以习近

[①] 《邓小平文选》第 3 卷，人民出版社 1993 年版，第 364 页。

平同志为核心的党中央明确提出"共同富裕是中国特色社会主义的根本原则,所以必须使发展成果更多更公平惠及全体人民,朝着共同富裕方向稳步前进"①。在处理发展与稳定、公平与效率等问题上,强调:"发展仍然是我们党执政兴国的第一要务,仍然是带有基础性、根本性的工作,但经济发展、物质生活改善并不是全部,人心向背也不仅仅决定于这一点。发展了,还有共同富裕问题。物质丰富了,但发展极不平衡,贫富悬殊很大,社会不公平,两极分化了,能得人心吗?"② 中国特色社会主义进入新时代,这是一个全国各族人民团结奋斗、不断创造美好生活、逐步实现全体人民共同富裕的时代。在新时代,随着中国在共同富裕道路上稳步前行,中国特色社会主义制度优越性的进一步彰显,中国社会建设的理念与经验将具有更加深远的感召力和影响力。

2. 促进人的全面发展

人,本质上就是文化的人,而不是"物化"的人;是能动的、全面的人,而不是僵化的、"单向度"的人。马克思、恩格斯明确指出,"每个人的自由发展是一切人的自由发展的条件"③,并称这是"新社会的本质"。马克思主义关于人的自由而全面发展的思想,为当代社会建设和社会治理指明了前进方向。中国社会治理坚持以人民为中心的发展思想,把增进人民福祉、促进人的全面发展作为一切工作的出发点和落脚点,这既是中国社会治理实践长期坚持的一条重要原则,又是中国社会治理可供他国借鉴的一条重要经验。

在实践中,中国许多社会政策、社会治理举措,都体现了促进人的全面发展这个出发点和落脚点。例如,坚持物质文明建设和精神文

---

① 《习近平谈治国理政》第 1 卷,外文出版社 2018 年版,第 13 页。
② 《习近平关于社会主义社会建设论述摘编》,中央文献出版社 2017 年版,第 31—32 页。
③ 《马克思恩格斯文集》第 2 卷,人民出版社 2009 年版,第 53 页。

明建设"两手抓、两手都要硬"方针,长期坚持实施教育优先发展战略,大力弘扬与培育社会主义道德与社会主义核心价值观,提升全民族的科学文化素质和思想道德素质;强调在保持经济增长的同时,更重要的是落实以人民为中心的发展思想,想群众之所想、急群众之所急、解群众之所困,在学有所教、劳有所得、病有所医、老有所养、住有所居上持续取得新进展。在新时代,我国社会主要矛盾已经转化为人民日益增长的美好生活需要和不平衡不充分的发展之间的矛盾。主要矛盾判断的变化意味着社会政策、社会治理策略的新变革新发展。促进人的全面发展,不仅要积极满足人民群众物质文化生活方面合理的更高的要求,而且要满足人民群众日益增长的在民主、法治、公平、正义、安全、环境等方面的要求,这本身就是全面满足人的需要、促进人的全面发展的必然要求。现代化的本质是人的现代化,创新社会治理的目的也在于更好调节人与人、人与集体、人与社会的关系,实现人与人之间的和谐相处,实现社会的安定有序。当然,人的自由而全面发展的最终实现将是一个长期的历史过程,但其作为中国创新社会治理的基本原则是必须始终坚持的,要通过脚踏实地、循序渐进的努力来完成。

3. 正确处理共建共享共治的关系

社会治理的一个突出特征是主体多元、协同合作。中国的社会治理创新,将共建共享共治统一起来,强调共建不仅是共享的实现途径,也是共治的重要基础;共建才能共享,共建的过程也是共享的过程,共享是共建、共治的目标取向。坚持共建,必须充分发扬民主,广泛汇聚民智,最大激发民力,形成人人参与、人人尽力、人人都有成就感的生动局面。确保全体人民共享改革发展成果,是社会主义的本质要求,是全心全意为人民服务根本宗旨的重要体现。改革发展搞得成功不成功,最终的判断标准是人民是否能够共享改革发展成果。坚持共建与共享相统一,必须把共享的理念、制度设计与共建的实践更好统一起来，依靠并动员广泛的社会参与，最终实现良好的社会治理。

　　实现共建共享共治，既需要强有力的组织领导，也需要群众的自觉自愿。社会治理一般都会注重多元主体，但如果缺乏"主心骨"，缺乏统筹安排，就会出现混乱和低效。中国在创新社会治理实践中，注重把强有力的组织领导与群众自觉自愿统一起来，从而有效整合社会治理资源，形成社会治理合力。中国社会治理最显著的特征和优势就是中国共产党的领导。党的领导是中国特色社会主义最本质的特征，是中国特色社会主义制度的最大优势。一方面，中国共产党有强大的政治领导力、思想引领力、群众组织力、社会号召力，中国社会治理离不开党的领导。另一方面，中国共产党与人民群众的关系是紧密相连的，领导和推动社会治理都是为了人民群众。在具体社会治理实践中，还要通过做好群众工作，尤其是群众的思想工作，让群众自觉自愿地接受和参与。例如，中国在基层治理方面强调试点先行，就是这种强有力的领导与群众自觉自愿相结合治理方式的具体体现。当今世界，许多发展中国家也有快速发展的强烈愿望，如何确保稳定和发展的一致，中国处理党的领导和社会参与关系的许多经验、方法可供借鉴。

□ 分析与思考
　　1. 当代世界社会问题的主要表现及产生的原因是什么？
　　2. 当代世界社会治理的途径和措施主要有哪些？
　　3. 如何理解社会治理中国方案的世界意义？

第五章
当代生态环境

在人类追求世界和平发展的当代，与经济全球化深入发展和科学技术日新月异不协调的是，整个世界生态环境恶化趋势没有得到根本扭转，保护生态环境越来越成为世界各国必须面对的全球性挑战，实现人与自然和谐共生成为需要国际社会共同努力的紧迫任务。面对这一严峻的时代挑战，国际社会虽然形成了一些基本共识，但是一些发达国家不愿意承担相应的责任和义务，发展中国家面临着经济发展与环境保护的双重挑战，保护和改善全球生态环境的目标任重道远。作为世界上最大的发展中国家，中国高度重视生态环境问题，强调生态环境保护是功在当代、利在千秋的事业，明确提出绿色发展理念，大力推进生态文明建设和美丽中国建设，在切实解决生态环境问题上取得重大进展，积极做全球生态文明建设的重要参与者、贡献者、引领者。

第一节 生态环境问题是人类面临的共同挑战

生态环境问题是人类在认识世界、改造世界的进程中产生的，也只有在这一实践进程中才能寻求解决问题的途径和方法。全面深入认识人与自然的关系，科学揭示生态环境问题产生的社会根源，明确解决生态环境问题面临的主要障碍，探讨人与自然和谐共生的现实途径和方法，是人类可持续发展的迫切需要。

一、全球面临的生态环境挑战

在人类社会发展的历史过程中,随着科学技术和生产力水平的不断提升,人类认识自然和改造自然的能力也不断增强。在漫长的原始社会,人类对自然的态度一般是心存敬畏并努力探索自然奥秘;到了奴隶社会和封建社会,人类对自然的基本态度是顺应与改造,并对生态环境造成了局部性的破坏;当以工业化大生产为主的资本主义社会出现后,人类开始对自然无限索取与肆意破坏,导致全球范围内生态环境的严重失衡和逐步恶化。生态环境问题发展到当代已经变得尤为突出,甚至有越来越恶化的趋势,如果得不到切实解决,将严重威胁到人类的生存和福祉。

1. 生态环境问题持续恶化

自工业革命以来,伴随人类改造和利用自然界的规模和强度日益增大,生态环境问题日趋严重。进入20世纪,空前巨大的科学技术力量更是在造福人类的同时,加剧了生态环境恶化。联合国发布的《千年生态系统评估报告》由95个国家1 300多名科学家历时4年调查形成。这个报告全面评估了地球总体的生态环境状况。这一研究指出,人类赖以生存的生态系统有60%正处于不断退化状态,支撑能力正在减弱,并警告未来50年内这种退化也许还将继续。

解决严峻的生态环境问题涉及众多方面,正确认识和把握当代生态环境问题的特点,是解决问题不可或缺的前提。相较于人类社会发展历史上出现的生态环境问题,当代生态环境问题呈现出一些新的特点。

一是破坏范围和影响日益突出。早期的生态环境问题,就其性质、范围和影响来说,主要局限于世界上的不同国家不同地区,对全球生态环境并未构成威胁。当代生态环境问题,远远超出了某个国家或某个地区的范围,关系整个人类社会的生存和发展。解决温室效应、臭氧层破坏、酸雨、物种灭绝、土地沙漠化等全球性生态问题以及由此带来的全球性气候问题，迫切需要世界各国的协调与合作，共同保护好人类赖以生存的地球家园。

二是人对自然的破坏加重。20世纪以来，科学技术的进步极大地提高了人类改造自然界的能力，人为因素在地球生态系统变化中的地位和作用日益增强。当前，由水涝灾害、地震等自然原因产生的环境问题虽依然存在，但由过度开采资源、工业生活垃圾污染、化工产品滥用、有害物质排放等人为原因产生的生物多样性丧失、生化污染等环境问题则更加突出。

三是环境问题快速向发展中国家蔓延。发展中国家生态问题持续恶化，这既有发达国家转移污染产业的原因，也有发展中国家因发展压力和历史欠账巨大而被迫过度开发的原因。规模较大、发展速度较快的发展中国家，集聚了前工业时代、工业化时代甚至后工业时代各种环境问题，产生了严重的叠加效应。

2. 生态安全问题日益凸显

生态安全是人类生存与发展的最基本安全需求，也是一个国家安全体系的重要组成部分，与经济安全、社会安全、国防安全等方面密切相关。当前，日益严重的环境污染和生态破坏，不仅对生态安全造成了严重威胁，也成为影响国家和社会安全的重要因素。

生态环境安全，是指构成人类生存与发展条件的自然生成性环境资源，主要是水、土、物种、气候的安全。人不能离开自然而生活，然而，全球气候变化、海洋污染、全球臭氧空洞、生物多样性的锐减、海平面上升、沙尘暴，以及核泄漏、化学泄漏等灾难，无一不对人类的生存和发展产生影响，直接威胁着人类安全。

当今世界，由生态问题引发的国际冲突与摩擦的比例日益增大，已成为影响国家安全的一大隐患。自然资源的短缺和不可再生性增加了为争夺自然资源而发生冲突的可能性，国际贸易中绿色贸易壁垒加剧了不同国家和地区间的纠纷，环境退化造成的大量环境难民流离失所，加剧了地区不稳定局势。生态环境问题显然已经不单纯是人与自然的关系问题，而是影响到国家经济安全、政治安全、科技安全、军事安全的重要问题。生态环境问题与社会稳定密切相关。不少地方的环境恶化已经成为地区局势动荡和社会关系紧张的重要原因，而环境问题一旦与民族问题、种族问题结合起来，就会成为非常复杂和敏感的社会安全问题。生态环境问题也与贫困问题紧密相连。贫困人口为生计所迫，往往较少考虑自己行为的环境后果，而最终造成对自己的伤害，进而形成"贫困—盲目开发—环境退化—更贫困"的恶性循环。

3. 生态环境问题的复杂原因

在人类社会发展史上，欧美等国家率先实现了资本主义现代化。但是，在当代，这种现代化并不是适合世界上所有国家的现代化道路，也不是地球所能承载的现代化道路。

以欧美等发达国家为代表的现代化发展模式，是资本主导的发展模式，其核心是追求剩余价值的持续增长和物质财富的过度积累。在这种发展模式主导下，随着人类社会活动的过度扩张和人口总量的几何式增长，人类对自然的索取日益加剧，对生态环境的破坏日益严重。一些发达资本主义国家历史上发生了一系列环境污染问题，最为典型的是"世界八大公害"事件。在当代，发达国家的自然生态环境虽然得到恢复，使人们感到发达国家不存在生态环境破坏的严重问题，但这却是以全球资源和生态环境为支撑的，是以世界上多数发展中国家生态环境问题恶化为代价的。这些情况表明，由于资本追求增殖的目的不会变，其对自然资源的过度索取也不会变，全球生态危机在资本主义框架内无法得到彻底解决。

对广大发展中国家来说，并不具备走发达国家现代化道路的基础和条件。发展中国家大多是第二次世界大战后建立的民族独立国家，在摆脱帝国主义、殖民主义的控制后，这些国家纷纷走上了独立发展经济的道路。其中一些国家为了尽快改变落后面貌，存在片面追求经济增长、忽视甚至牺牲保护生态环境目标的倾向。资金不足、技术落后等原因，也是导致发展中国家没有足够能力保护生态环境的重要因素。更为重要的是，占主导地位的发达国家将一些落后的产业转移到发展中国家，并通过有害废弃物贸易等形式转嫁污染，致使发展中国家不得不承受生态恶化的代价。

文明若是自发地发展，而不是在自觉地发展，则留给自己的是荒漠，这是对人类突飞猛进的工业文明发出的警告。解决生态危机、维护生态环境问题，不仅需要以符合全人类利益的形式来控制与调节自然，还需要对"直到目前为止的生产方式，以及同这种生产方式一起对我们的现今的整个社会制度实行完全的变革"①，形成一种新的生产方式、建立一种新的社会制度，探索走出一条人与自然和谐共生的现代化道路。

4. 保护生态环境共识亟待加强

地球是全人类共有的唯一家园。在这个地球上，没有任何一个人、任何一个国家可以孤立存在。面对当代生态环境问题，各国应该根据自身的基本条件，解决本国生态环境问题，同时携起手来共同应对全球环境问题。

当前，虽然世界多数国家和社会各界普遍认识到了生态环境破坏对人类生存带来的严重危害，从根本上改变生态环境恶化趋势的全球共识已经初步形成，但认识上的分歧和行动上的消极状况仍然存在。究其原因，主要有两个方面：一是发达国家和发展中国家对承担环境治理责任的认识存在分歧，发达国家希望同等承担责任，发展中国家则希望发达国家更多承担责任，特别是承担历史遗留问题和污染转移问题的责任；二是一些国家处于要生存还是要生态的两难境地，在生

---

① 《马克思恩格斯文集》第 9 卷，人民出版社 2009 年版，第 561 页。

态治理方面不能采取坚决的行动。这种认识上的分歧与行动上的消极，实质上是不同国家利益的分化和对立，由此导致全球性环境恶化的趋势没有从根本上得到遏制。

具体而言，面对全球性生态危机，遏制环境污染，改善生态环境，各国虽然发展水平不同，但都是从本国生存和发展的角度，提出不同的主张，制定不同的政策，采取不同的行动。对于发达国家而言，改善全球生态环境不能影响本国的根本利益和发展空间，不能重蹈破坏生态环境的覆辙，其基本主张是要发展中国家承担更多的国际义务，主要采取的措施是把环境成本转嫁到发展中国家和地区。在过去的十几年里，全球电子垃圾总量的90%都倾销到发展中国家，并使许多国家逐渐沦为非法电子垃圾的回收站。对于广大发展中国家而言，发展仍然是当前的主要目标和任务，希望发达国家能够在遏制环境污染、保护生态环境方面承担应有的国际责任和义务。

世界各国在生态环境保护上的态度，决定了生态环境问题的解决必然要经历一个长期曲折的过程，气候变化等一系列环境问题依然严重危害人类福祉。实现全面扭转全球环境恶化趋势的目标，仍然需要公众积极参与，进而在国家政府层面形成真正的全球性共识，共同采取有效的措施。特别是发达国家，应该承担起更多的责任，对发展中国家开展更有效的援助，更注重履行全球生态环境保护的义务。

二、解决生态环境问题的主要障碍

虽然人们越来越认识到环境破坏问题的严重性和保护生态环境的重要性，但是，生态环境问题的产生有着深刻的社会现实根源，解决生态环境问题依然面临着利益、制度、技术、合作、观念等多方面的障碍。

利益固化。发达国家为了维护其霸权地位，固守有利于本国利益的生产方式和生活标准，成为解决生态环境的重大障碍。如早在1997

年联合国气候大会就通过了《京都议定书》,这是人类第一部限制各国温室气体排放的国际法案,到 2009 年 2 月,已有 183 个国家通过了该条约。美国人口约占全球人口 4.4%,而排放的二氧化碳却占全球排放量的 25% 以上。2001 年 3 月,美国政府竟以"减少温室气体排放将会影响美国经济发展"等为借口,宣布拒绝批准《京都议定书》。直到今天,美国仍然没有加入这个事关全球环境改善的国际协议。再如,2015 年 12 月,《联合国气候变化框架公约》近 200 个缔约方在巴黎气候变化大会上达成《巴黎协定》。这是继《京都议定书》后第二份有法律约束力的气候协议,为 2020 年后全球应对气候变化行动作出了安排。但是,少数发达国家在对这个协议的签订、履行上仍然总是踟蹰不前,尤其是美国不顾国际社会的共识和反对公然退出了《巴黎协定》。

　　制度藩篱。在市场经济条件下,纯粹的经济行为往往是不考虑和不反映环境成本和代价的,许多环境问题常常是由市场经济的逐利性、自发性、滞后性等特点导致的。在保护环境方面,经常出现市场失灵的情况,需要政府的干预和调节。但政府干预也有局限性,如果政府干预扭曲了正常的市场机制,或者某些方面的正向措施导致了其他方面的负面效果,就会产生新的制度性障碍。

　　技术障碍。一些技术的研发在很大程度上满足了经济社会的需求,却没有充分考虑对生态环境可能产生的破坏,还有许多技术不是为了满足处于发展低端的群体需要。穷人(国)用不起、买不起先进技术,有可能为急于摆脱贫困而忽视环境保护。因此,一方面,某些技术的过度开发,引发了一些未可预料的或对环境不友好的后果;另一方面,环境友好的技术往往因为短期无利可图,得不到进一步开发和应用。

　　合作障碍。生态环境问题的产生往往是分散的,但造成的危害却是广泛、累积和持久的,因此必须通过合作来解决。由于造成环境破坏的相关各方立场、能力等方面的差异，特别是缺乏共同认可的利益分配机制，往往难以在保护环境方面达成协议，或者即使有了协议也会在执行中走样，很容易产生"搭便车"的现象。如何促使各方了解自己行为的环境后果，共同实现环境保护问题上的合作共赢，是解决生态环境问题面临的重要障碍。

观念障碍。解决生态环境问题，必须确立这样的观念：环境权益既是个体权益，又是集体权益；既是代内权益，又是代际权益。公众要求政府提供的，不单单是良好的环境本身，还有维护环境权益的措施、政策和制度，以及由此建立起来的环境秩序。发展中国家必须克服为追求眼前的经济增长，倾向于靠较低的环境门槛来吸引资本的粗放式投资冲动，避免以"效率优先"或"先发展、后治理"为借口破坏环境。

三、促进人与自然的和谐共生

面对生态危机日益恶化的严重趋势，越来越多的有识之士认识到，整个地球的环境问题，仅靠简单的修修补补不可能彻底解决。保护地球家园，解决生态危机，必须科学认识环境问题。在这一过程中，中国坚持以马克思主义为指导，在发展经济的同时更加重视解决生态环境问题，把生态文明建设摆在中国特色社会主义事业发展全局的高度来认识，提出促进人与自然和谐共生的现代化新命题，为解决全球生态问题贡献了中国智慧。

1. 马克思主义关于人与自然关系的思想

马克思主义关于人与自然关系的重要思想，超越了"人类中心主义"和"自然中心主义"的抽象争论，是认识和解决当代生态环境问题的科学指南。马克思主义认为，自然界是人类社会存在的客观前提和基础，人化自然永远只是自然界的一部分；人类的命运与自然环境的状况是不可分割的；人与自然的和谐是人类社会全面、丰富发展的重要前提。恩格斯指出："我们对自然界的整个支配作用，就在于我们比其他一切生物强，能够认识和正确运用自然规律。"① "事实上，我们一天天地学会更正确地理解自然规律，学会认识我们对自然界习常过程的干预所造成的较近或较远的后果。"②

人类可以认识自然、改造自然，但绝不能凌驾于自然之上。恩格斯深刻指出："我们不要过分陶醉于我们人类对自然界的胜利。对于每一次这样的胜利，自然界都对我们进行报复。每一次胜利，起初确实取得了我们预期的结果，但是往后和再往后却发生完全不同的、出乎预料的影响，常常把最初的结果又消除了。"③ 恩格斯指出的这种"大自然的报复"，就是因为人类过度向自然界索取的行为，严重破坏了自然界和人类社会之间的和谐与平衡。这种破坏突出表现为：可再生资源的消耗超过了它们的再生能力，不可再生资源的消耗超过了发现其替代品的速度，环境的污染程度超过了环境的自净能力。人类对自然的无尽索取，使人与自然之间发生了"物质变换断裂"，并进一步表现为人与人之间关系的"断裂"。这些"断裂"关系的进一步尖锐化，就外在表现为生态危机。

人类本身，从身体到生产生活方式，都从属于自然界、依赖于自然界。因此，人类的经济活动和其他活动，都必须遵循自然的规律，合理利用自然资源，保护和优化生态环境，坚持可持续发展，实现人与自然和谐相处。

2. 社会主义生态文明观

中国坚持马克思主义关于人与自然关系的重要思想，立足新的时代条件，明确提出："人与自然是生命共同体，人类必须尊重自然、顺应自然、保护自然。人类只有遵循自然规律才能有效防止在开发利

---

① 《马克思恩格斯文集》第 9 卷，人民出版社 2009 年版，第 560 页。
② 《马克思恩格斯文集》第 9 卷，人民出版社 2009 年版，第 560 页。
③ 《马克思恩格斯文集》第 9 卷，人民出版社 2009 年版，第 559—560 页。

用自然上走弯路，人类对大自然的伤害最终会伤及人类自身，这是无法抗拒的规律。"① 中国在生态环境保护问题上，深刻总结生态文明建设的经验教训，不断深化对人与自然和谐共生关系的认识，把生态文明建设摆在越来越突出的位置，作为中国特色社会主义事业总体布局的重要组成部分加以认识，逐步形成了社会主义生态文明观。这既是对马克思主义关于人与自然关系思想的坚持和发展，又是对当代环境问题的深刻思考，为中国保护自然环境、加强生态文明建设指明了方向。

社会主义生态文明观的内容十分丰富，主要包括：生态兴则文明兴、生态衰则文明衰的深邃历史观；人与自然是生命共同体的科学自然观；绿水青山就是金山银山的绿色发展观；良好生态环境是最普惠的民生福祉的基本民生观；统筹山水林田湖草系统治理的整体系统观；实行最严格生态环境保护制度的严密法治观；全社会共同参与的全民行动观；建设清洁美丽世界的共赢全球观等。总之，保护生态环境就是保护生产力，改善生态环境就是发展生产力，良好生态环境是最公平的公共产品，是最普惠的民生福祉。这是中国深刻认识生态环境问题得出的基本结论。

3. 坚持走人与自然和谐共生的发展道路

马克思认为，"人靠自然界生活"，自然不仅给人类提供了生活资料来源，如肥沃的土地、鱼产丰富的江河湖海等，而且给人类提供了生产资料来源。自然物构成人类生存的自然条件，人类在同自然的互动中生产、生活、发展，人类善待自然，自然也会馈赠人类，但"如果说人靠科学和创造性天才征服了自然力，那么自然力也对人进行报复"②。自然是生命之母，人与自然是生命共同体，人类必须敬畏自然、尊重自然、

---

① 习近平：《决胜全面建成小康社会 夺取新时代中国特色社会主义伟大胜利——在中国共产党第十九次全国代表大会上的报告》，人民出版社2017年版，第50页。

② 《马克思恩格斯文集》第3卷，人民出版社2009年版，第336页。

顺应自然、保护自然，探索走出一条人与自然和谐共生的发展道路。

习近平指出："我们建设现代化国家，走美欧老路是走不通的，再有几个地球也不够中国人消耗。"① 中国要建设的现代化是人与自然和谐共生的现代化，既要创造更多物质财富和精神财富以满足人民日益增长的美好生活需要，也要提供更多优质生态产品以满足人民日益增长的优美生态环境需要。这种现代化发展道路，不是片面地追求利润和占有物质的现代化，而是能够在人与自然和谐共生基础上、真正满足人的全面发展需要的现代化，为解决人类面临的生态危机问题提供了新的选择。

在当代中国，实现人与自然和谐共生，必须牢固树立和切实践行绿水青山就是金山银山的理念，动员全社会力量推进生态文明建设，共建美丽中国，让人民群众在绿水青山中共享自然之美、生命之美、生活之美。要坚持节约资源和保护环境的基本国策，坚持节约优先、保护优先、自然恢复为主的方针，着力推进绿色发展、循环发展、低碳发展，形成节约资源和保护环境的空间格局、产业结构、生产方式、生活方式，从源头上扭转生态环境恶化趋势，为人民创造良好生产生活环境，走生产发展、生活富裕、生态良好的文明发展道路。这条道路本质上不同于资本主义的发展道路，目的不是为了追求无限的利润，而是为了满足人民的美好生活需要。这既是社会主义制度的优越性所在，也是新时代中国特色社会主义的任务所在。

第二节　保护生态环境是人类共同的时代责任

在应对日益严重的全球性生态问题的挑战中，全球性环境保护运

---

① 《习近平关于社会主义生态文明建设论述摘编》，中央文献出版社 2017 年版，第 3 页。

动蓬勃兴起。世界各国虽然采取了一些行动并取得一定成效，但仍未改变环境恶化的总体趋势。实现绿色发展，携手共建生态良好的地球美好家园，成为人类共同的时代责任。

一、国际上对生态环境问题的探索与实践

面对严重的生态环境问题，人类的环境保护意识不断觉醒。国际上围绕这一课题展开了深入研究探讨，提出了不少有价值的思想认识，各国在着手解决生态环境问题的实践中积累了不少有益经验，在一定程度上缓解了生态环境恶化的趋势。这些探索与实践，对中国加强生态文明建设也具有十分重要的参考和借鉴意义。

1. 对生态环境问题的理论探究

20世纪60年代以前，虽然生态环境问题已经凸显，但尚未真正引起人们的普遍关注和重视。20世纪70年代以后，国外相继提出了生存主义理论、可持续发展理论和生态现代化理论等许多生态学理论，形成了生态学马克思主义等众多的学术流派。由于这些理论大部分局限于现象层面，从具体制度、技术发展、人性优劣等层面进行研究，较少从社会制度、生产方式等更深层次揭示生态危机产生的现实根源，因此找不准生态环境问题产生的根本原因，更找不到解决生态环境问题的根本出路。但是，这些探讨和取得的认识成果充分反映了全球生态危机的严重现实，深化了人们对于生态环境问题的认识。

20世纪60年代末之后，国际上产生了颇具影响的绿色运动。生态学马克思主义和生态社会主义正是绿色运动深入发展的历史产物，并逐步发展为一种世界性的思潮和运动。其代表人物有法国的安德烈·高兹、美国的约翰·贝拉米·福斯特和詹姆斯·奥康纳等，对资本主义进行生态批判是他们思想的核心。他们认为，尊重生态规律与发展资本主义是矛盾的，资本将自然看成是资源的"水龙头"和废弃物的"污水池"；环境问题已经是资本主义各种矛盾的集中体现，资

本主义自身无法解决全球性的生态环境问题，必须寻求新的社会制度才能实现人类的可持续发展。生态学马克思主义和生态社会主义作为较有影响的社会思潮，提出的一些思想和主张对认识当代生态环境问题具有一定的参考价值。

随着人类经济社会发展，国际社会不仅日益认识到生态环境问题的紧迫性和重要性，而且逐步将其提升至关系人类生存发展的重大问题上把握。2002年，可持续发展世界首脑会议在南非通过《约翰内斯堡可持续发展宣言》等文件，要求在地方、国家、区域和全球各级促进和加强经济发展、社会发展和环境保护这三个既相互依存又相互加强的可持续发展支柱，特别强调要把可持续发展与消除贫困结合起来解决环境问题。2012年，联合国可持续发展大会通过了《我们希望的未来》文件，提出消除贫穷、改变不可持续的消费和生产方式、推广可持续的消费和生产方式、保护和管理经济和社会发展的自然资源基础，是可持续发展的总目标和基本需要。这表明，生态环境问题已经从人类外部生存环境问题转变为人类生存的内在需要，已经从经济发展的成本问题转变为经济发展的重要方式，已经从区域性问题转变为真正的全球性问题。

2. 积极应对生态环境问题

随着生态环境问题日益凸显，在世界范围内相继掀起了声势浩大的生态环境保护运动，绿色新政、绿色增长、绿色革命逐步成为一种时代潮流。2008年联合国气候变化大会提出"绿色新政"新概念，呼吁全球领导人在投资方面转向能够创造更多工作机会的环境项目，在应对气候变化方面进行投资，促进绿色经济增长和就业，以修复支撑全球经济的自然生态系统。随后，美国围绕"绿色新政"提出节能增效、开发新能源、应对气候变化等多项政策；欧盟制定了《欧盟2020》发展战略，战略重点之一是发展绿色经济，提高能源使用效率，实现从传统经济向低碳经济结构转变；日本推出《绿色增长战略》，主要包括蓄电池、环保汽车、海上风能发电三个核心部分，广泛培育包括零部件、材料在内的环保产业；韩国提出《国家绿色增长战略（至2050年）》，印度、巴西等国也制定了以绿色为主题的国家计划。

世界各国还纷纷制定和推进一系列以循环经济、低碳经济为核心的"绿色新政"，旨在将高能耗、高消耗、高排放的传统经济发展模式，转变为低能耗、低消耗和低排放的"绿色"可持续发展模式。一些国家还通过建立并完善生态环境保护法规体系，综合运用多种环境经济政策；加强对公众宣传教育，重视培养环境保护意识，推动政府、企业、社会团体和公众在生态问题上达成共识，规范公众行为。

二、携手共建地球美好家园

建设一个生态良好的地球美好家园，是世界各国人民的共同愿望。各国只有深入开展生态文明领域的交流合作，切实承担应尽的环境责任，才能携手共建一个和平发展、环境优良的美好世界。

1. 坚持历史与现实相统一的原则

全球生态环境的产生既有历史根源，也有现实原因。因此，解决生态环境问题，要坚持历史与现实相统一的原则，发达国家和发展中国家都要承担各自相应的环境责任。

从历史上来看，由于资本扩张和大工业的生产方式，传统发展模式忽视了不可逆转的环境损失，忽视了经济、社会和生态演进的联动性与可持续性，累积后果便表现为日益严重的生态环境危机。同时，资本主义不可持续的生产方式和消费方式，也是造成生态问题的一个重要原因。发达国家制造着全球最大的环境透支，因此在帮助发展中国家解决环境问题方面负有不容推卸的特殊责任。从总体上说，发达国家和发展中国家的历史责任不同，发展需求和能力也存在差异，就像一场赛车一样，有的车已经跑了很远，有的车刚刚出发，这个时候用统一尺度来限制车速是不适当的，也是不公平的。发达国家在应对气候变化方面多作表率，发挥更大的作用，是广大发展中国家的共同心愿。重视造成环境危机的历史原因，也要重视解决环境问题的现实前提，包括人口控制、社会公正、国际合作与全球治理，兼顾长远的环境权益。

2. 坚持可持续发展的原则

解决生态环境问题，最根本的还在于不断提高可持续发展的能力。许多环境问题同各国发展阶段、生活方式、人口规模、资源禀赋以及产业分工等因素密切相关。在现阶段，对于许多发展中国家来说，发达国家提出某些过高的环境要求是不合适也是不合理的。但是，发展中国家也不能因此不承担任何责任，而是要在力所能及的范围内，根据自身情况采取措施，为促进全球可持续发展作出积极贡献。国际社会应该重视发展中国家的处境，倾听发展中国家的声音，尊重发展中国家的诉求，把解决环境问题与促进发展中国家发展、增强可持续发展能力紧密结合起来，特别是提高发展中国家的发言权和决策权，解决发展中国家资金、技术和能力建设等实际困难。

在保护生态环境问题上，人类应当树立明确的尊重自然、顺应自然、保护自然理念，并根据这一理念规范人们的生产、交易、交往和消费等行为，把自身利益、他人利益与社会利益统一起来，把局部利益、短期利益与整体利益、长远利益统一起来。在解决生态环境问题上，不仅要构建人与自然的和谐关系，更要重视通过制度保障、社会督促、伦理规范、舆论导向来促进社会和谐。只有改进了人与人的关系，才能比较好地促进人与自然的和谐。要把关系人类生存与发展的整体的、长远的利益放在更重要的位置上，既重视"代际公平"，即实现当代人与后代人的福利共享，不能为了满足当代人的需求而损害后代人满足其需求的能力，也促进每一代人内部的"代内公平"，即无论穷人（国）和富人（国）都拥有平等的生存权、发展权和环境受益权。

3. 坚持"共同但有区别的责任"的原则

解决生态环境问题，需要坚持"共同但有区别的责任"的原则。"共同但有区别的责任"最早是国际公认的应对气候变化的基本原则。1992 年，《联合国气候变化框架公约》第四条正式明确了这一原则。在应对气候变化的过程中，这一原则也逐步被运用到生态环境领域。

所谓"共同但有区别的责任"，是从国际法角度确认各国际主体在生态环境和气候变化上应担负的国际责任，即划分"共同责任"和"区别责任"。一方面，生态环境问题和气候变化涉及全人类的利益，世界各国都共同负有保护和改善环境的义务和责任；另一方面，从所负责任来看，由于各国历史发展阶段和经济技术实力的不同，承担的治理责任也应当有所差别。

保护环境是全人类面临的共同使命。各国都意识到全球环境治理的必要性和紧迫性，但在环境利益和责任，特别是历史责任和现实责任分配方面仍然有激烈争论，甚至不能排除其中还有某些发达国家遏制发展中国家发展的政治企图。各国国情不同，发展阶段不同，所面临的环境问题，尤其是环境与发展的具体关系也不一样，应根据自身发展水平，承担共同但有区别的责任；应本着对人类、对未来高度负责的态度，尊重历史、立足当前、着眼长远、务实合作，在世界范围内促进可持续发展。

4. 正确处理生态环境与经济、科技、人的全面发展的关系

在应对全球性生态环境问题的实践中，应该坚持科学的态度和精神，正确处理生态环境与经济发展、科技进步、人的全面发展等重大关系，这也是建设地球美好家园必须坚持的重要原则。

处理好生态环境与经济发展的关系。不可否认，在世界各国现代化发展道路的探索中，存在着单纯追求经济增长的发展方式，从而导致经济发展和生态环境不可兼得的矛盾。只有转变传统的经济发展方式，实现从高速增长到高质量发展，才能做到经济发展和生态环境相

互促进、辩证统一。

处理好生态环境与科学技术的关系。科学技术作为工具理性，既可能成为生态危机产生的重要原因，又可以成为解决生态环境问题的重要力量。科学技术是问题产生的原因，还是解决问题的出路，关键不在其自身，而在于掌握科学技术的主体的价值导向，在于运用科学技术的社会制度的根本性质。因此，把环境恶化的原因片面归咎于科学技术的运用，或者认为科学技术的发展会自然而然地解决环境问题，都是不正确的。

处理好生态环境与人的全面发展的关系。生态环境与人的历史活动的价值追求密不可分。一方面，良好的生态环境是人全面发展的前提条件和基本需求，直接关系到人的身体健康和生活幸福。另一方面，人的全面发展是生态环境根本改善的基础，只有遏制物质欲望的恶性膨胀和对物质占有的片面追求，人对自然的过度开发和攫取才会得到彻底改变。

第三节　建设美丽中国及对世界的贡献

社会主义现代化是人与自然和谐共生的现代化，既要创造更多物质财富和精神财富以满足人民日益增长的美好生活需要，也要提供更多优质生态产品以满足人民日益增长的优美生态环境需要。到本世纪中叶把中国建设成为富强民主文明和谐美丽的社会主义现代化强国的目标已载入宪法，进一步凸显了建设美丽中国的重大现实意义和深远历史意义，也将为全球生态建设作出中国应有的贡献。

一、建设美丽中国取得重大进展

生态环境是关系民生的重大问题，广大人民群众热切期盼加快提高生态环境质量。中国把生态文明建设放在更加突出的位置，实行最严格的生态环境保护制度，倡导绿水青山就是金山银山的理念，强调"要像保护眼睛一样保护生态环境"，全面加强生态文明制度建设，全面加强生态环境整治，着力解决人民群众反映强烈的突出环境问题。

1. 生态文明建设成效显著

党的十八大以来，中国对生态文明建设给予前所未有的重视。习近平强调，要清醒认识保护生态环境、治理环境污染的紧迫性和艰巨性，清醒认识加强生态文明建设的重要性和必要性，以对人民群众、对子孙后代高度负责的态度和责任，真正下决心把环境污染治理好、把生态环境建设好，努力走向社会主义生态文明新时代，为人民创造良好生产生活环境。中国加快推进生态文明顶层设计和制度体系建设。2015年4月，中共中央、国务院印发《关于加快推进生态文明建设的意见》，对生态文明建设作出全面部署，明确了加快推进生态文明建设的基本原则，规划了到2020年的生态文明建设总目标。同年9月，中共中央、国务院印发《生态文明体制改革总体方案》，成为当前我国生态文明领域改革的顶层设计和基础性制度框架。中央和地方各级政府陆续出台了一系列强有力的政策措施，淘汰落后工业产能，加大环境治理力度，打响蓝天保卫战，形成保护环境的强大合力。同时，加强法治建设，建立并实施中央环境保护督察制度，大力推动绿色发展，深入实施大气、水、土壤污染防治三大行动计划，率先发布《中国落实2030年可持续发展议程国别方案》，实施《国家应对气候变化规划（2014—2020年）》。这些政策措施的出台，为推动中国生态环境保护提供了重要的政策保障、制度保障和法治保障。

经过不懈努力，中国生态文明建设取得重大进展和成就。贯彻绿色发展理念的自觉性和主动性显著增强，忽视生态环境保护的状况明显改变。生态文明制度体系加快形成，主体功能区制度逐步健全，国家公园体制试点积极推进。全面节约资源有效推进，能源资源消耗强度大幅度下降。重大生态环境治理明显加强，环境状况得到改善。引导应对气候变化国际合作，成为全球生态文明建设的重要参与者、贡献者、引领者。2012—2016 年，我国年均新增造林超过 9 000 万亩；全国森林覆盖率和森林蓄积量稳定增长；全国大气污染治理初见成效，京津冀地区、长三角区域、珠三角区域细颗粒物（PM2.5）平均浓度总体上都呈现下降趋势；万元国内生产总值能耗从 2012 年 0.83 吨标准煤下降到 2016 年 0.68 吨标准煤；全国地表水特别是大江大河干流水质稳步改善；我国治理沙化土地 1.26 亿亩，实现了由"沙进绿退"到"绿进沙退"的历史性转变。

2. 建设美丽中国任重道远

总体上看，中国生态环境质量持续好转，出现了稳中向好趋势，但是面临的生态环境问题仍然十分突出，我国资源约束趋紧、环境污染严重、生态系统退化的形势依然严峻，特别是一些地方破坏生态环境的行为仍在频频发生、屡禁不止。

从生态看，生态退化依然严重，水土流失和荒漠化面积仍占陆域国土面积的 31% 和 30%，耕地退化面积占四成以上，可利用天然草原 90% 存在不同程度退化，沿海大量自然岸线和滩涂水域被占用；从资源看，资源利用依然粗放，单位国内生产总值能耗是世界平均水平两倍多，水资源产出率仅为世界平均水平的 62%，万元工业增加值用水量为世界先进水平的两倍，农业节水灌溉面积占有效灌溉面积不到一半，水资源过度开发利用，地下水超采严重，由此引发地面沉降、地面塌陷、海水入侵、土地荒漠化、泉水衰减等一系列严重生态环境问题；从环境看，污染形势依然严峻，全国主要污染物排放总量远高于环境容量，区域性灰霾污染和流域水污染仍呈常态化；从农业看，面源污染依然较高，农业面源污染已成为我国水源污染的主要原因之一，我国化肥施用量占世界 1/3 左右，高于耕地面积占世界的比例，残留的化肥和农药经过降水、地表径流、土壤渗滤进入水体中，导致土壤和水环境恶化；从消费看，浪费现象触目惊心，在粮食生产、流通、加工、消费环节存在大量浪费现象，餐桌上的浪费尤为惊人，包装浪费现象也很突出，过度包装，严重浪费资源，助长不健康消费心理等。推动形成绿色发展方式和生活方式具有长期性、复杂性、艰巨性，如果不重视、不抓紧、不落实，任凭存在的问题再恶化下去，我国发展必将是不可持续的。

中国生态文明建设正处于压力叠加、负重前行的关键期，已进入提供更多优质生态产品以满足人民日益增长的优美生态环境需要的攻坚期，也到了有条件有能力解决生态环境突出问题的窗口期。建设美丽中国，核心目标是让老百姓呼吸上新鲜的空气、喝上干净的水、吃上放心的食物、生活在宜居的环境中、切实感受到经济发展带来的实实在在的环境效益，让中华大地天更蓝、山更绿、水更清、环境更优美。实现建设美丽中国的目标任务，要求必须把生态文明建设贯穿到经济社会建设的全过程和各个方面。

二、解决生态环境问题的中国智慧

生态兴则文明兴，生态衰则文明衰。生态文明建设是关系中华民族永续发展的根本大计。为加快建设美丽中国，中国采取一系列强有力措施，加强生态文明建设，为世界生态环境保护作出了积极贡献，为解决生态环境问题提供了新的选择，彰显了中国智慧。

1. 坚持绿色发展的新理念

建设生态文明是关系人民福祉、关乎民族未来的大计，是实现中华民族伟大复兴的中国梦的重要内容。习近平指出："我们既要绿水青山，也要金山银山。宁要绿水青山，不要金山银山，而且绿水青山就是金山银山。我们绝不能以牺牲生态环境为代价换取经济的一时发展。"[①] 要

[①] 《习近平关于社会主义生态文明建设论述摘编》，中央文献出版社 2017 年版，第 21 页。

按照绿色发展理念，树立大局观、长远观、整体观，坚持保护优先，坚持节约资源和保护环境的基本国策，把生态文明建设融入经济建设、政治建设、文化建设、社会建设各方面和全过程，建设美丽中国，努力开创社会主义生态文明新时代。

坚持保护生态环境就是保护生产力的根本要求。习近平指出："生态文明建设事关中华民族永续发展和'两个一百年'奋斗目标的实现，保护生态环境就是保护生产力，改善生态环境就是发展生产力"[1]。生态环境问题归根到底是经济发展方式问题。要正确处理好经济发展同生态环境保护的关系，切实把绿色发展理念融入经济社会发展各方面，推进形成绿色发展方式和生活方式，协同推进人民富裕、国家富强、中国美丽。要协调推进新型工业化、信息化、城镇化、农业现代化和绿色化，走出一条经济发展和生态文明相辅相成、相得益彰的新发展道路，让良好生态环境成为人民生活质量的增长点，成为展现我国良好形象的发力点，让老百姓切实感受到经济发展带来的实实在在的环境效益，为子孙后代留下可持续发展的"绿色银行"。

坚持以系统工程思路抓生态建设。大自然是一个相互依存、相互影响的系统。比如，山水林田湖是一个生命共同体，人的命脉在田，田的命脉在水，水的命脉在山，山的命脉在土，土的命脉在树。如果种树的只管种树、治水的只管治水、护田的单纯护田，很容易顾此失彼，最终造成生态的系统性破坏。环境治理要按照系统工程的思路，抓好生态文明建设重点任务的落实，切实把能源资源保障好，把环境污染治理好，把生态环境建设好，为人民群众创造良好生产生活环境。

坚持实行最严格的生态环境保护制度。建设生态文明，是一场涉及生产方式、生活方式、思维方式和价值观念的革命性变革。实现这

---

[1] 《习近平关于社会主义生态文明建设论述摘编》，中央文献出版社2017年版，第9页。

样的变革，必须实行最严格的制度、最严密的法治，才能为生态文明建设提供可靠保障。当前，我国生态环境保护中存在的突出问题，大都与体制不完善、机制不健全、法治不完备有关。深化生态文明体制改革，要构建产权清晰、多元参与、激励约束并重、系统完整的生态文明制度体系，把生态文明建设纳入法治化、制度化轨道。

坚持加强生态文明的顶层设计。加快构建生态文明体系，加快建立健全以生态价值观念为准则的生态文化体系，以产业生态化和生态产业化为主体的生态经济体系，以改善生态环境质量为核心的目标责任体系，以治理体系和治理能力现代化为保障的生态文明制度体系，以生态系统良性循环和环境风险有效防控为重点的生态安全体系。通过加快构建生态文明体系，确保到2035年，生态环境质量实现根本好转，美丽中国目标基本实现。到本世纪中叶，物质文明、政治文明、精神文明、社会文明、生态文明全面提升，绿色发展方式和生活方式全面形成，人与自然和谐共生，生态环境领域国家治理体系和治理能力现代化全面实现，建成美丽中国。

2. 加快推进生态文明建设

生态文明是人类社会进步的重大成果，是实现人与自然和谐共生的必然要求。建设生态文明，要以资源环境承载力为基础，以自然规律为准则，以可持续发展、人与自然和谐共生为目标，坚持走生产发展、生活富裕、生态良好的文明发展道路。

第一，加快转变经济发展方式。根本改善生态环境状况，必须改变过多依赖增加物质资源消耗、过多依赖规模粗放扩张、过多依赖高能耗高排放产业的发展模式。这是供给侧结构性改革的重要任务。我国多年形成的产业结构具有高能耗、高碳排放特征，高能耗工业特别是重化工业比重偏高。工业用能占全社会用能的70%，其中钢铁、建材、石化、有色、化工五大耗能产业就占近50%。改变这种状况，并非一日之功，但必须加大力度、加快进度。调整产业结构，要坚定不移抓化解过剩产能，也要大力发展低能耗的先进制造业、高新技术产业、现代服务业。把推动发展的立足点转到提高质量和效益上来，把发展的基点放到创新上来，塑造更多依靠创新驱动、更多发挥先发优势的引领型发展。

第二，加大环境污染综合治理。要以解决人民群众反映强烈的大气、水、土壤污染等突出问题为重点，全面加强环境污染防治。要持续实施大气污染防治行动计划，全面深化京津冀及周边地区、长三角、珠三角等重点区域大气污染联防联控，逐步减少并消除重污染天气，坚决打赢蓝天保卫战。要加强水污染防治，严格控制七大重点流域干流沿岸的重化工等项目，大力整治城市黑臭水体，全面推行河长制，实施从水源到水龙头全过程监管。长江经济带发展要坚持共抓大保护、不搞大开发，突出生态优先、绿色发展。要开展土壤污染治理和修复，着力解决土壤污染农产品安全和人居环境健康两大突出问题。要加强农业面源污染治理，推动化肥、农药使用量零增长，提高农膜回收率，加快推进农作物秸秆和畜禽养殖废弃物全量资源化利用。要发展绿色清洁生产，有效控制污染和温室气体排放，推动优化开发区域率先实现碳排放达到峰值。要加大城乡环境综合整治力度，建设美丽城镇和美丽乡村。

第三，加快推进生态保护修复。要坚持保护优先、自然恢复为主，深入实施山水林田湖草一体化生态保护和修复。重点实施青藏高原、黄土高原、云贵高原、秦巴山脉、祁连山脉、大小兴安岭和长白山、南岭山地地区、京津冀水源涵养区、内蒙古高原、河西走廊、塔里木河流域、滇桂黔喀斯特地区等关系国家生态安全区域的生态修复工程，筑牢国家生态安全屏障。要开展大规模国土绿化行动，推进天然林保护、防护林体系建设、京津风沙源治理、退耕还林还草、湿地保护恢复等重大生态工程，加强城市绿化，加快水土流失和荒漠化石漠化综合治理。

第四,全面促进资源节约集约利用。生态环境问题,归根到底是资源过度开发、粗放利用、奢侈消费造成的。资源开发利用既要支撑当代人过上幸福生活,也要为子孙后代留下生存根基。要解决这个问题,就必须在转变资源利用方式、提高资源利用效率上下功夫。要树立节约集约循环利用的资源观,实行最严格的耕地保护、水资源管理制度,强化能源和水资源、建设用地总量和强度双控管理,更加重视资源利用的系统效率,更加重视在资源开发利用过程中减少对生态环境的损害,更加重视资源的再生循环利用,用最少的资源环境代价取得最大的经济社会效益。要全面推动重点领域低碳循环发展,加强高能耗行业能耗管理,强化建筑、交通节能,发展节水型产业,推动各种废弃物和垃圾集中处理和资源化利用。

第五,倡导推广绿色消费。生态文明建设同每个人息息相关,每个人都应该做践行者、推动者。要强化公民环境意识,倡导勤俭节约、绿色低碳消费,推广节能、节水用品和绿色环保家具、建材等,推广绿色低碳出行,鼓励引导消费者购买节能环保再生产品,推动形成节约适度、绿色低碳、文明健康的生活方式和消费模式。要加强生态文明宣传教育,把珍惜生态、保护资源、爱护环境等内容纳入国民教育和培训体系,纳入群众性精神文明创建活动,在全社会牢固树立生态文明理念,形成全社会共同参与的良好风尚。

第六,完善生态文明制度体系。推动绿色发展,建设生态文明,重在建章立制,用最严格的制度、最严密的法治保护生态环境。要加快自然资源及其产品价格改革,完善资源有偿使用制度。要健全自然资源资产管理体制,加强自然资源和生态环境监管,推进环境保护督察,落实生态环境损害赔偿制度,完善环境保护公众参与制度。要完善法律体系,以法治理念、法治方式推动生态文明建设。

3. 建设美丽中国与共建地球美好家园

对于中国这个世界上最大的发展中国家而言,保护好本国的生态环境，就是对世界生态文明建设的重大贡献。中国政府明确承诺：到2020年单位国内生产总值碳排放量比2005年下降40%至45%，非化石能源占一次能源消费比重达到15%左右。中国人均国内生产总值仅为世界最富裕国家的1/10，发达国家用工业化阶段无节制的碳排放换来了富足甚至奢侈的生活，而中国还有数千万人口尚未脱困。发达国家应减少的是"奢侈排放"，而中国需要的是"生存和发展排放"。但是，作为负责任的发展中大国，中国仍然坚持"共同但有区别的责任"原则、公平原则以及各自能力原则，同国际社会一道积极应对全球气候变化，同世界各国一同有效保护全球生态环境。

中国在解决国内环境问题的同时，也积极参与全球环境治理，作出"绿色贡献"。例如，经过长期治理，中国土地沙化实现了从不断扩展到日益缩减的根本性转变，呈现出整体遏制、持续缩减的良好态势，提前实现了联合国2030年沙化土地零增长的奋斗目标，联合国环境署盛赞中国是全球沙漠治理的典范。2017年9月，在内蒙古召开的《联合国防治荒漠化公约》第13次缔约方大会上，在中国的推动下形成了"一带一路"防治荒漠化合作机制，在这一机制下中国将为沿线国家提供学习基地，搭建交流平台。中国的生态文明建设理念和经验正在为全世界可持续发展提供重要借鉴。

着眼未来，中国综合分析国际国内形势和中国发展条件，明确了从2020年到本世纪中叶分两步走实现社会主义现代化强国的战略目标：第一个阶段从2020年到2035年，在全面建成小康社会的基础上，基本实现社会主义现代化。其中，生态环境根本好转，美丽中国目标基本实现，是生态文明建设的目标。第二个阶段从2035年到本世纪中叶，在基本实现现代化的基础上，再奋斗15年，把我国建成富强民主文明和谐美丽的社会主义现代化强国。其中，生态文明的全面提升，是生态文明建设的目标。到那时，生产发展、生活富裕、生态良好的美丽中国将呈现在世人面前，作为全球生态文明建设的重要参与者、贡献者、引领者，中国将为共建地球美好家园作出更大的积极贡献。

☐ 分析与思考

1. 请运用马克思主义基本原理分析当代人类面临的生态环境问题根源。

2. 遵循"共同但有区别的责任"原则，发达国家应尽快拿出诚意补偿环境欠债，发展中国家也要审时度势减缓环境损失，但落实这个原则，从观念到行动困难重重。你认为怎样才能走出困境？

3. 对于我们这样一个拥有 13 亿多人口的发展中国家而言，如何探索走出一条符合本国国情的生态文明建设道路，是全面建成小康社会面临的重大挑战。结合你的专业知识，思考进一步推进我国生态文明建设的有效途径和方法。

第六章
当代科学技术

科技是国家强盛之基,创新是民族进步之魂。科学技术是推动人类社会发展的革命性力量。当代科学技术发展突飞猛进,表现出一系列新的特征与趋势,新一轮科技革命蓄势待发,对当代世界格局的演变产生深刻影响。科技创新作为提高社会生产力、提升国际竞争力、增强综合国力、保障国家安全的战略支撑,必须摆在国家发展全局的核心位置。面对新一轮科技革命蓄势待发的挑战和机遇,必须实施创新驱动发展战略,以科技创新为核心带动全面创新,坚持走中国特色自主创新之路,加快建设创新型国家,为实现"两个一百年"奋斗目标、实现中华民族伟大复兴中国梦提供强有力的战略支撑。

第一节 当代科技发展

科学技术反映了人类认识和改造自然的文明成果。近代以来,科学技术已经成为人类认识世界和改造世界的主要方式,体现了人类特有的能动性。在当代,科学技术从来没有像今天这样深刻影响着人类前途命运,从来没有像今天这样深刻影响着各国人民生活福祉。

一、当代科技发展的特征和趋势

当代科学技术的发展速度和规模都空前加剧,信息、生命、制造、能源、空间、海洋等领域的原创突破，为前沿技术、颠覆性技术提供了更多创新源泉，学科之间、科学和技术之间、技术之间、自然科学和哲学社会科学之间日益呈现交叉融合趋势，呈现出新的特征和趋势。

1. 科学技术迅猛发展

当代科学技术发展呈现加速化趋势。随着各国对科技的重视以及投入的不断加大，尤其是随着信息技术的发展和科技的交叉融合，科技发展速度进一步加快，科学知识量翻番的时间不断缩短，科学技术几乎在所有领域都出现了新的突破，新发现、新技术、新产品、新材料更新换代以及科学技术的物化周期都在不断缩短，科技队伍在不断扩大，科研经费也在快速增长。

当代科技正在加速一体化。科学与技术之间既存在明显差异，又具有密切联系。过去通常认为技术控制的允诺是将由科学的认知成果加以兑现来完成的，换句话说就是认为"技术是应用科学"。而在当今高科技领域中，从科学研究到技术发明有时很难说清是否存在明显的时间间隔，基础研究与应用研究的界线也趋于模糊。为反映这种科学和技术一体化的趋势，人们不再将"科学"与"技术"区分开来，而是把它们合称为"科学技术"。当代科学技术一体化的发展趋势，主要体现为基础科学内部的整体化、基础研究和技术发明的整体化、自然科学和社会科学的整体化。科技发展在基础科学、应用科学、技术工程三个层面融合日益加速，科技创新链条更加灵巧，技术更新和成果转化更加快捷，产业更新换代不断加快，信息技术、生物技术、新材料技术、新能源技术广泛渗透，带动几乎所有领域发生了以绿色、智能、泛在为特征的群体性技术革命。

2. 科学技术交叉融合加速

当代科技发展呈现交叉融合的特征，基础学科之间、基础学科与应用学科之间、科学与技术之间、自然科学与哲学社会科学之间、科技与社会之间相互交叉融合、相互作用和相互转化更加迅速。现代科学为技术的进步开辟了道路，技术体系建立在深厚的基础科学之上，主导性技术不只是表现为单一技术、单一领域发展,而是科学含量日益提高,呈现群落化和跨学科现象。以集成电路、网络技术为代表的信息技术群带来了通信产业的革命,基因组学、蛋白质学的飞速发展带动生物技术进入后基因组时代,纳米材料技术、纳米生物技术、纳米传感技术等正逐步在高技术产业竞争中显示其生命力,氢能技术的突破为人类展现新的能源利用前景,航空航天、先进制造等技术领域也正孕育着一系列突破。同时,自然科学与哲学社会科学在更宽的领域和更高的层次进行交叉与融合,哲学社会科学更多地引入自然科学的方法论甚至理论模型,科学技术的研究发明方向和成果转化,也越来越受到哲学社会科学的评价和价值观衡量。

3. 科学技术与社会密切相关

科学技术的进步,不断推动社会组织结构和管理模式变革,对包括人们思维方式、消费观念和就业取向等在内的日常社会生活,乃至国际外交关系等全方位的社会生活,产生了越来越广泛和深远影响。同时,经济社会对科学技术发展的影响也越来越大,生产力发展为科学技术发展规模的扩张提供了物质条件,使科学技术发展越来越依赖强大的物质条件。

科学技术的社会功能越来越突出,越来越成为解放和发展生产力的重要基础和标志,促进人们交往形式和社会关系的改变。社会生产力的发展,既为科学研究和技术发明提出了明确方向和具体目标,也为科学技术发展的规模和速度提供了物质条件。社会利益关系等生产关系因素的分化越来越制约科学研究的方向,制约着科学研究的进程和科技成果实现,科技成果控制在不同人手中,会产生完全不同的作用和效果,这反过来又影响和制约了科学研究的进程;科研体制、社会制度、学术氛围和价值观评价等因素,越来越成为科学技术良性发展的重要条件。同时,科学技术应用可能导致的负面影响也越来越凸显,强大技术手段的无节制使用,打破了人和自然的生态平衡,造成资源透支、环境污染、生态失衡等一系列全球性问题。

4. 科技竞争日趋激烈

纵观人类发展历史，创新始终是一个国家、一个民族发展的重要力量，也始终是推动人类社会进步的重要力量。当今世界，科技竞争越来越成为综合国力竞争的关键，原始创新成为科技竞争制高点，自主创新能力成为国家竞争力的决定性因素。科技创新活动不断突破地域、组织、技术的界限，演化为创新体系的竞争，创新战略竞争在综合国力竞争中的地位日益重要。科学技术国际化的广度和深度迅速拓展，科学技术将越来越呈现合作与竞争并存、开放与垄断交织的态势，科技创新能力将成为国际市场竞争的决定性因素。

世界科技发展的总体格局向多源多极方向演化。从整体上看，欧美发达国家在科技领域尤其是高科技领域仍然占据明显优势。但随着新兴市场国家和发展中国家实力不断提升，对科技创新的重视程度也越来越高，一些国家在部分科技领域已经开始接近甚至领先发达国家。当然，与发达国家相比，这些国家的科技发展总体上还相对落后，创新水平与发达国家相比还存在明显差距。

面对科技创新发展新趋势，世界主要国家都在寻找科技创新的突破口，抢占未来经济科技发展的先机。许多国家都把科技创新发展提高到国家战略的地位，加强对科技研究和发展的规划、投入、组织和调控；由于学科的交叉融合，社会需要解决的课题越来越具有综合性，大部分科研项目，采取了集体攻关的形式；科技创新已从个人兴趣与行为，发展成为企业、区域、国家乃至全球的创新行动。科技创新活动不断突破地域、组织、技术的界限，科学研究、技术创新、产业发展结合得越发紧密，科技成果产业化、商品化周期不断缩短。

二、当代科技发展的前沿及动态

科学技术是世界性、时代性的，发展科学技术必须具有全球视野、

第一节 当代科技发展

把握时代脉搏。当代科技发展日新月异，一些重大科学问题的原创性突破正在开辟新前沿新方向，一些重大颠覆性技术创新正在创造新产业新业态。必须树立世界眼光，站在当代科技发展的最前沿，及时了解当代科技发展的最新动态，更好地把握当代科技的发展趋势。

信息技术成为先导技术。信息技术作为当代科学技术的引领者，不仅引领了社会生产新变革，也渗透到经济社会生活的各个领域，正在极大地改变着人类的生活方式和思考方式。以互联网、大数据和人工智能为代表的信息技术，成为当代科技发展的先导技术，创造了人类发展新空间，提高了人们对世界的认识方式和认识能力。当前，信息科学将有原创性突破，信息技术将有革命性发展，产生新的网络理论、超级网络计算新结构、网络安全与智能管理、人机交互、语言文字图像转换与合成、海量数据挖掘与管理、新一代计算技术、集计算存储通信于一体的新一代芯片技术等。计算机技术将进一步综合化、智能化、网络化和个性化；信息技术将继续向高性能、低成本和智能化方向发展，并将推动经济社会发展方式和科学研究模式的根本性变革。全球互联网将不断实现代际升级，传感网和物联网的关键技术将有突破，传感网在基础设施和服务领域将有广泛应用。

生物技术创造新经济增长点。生物产业是21世纪创新最为活跃、影响最为深远的新兴产业。随着现代生命科学快速发展，以及生物技术与信息、材料、能源等技术加速融合，高通量测序、基因组编辑和生物信息分析等现代生物技术突破与产业化快速演进，生物经济正加速成为继信息经济后新的经济形态，对人类生产生活产生深远影响。近年来，美欧等发达经济体纷纷聚焦生物经济，在促进可持续发展的同时，进一步巩固其领先地位。

人工智能促进智能产业兴起。人工智能是引领未来的战略性技术，世界各主要国家均把人工智能作为主要发展战略，力图在新一轮国际竞争中把握住主导权和话语权。目前，人工智能已经从科学实验阶段进入商业应用阶段，正在迎来爆发的临界点。人工智能在制造业的应用更加广泛，生产装备智能化升级、工艺流程改造和基础数据共享等不断推进。人工智能在逐渐转化成现实生产力的同时也正在进入人们日常生活，将融入各行各业，其发展潜力在于将来在各行各业中的深度应用。

绿色科技成为科技发展基本方向。绿色科技是生态文明社会主导型的技术形态，发展绿色技术的出发点与目的在于减少科技创新对自然环境和生态系统的消极影响，促进人、自然、社会的和谐发展。绿色科技创新是决定生态文明建设进展乃至成败的核心要素。发展绿色科技是人类应对全球挑战、实现可持续发展的战略选择。作为推动绿色发展的重要动力，绿色科技日益呈现出环境污染少、创新驱动力大、持续性强等特征，成为科技为社会服务的基本方向。

此外，在空间科学技术、海洋科学技术等领域，也正在取得一系列创新成果。这些科技创新成果将为前沿技术、颠覆性技术提供更多创新源泉，将会创造更多的科技新成果。

三、当代科学技术的影响

科学技术是推动历史进步的革命力量，这一论断不断为实践所证明并为越来越多的人所接受。在当代世界，迅猛发展的科学技术，对人类社会的影响越来越深刻。但是，科学技术的运用又是一把双刃剑，当代科学技术在推动社会发展和进步的同时，也给社会带来了一系列问题。

1. 当代科学技术的社会影响

当代科学技术推动了社会发展和进步。当代科学技术渗透到生产力的各个要素中，极大提高了劳动者的劳动技能和生产经营水平，创造了更先进的劳动工具，扩大了劳动对象，改变了劳动方式、职业结构和经济发展方式，开拓了新的生产领域，使生产力得到了大发展。

当代科学技术的发展，为促进人们的交往形式和社会关系的改变，创造了思想环境和技术条件。当代科学技术通过科学思想、科学精神、科学方法的传播，丰富了人们的精神生活，提高了人们的科学文化素质，增强了人们的认知能力，促进了人的解放。当代科学技术为医疗、教育和文化等事业的发展提供了新的形式和手段，解放了人的体力和脑力，提高了人们的学习效率、生活质量和健康水平，改变了人们的工作方式、生活方式乃至行为方式，深刻影响着人们的精神生活和社会生活，深刻影响着社会的文化创造和文化形态，促进了不同国家、民族和人民之间的交流和交往，推动了社会发展进步。

同时，由于对当代科学技术运用失当造成的负面影响也越来越凸显。如果人们不能正确驾驭并合理地运用科学技术，科学技术的使用就可能给人类带来巨大威胁甚至灾难，以致成为人类发展的对抗性力量，这一点在资本主义制度下表现得尤为突出。人类对当代科学技术的不合理使用，已经带来了诸如核利用失控、资源透支、环境污染、生态失衡等一系列全球性问题。在当代，人类需要更多关注科学技术在研究方向和运用中可能带来的负面效应甚至社会风险，对它的方向、规模和运用加以控制，并承认单靠科学技术不能解决社会发展和人的自由全面发展的所有问题。

正确认识科学技术运用的两重性。科学技术只是人类认识世界和改造世界的工具，给人类带来什么，取决于人们如何看待和使用科学技术。重要的是，要把科学技术同它的应用及其社会后果区别开来。科学技术在应用中负面影响的产生，有着深刻的原因：从思想观念看，人类因改造自然的胜利而过高估计了自身对自然的征服能力；从发展水平看，一定阶段的科学技术创造了"人化自然"，却不可能完全预测它的后续效应；从生产方式层面看，在资本主义生产方式下，科学技术的发展必须服从于资本增殖的目的，而往往忽视科学技术的使用对人、社会和自然的不利影响，科技发展与人的发展的冲突日益显现，科技异化的问题较为突出;从社会层面看,存在不断扩张的资本和特殊利益集团对科学技术的"绑架"、法律法规和制度监管的缺失、道德约束和价值观导向不足等问题。要使科学技术更好地为社会进步服务,必须确立人与自然和谐发展的观念,完善科技监管和评价机制。

2. 马克思主义科技观的当代意义

马克思主义高度重视科学技术对于人类社会发展的重要推动作用,认为科学技术的每一次重大突破,都会引起生产力的深刻变革和人类文明的巨大进步。首先,科学技术促进了生产力的巨大发展和物质财富的迅速增加,把巨大的自然力纳入工业化过程,催生了生产工具的变革,使科学技术日益成为直接的生产力,使生产力得到了巨大发展,人类社会的物质财富迅速增加。其次,科学技术改变了人和自然的关系,人类利用自然和改造自然时,并不是站在自然之外,而是处于自然之中,必须实现人与自然的和谐相处。最后,科学技术不仅深刻变革社会生产力,还改变了人们在生产中的地位及其相互关系。"随着新生产力的获得,人们改变自己的生产方式,随着生产方式即谋生的方式的改变,人们也就会改变自己的一切社会关系。"①

在当代,科学技术仍然改变着人和自然的关系。随着科学技术的发展,人类从只能被动接受自然发展到能够主动利用自然,再到近代改造和征服自然。科学技术在推动社会生产力发展的同时,也给人与自然的关系带来了负面影响。人类不能盲目满足和陶醉于对自然界的暂时胜利,因为几乎每一个这样的胜利,都遭到了自然界的报复。

在当代,科学技术仍然给人类的生产生活方式带来深刻变化。随着生产力的发展,人类的生产方式和生活方式都发生了深刻变化。各种经济时代的区别,不在于生产什么,而在于怎样生产。机器大生产取代了工场手工业,生产的自动化、信息化程度不断提高。生产方式

---

① 《马克思恩格斯文集》第 1 卷,人民出版社 2009 年版,第 602 页。

的这些变化以及物质产品的不断丰富深刻地改变了并继续改变着人们的生活方式,人们的衣食住行、劳动工作、休息娱乐、社会交往、待人接物等都在经历巨大变化。

在当代,科学技术仍然促进着人的发展。科学技术的发展把人从繁重的体力劳动中解放出来,为人的自由而全面的发展提供了可能。科学技术提高了人们的科学素质,促进了人类理性思维能力的发展。科学研究倡导的追求真理的精神,成为人完善自身发展的重要力量。科学技术还极大地丰富和延伸了人的实践能力,促使人类从必然王国一步步走向自由王国。

在当代,科学技术已经成为第一生产力。邓小平指出:"马克思讲过科学技术是生产力,这是非常正确的,现在看来这样说可能不够,恐怕是第一生产力。"[①] 说科学技术是第一生产力,主要是指科学技术越来越成为生产力中第一位的决定性因素。科学技术发展突飞猛进,极大地推动了生产力发展和社会进步,人类创造了空前丰富的物质文化财富。科技进步和创新越来越成为先进生产力的集中体现和主要标志。解决全球面临的资源、环境、人口等重大问题,都离不开科学技术的进步。

推动科学技术不断创新发展,是发展社会主义事业的必然要求。近代资本主义的发展和科学技术的广泛运用密不可分。但是,生产社会化与生产资料资本主义私人占有之间的矛盾,制约了科学的发展和技术的社会化进程。社会主义要在与资本主义的竞争中胜出,就必须充分发挥制度优势,更加注重科学技术对经济社会发展的推动作用,推动科学技术更好更快发展,努力走在世界科技发展的前列。社会主义制度能够充分发挥人民群众的首创精神,能更好地同改造自然和社会的实践结合,从而使科学技术摆脱资本主义私有制的桎梏,真正为

[①] 《邓小平文选》第3卷,人民出版社1993年版,第275页。

人类造福。

第二节　新一轮科技革命蓄势待发

进入21世纪以来，全球科技创新进入空前密集活跃的时期，新一轮科技革命和产业变革正在重构全球创新版图、重塑全球经济结构。世界各国争相调整、适应，抓紧实施必要改革。新时代的中国迎来新一轮科技革命和产业变革同中国转变发展方式的历史性交汇期，既面临着千载难逢的历史机遇，又面临着差距拉大的严峻挑战。有的历史性交汇期可能产生同频共振，有的历史性交汇期也可能擦肩而过。要顺应时代潮流，坚持把创新作为引领发展的第一动力，加快实施创新驱动发展战略，抓住实现国家现代化、实现民族复兴的历史机遇。

一、新一轮科技革命的主要特征

自古以来，科学技术就以一种不可逆转、不可抗拒的力量推动着人类社会向前发展。16世纪以来，世界发生了多次科技革命，一些国家抓住科技革命的难得机遇，实现了经济实力、科技实力、国防实力迅速增强，综合国力快速提升。历史经验表明，科技革命总是能够深刻影响世界力量格局。在一定意义上说，科技实力决定着世界政治经济力量对比的变化，也决定着各国各民族的前途命运。

新一轮科技革命，是在信息技术革命成果基础上的飞跃，是以信息技术为先导，以新材料科技为基础，以新能源科技为动力，以海洋科技为内拓，以空间科技为外延，以生命科技为战略重点的一场全方位、多层次的重大革命。在信息技术革命推动下，人类进入了工业化社会的高级发展阶段——信息化时代。从社会发展的矛盾和需求看，世界几十亿人口追求现代化生活方式与资源供给能力、环境承载能力

第二节　新一轮科技革命蓄势待发

不足的矛盾，呼唤科学技术的革命性突破。从科学技术发展的内在可能性看，科技革命是在长期量的积累基础上的突变。信息技术革命以来，尽管知识呈爆炸性增长态势，但还没有出现足以比肩相对论、量子论的科学革命；而一些科学理论体系所呈现的内在不协调性，也在酝酿着新的理论突破；近代以来技术革命周期缩短的趋势，也在等待突破。面对世界科技发展新趋势，世界主要国家在加大重大科技研发投入的同时，纷纷加快发展新兴产业，加速推进数字技术同制造业的结合，抢占未来科技和产业发展制高点。

新一轮科技革命将是多学科、多领域的交叉突破。随着当代科学技术发展的突飞猛进，新学科、新技术不断涌现，不同学科之间的协同与整合变得更为普遍。新一轮科技创新的范围涵盖信息技术、生物技术、新材料、新能源、航天技术、海洋技术等诸多新兴领域。人工智能的崛起成为交叉学科和交叉领域兴起的标志，极大地影响着人类社会的发展。

新一轮科技革命将是科技创新和产业创新的有机结合，科技转化为产品和产业成为社会经济发展和人们生活水平提高的重要保障。经验表明，新科技革命的突破常常带来新的产业革命，科技创新对产业结构优化升级具有强大的带动作用。未来几十年，新一轮科技革命和产业变革将同人类社会发展形成历史性交汇，工程科技进步和创新将成为推动人类社会发展的重要引擎。工业化和信息化加速融合，将催生大量新技术、新产业、新业态、新模式的出现，为发展中国家产业从中低端走向中高端奠定了技术经济基础、指明了发展方向。

新一轮科技革命将是科学、技术与社会的深度融合。新科技革命对人类社会将产生重大而深远的影响。比如，人工智能技术、智能制造技术迅速发展，使机器人在越来越多领域替代人力，将促进人类生产方式发生重大变革；云计算、物联网、移动互联网、大数据等新一代信息技术不断涌现和突破，将给人们生活方式、交往方式带来巨大变化；煤炭清洁燃烧、太阳能电池、风电、储能技术、智能电网、电动汽车等新能源技术的进展，将为人类解决全球环境和气候变化提供重要的科技支持；生物技术不断进步及其产业化规模的扩大，将进一步提高人类的健康水平和生活质量等。同时也要看到，科学技术越来越依赖于社会系统的高效运行和发展，科学技术与社会的深度融合，既为科技和社会的协同发展提供了机遇，也带了不可忽视的风险和挑战。只有协调好科学技术与人、社会、自然的关系，才能在新一轮科技革命中抢占先机，真正实现经济社会的整体进步。

二、新一轮科技革命带来的机遇与挑战

当今世界，以人工智能、量子信息、移动通信、物联网、区块链为代表的新一代信息技术加速突破应用，以合成生物学、基因编辑、脑科学、再生医学等为代表的生命科学领域孕育新的变革，融合机器人、数字化、新材料的先进制造技术正在加速推进制造业向智能化、服务化、绿色化转型，以清洁高效可持续为目标的能源技术加速发展将引发全球能源变革，空间和海洋技术正在拓展人类生存发展新疆域。正在孕育的新一轮科技革命，既给人类社会的发展带来了新机遇，也带来了新挑战。

当前，科技创新的重大突破和加快应用正在重塑全球经济结构，并使产业和经济竞争的赛场发生转换。在传统国际发展赛场上，规则别人都制定好了，我们可以加入，但必须按照已经设定的规则来赛，没有更多主动权。抓住新一轮科技革命和产业变革的重大机遇，就是要在新赛场建设之初就加入其中，甚至主导一些赛场建设，从而使我们成为新的竞赛规则的重要制定者、新的竞赛场地的重要主导者。如果没有一招鲜、几招鲜，没有参与或主导新赛场建设的能力，那就缺少了机会。能否抓住机遇，在科学技术领域赢得更大的主动权，是世界各国都必须面对的重大课题。

第二节 新一轮科技革命蓄势待发

当前，全球科技创新和产业转型正在突破，世界进入空前的创新密集和产业变革时代。科技水平已经成为影响世界经济周期的主要变量和决定经济总量提升的主要因素，科技发展对国家核心竞争力的提升至关重要。新一轮科技革命的到来，将对世界经济结构和竞争格局产生重大影响，引起国际政治经济社会关系的深刻变化，促进国际经济分工结构的深刻调整，并深刻改变人类生产和生活方式。

新一轮科技革命对当代世界提出的挑战也不容忽视。当前，围绕网络、海洋、太空、极地四大"全球公地"，角逐新边疆主导权与规则制定权的斗争愈演愈烈，不同国家不均衡发展在加剧，全球发展面临网络空间与现实空间深度融合的挑战，发展中国家必须应对"推长板"与"补短板"的双重挑战等。这些挑战将因为新一轮科技革命的到来变得更为严峻。

不同国家和地区之间的"技术鸿沟"不仅可能继续拉大，也可能会导致"数字鸿沟"问题，加剧全球发展不平衡。如在 3D 打印、5G 通信、可植入技术、人工智能、大数据、共享经济、数字医疗、先进制造等新兴领域，成功建立了面向未来的国际准则的国家和地区将获得巨大经济和财政收益。相比之下，一些国家推行自己的准则和规则以保护本国的生产者利益，阻碍国际竞争，减少国内企业支付的外国技术专利使用费，将可能会面临被全球标准孤立。再如，科技发达国家在技术领域处于优势，而低收入国家原本的廉价劳动力优势也可能会被新技术带来的改变所代替，这将进一步拉大全球不同发展程度国家的发展差距。

此外，科技进步在带来生产方式、生活方式及思维方式重要变革的同时，也给当代社会带来伦理方面的挑战，其中最大的挑战就是技术的失控和责任主体模糊问题。技术一旦失控，就会对人类生存和生活带来巨大威胁。在新兴科技的伦理规约挑战中，技术设计的美好愿望与技术后果的失控是主要矛盾，人们往往陷入既想通过技术转变和升级生产方式和生活方式,又不想让技术进入非技术领域的两难选择。

面对新一轮科技革命和产业变革,许多国家都在抓紧制定并实施相应的科学技术发展战略规划。例如,美国为在科技创新领域保持优势,奥巴马政府在经济尚未完全复苏的时期,就开始制定下一时期创新发展战略,把创新视为赢得长期增长与竞争力的基石,要把美国建设成为一个"创新者的国家"。欧盟委员会于 2013 年年底批准实施"地平线 2020"计划,这是一项期限为 7 年、预算总额约为 770 亿欧元的科研规划方案,也是第七个欧盟科研框架计划之后的主要科研规划。根据"地平线 2020"计划,欧盟委员会建议成员国将研发经费在国内生产总值中所占比例从现在的 2% 左右增至 2020 年的 3%。2010 年,德国政府出台《高技术战略 2020》,提出在工业领域中展开创新活动,其中人工智能和物联网的研究更是取得了世界范围的关注。2013 年,在国际工业博览会上,德国公布《保障德国制造业的未来:关于实施"工业 4.0"战略的建议》,旨在进行新一轮的制造技术创新,继续保持德国制造业的优势。韩国政府对科技创新的大量资金投入是其科技产业和创业发展的必要因素,近年来其研发投入始终保持在世界前十位,资金总额约占其国内生产总值的 3%。

三、中国的创新发展理念

纵观人类发展历史,创新始终是推动一个国家、一个民族向前发展的重要力量,也是推动整个人类社会向前发展的重要力量。创新是多方面的,包括理论创新、体制创新、制度创新、人才创新等,但科技创新的地位和作用十分重要。新时代的中国正在为全面建成小康社会、实现中华民族伟大复兴的中国梦而团结奋斗,比以往任何时候都更加需要强大的科技创新力量,因此必须坚定实施创新驱动发展战略。

1. 创新是引领发展的第一动力

中华民族是富有创新精神的民族。中国的先人们早就提出:"周虽旧邦，其命维新。""天行健，君子以自强不息。""苟日新，日日新，又日新。"可以说，创新精神是中华民族最鲜明的禀赋。在5 000多年文明发展进程中，中华民族创造了高度发达的文明，发明了造纸术、火药、印刷术、指南针，在天文、算学、医学、农学等多个领域创造了累累硕果，为世界贡献了无数科技创新成果，对世界文明进步影响深远、贡献巨大，也使我国长期居于世界强国之列。然而，明代以后，由于封建统治者闭关锁国、夜郎自大，中国同世界科技发展潮流渐行渐远，屡次错失富民强国的历史机遇。鸦片战争之后，中国更是一次次被经济总量、人口规模、领土幅员远远不如自己的国家打败。历史告诉我们一个真理：一个国家是否强大不能单就经济总量大小而定，一个民族是否强盛也不能单凭人口规模、领土幅员多寡而定。近代史上，我国落后挨打的根源之一就是科技落后。

经过新中国成立以来特别是改革开放以来不懈努力，我国科技发展取得举世瞩目的伟大成就，科技整体能力持续提升，一些重要领域方向跻身世界先进行列，某些前沿方向开始进入并行、领跑阶段，正处于从量的积累向质的飞跃、点的突破向系统能力提升的重要时期。多复变函数论、陆相成油理论、人工合成牛胰岛素等成就，高温超导、中微子振荡、量子反常霍尔效应、纳米科技、干细胞研究、肿瘤早期诊断标志物、人类基因组测序等基础科学突破，"两弹一星"、超级杂交水稻、汉字激光照排、超级计算机、三峡工程、载人航天、探月工程、移动通信、量子通信、北斗导航、载人深潜、高速铁路、航空母舰等工程技术成果，为我国成为一个有世界影响的大国奠定了重要基础。

现在，中国比历史上任何时期都更接近实现中华民族伟大复兴的目标，比历史上任何时期都更有信心、更有能力实现这个目标。同时，中华民族伟大复兴绝不是轻轻松松就能实现的。与发达国家相比，我国的科技总体水平还有较大差距，自主创新特别是原创力还不强，关键领域核心技术受制于人的格局没有从根本上改变。还要看到，西方一些发达国家在核心技术领域长期对中国实行封锁和打压，而随着我国综合国力的增强，它们对我国的技术封锁和产品禁售将会趋紧，一些正常的国际经贸活动和科技交流也会被横加干涉，我们急需的高端核心技术更是买不来、求不来，必须靠自力更生、自主创新，我们对此要有充分的准备。实现"两个一百年"奋斗目标，实现中华民族伟大复兴的中国梦，必须坚持走中国特色自主创新道路，面向世界科技前沿、面向经济主战场、面向国家重大需求，加快各领域科技创新，掌握全球科技竞争先机。这是我们提出建设世界科技强国的出发点。

党的十八大以来，中国明确把创新作为新发展理念的重要内容，强调创新是引领发展的第一动力，要把创新摆在国家发展全局的核心位置。对中国这么大体量的经济体来讲，如果动力问题解决不好，要实现经济高质量发展是难以做到的。抓住了创新，就抓住了牵动经济社会发展全局的"牛鼻子"。如果不识变、不应变、不求变，中国就可能陷入战略被动，错失发展机遇，甚至错过整整一个时代。实施创新驱动发展战略，是应对发展环境变化、把握发展自主权、提高核心竞争力的必然选择，是加快转变经济发展方式、破解经济发展深层次矛盾和问题的必然选择，是更好引领我国经济发展新常态、保持我国经济持续健康发展的必然选择。树立创新发展理念，就必须把创新摆在国家发展全局的核心位置，不断推进理论创新、制度创新、科技创新、文化创新等，让创新贯穿党和国家一切工作，让创新在全社会蔚然成风。

2. 实施创新驱动发展战略

创新驱动发展战略，是中国放眼世界、立足全局、面向未来作出的重大战略决策。经过多年努力，我国科技整体水平大幅提升，一些重要领域跻身世界先进行列，某些领域正由"跟跑者"向"并行者""领跑者"转变。我国进入了新型工业化、信息化、城镇化、农业现代化同步发展、并联发展、叠加发展的关键时期，给自主创新带来了广阔发展空间、提供了前所未有的强劲动力。同时，我国科技领域仍然存在一些亟待解决的突出问题，在视野格局、创新能力、资源配置、体制政策等方面存在诸多不适应的地方。我国基础科学研究短板依然突出，企业对基础研究重视不够，重大原创性成果缺乏，不少关键核心技术仍然受制于人。我国技术研发聚焦产业发展瓶颈和需求不够，以全球视野谋划科技开放合作还不够，科技成果转化能力不强，人才发展体制机制还不完善，科技管理体制还不能完全适应建设世界科技强国的需要，科技创新政策与经济、产业政策的统筹衔接还不够，全社会鼓励创新、包容创新的机制和环境有待优化等。"形势逼人，挑战逼人，使命逼人。"[1] 只有加快实施创新驱动发展战略，勇立世界科技创新潮头，破解上述经济发展的深层次矛盾和问题，才能实现经济高质量发展。

第一，以科技创新和体制机制创新激发创新活力，以高效率的国家创新体系支撑创新型国家建设，推动经济社会从以规模扩张为主导的粗放式增长，向以质量效益为主导的可持续发展转变；从传统要素驱动发展，向创新要素驱动发展转变；从价值链中低端，向价值链中高端转变；从"跟跑、并行、领跑"并存、"跟跑"为主，向"并行""领跑"为主转变；从以研发环节为主，向产业链、创新链、资金链统筹配置转变；从以科技人员的小众为主，向小众与大众创新创业互动转变。

第二，面向世界科技前沿、国家重大需求和国民经济主战场，明确创新发展的主攻方向，在关键领域尽快实现突破，力争形成更多竞争优势；同步实施科技体制改革和经济体制改革，强化科技与经济对接，遵循社会主义市场经济规律和科技创新规律，破除一切制约创新的思想障碍和制度藩篱，构建支撑创新驱动发展的良好环境；以人才驱动实施创

---

[1] 习近平：《在中国科学院第十九次院士大会、中国工程院第十四次院士大会上的讲话》，《人民日报》2018年5月29日。

新驱动，尊重创新创造的价值，激发各类人才的积极性和创造性，加快汇聚一支规模宏大、结构合理、素质优良的创新型人才队伍。

第三，实现科技"三步走"发展的战略目标：到 2020 年进入创新型国家行列，基本建成中国特色国家创新体系，成为全面建成小康社会的有力支撑；到 2030 年跻身创新型国家前列，实现发展驱动力的根本转换，大幅提升经济社会发展水平和国际竞争力；到 2050 年建成世界科技创新强国，成为世界主要科学中心和创新高地。

3. 深度参与全球科技治理、贡献中国智慧

不拒众流，方为江海。科学技术是世界性的、时代性的，发展科学技术必须具有全球视野，聚四海之气、借八方之力。要推动形成对外开放新格局，增强参与全球经济、金融、贸易规则制定的实力和能力，在更高水平上开展国际经济和科技创新合作，在更广泛的利益共同体范围内参与全球治理，实现共同发展。

必须深化国际科技交流合作，在更高起点上推进自主创新，主动布局和积极利用国际创新资源，努力构建合作共赢的伙伴关系，共同应对未来发展、粮食安全、能源安全、人类健康、气候变化等人类共同挑战，在实现自身发展的同时惠及其他更多国家和人民，推动全球范围平衡发展。要坚持以全球视野谋划和推动科技创新，全方位加强国际科技创新合作，积极主动融入全球科技创新网络，提高国家科技计划对外开放水平，鼓励中国科学家发起和组织国际科技合作计划。要最大限度用好全球创新资源，全面提升中国在全球创新格局中的位势，提高中国在全球科技治理中的影响力和规则制定能力。

第三节 建设世界科技强国

正在孕育兴起的新一轮科技革命，给我国经济社会发展带来了历

史性的挑战和机遇。实现建成社会主义现代化强国的伟大目标，实现中华民族伟大复兴的中国梦，必须具有强大的科技实力和创新能力。只有紧紧抓住和用好新一轮科技革命和产业变革的机遇，积极应对，才能"弯道超车"。必须强化建设世界科技强国对建设社会主义现代化强国的战略支撑，掌握全球科技竞争先机，在前沿领域乘势而上、奋勇争先，在更高层次、更大范围发挥科技创新的引领作用。

一、加快建设创新型国家

创新型国家的主要标志是，科技和人才成为国力强盛最重要的战略资源，劳动生产率、社会生产力提高主要依靠科技进步和全面创新，拥有一批世界一流的科研机构、研究型大学和创新型企业，创新的法律制度环境、市场环境和文化环境等。

改革开放以来，中国先后提出科教兴国战略、可持续发展战略、创新驱动发展战略等一系列重大战略，从科学研究的理念到科技工作的地位、从科技体制机制到科研环境条件、从科研布局到科技应用等各个方面，都发生了历史性的变化。中国整体科技发展水平已位居发展中国家前列，有些科研领域达到世界先进水平。中国经济持续快速增长和社会进步，对科技创新提出了巨大需求，也为大量科技新成果的运用提供了重要条件和广阔市场。日趋活跃的国际科技交流与合作，为中国引进先进技术，分享世界新科技革命成果提供了机遇。更重要的是，中国特色社会主义集中力量办大事的制度优势，为科技创新提供了重要的制度保障。同时应看到，中国是经济大国，但还不是经济强国，重要原因之一就在于科技创新能力薄弱，必须适应国内外经济形势新变化，增强创新驱动发展新动力，加快建设创新型国家。

加快建设创新型国家作为现代化建设全局的战略举措，具有重大而深远的意义。首先，这是中国迈向现代化强国的内在要求。科技是国之利器，世界上的现代化强国无一不是创新强国、科技强国。当前，我国发展站到了新的历史起点上,正在由发展中大国向现代化强国迈进。如果我们不能在创新领域取胜,就不能掌握全球竞争先机和优势,迈向现代化强国就会失去支撑。必须加快建设创新型国家,突出科技创新能力提升,以科技强国支撑现代化强国。其次,这是解决中国社会主要矛盾的必然选择。当前,中国社会主要矛盾已经转化为人民日益增长的美好生活需要和不平衡不充分的发展之间的矛盾,经济社会发展对科技创新的需求从未像今天这样迫切。只有加快建设创新型国家,在经济社会发展的全过程充分践行创新发展理念,才能加速向主要依靠知识积累、技术进步和劳动力素质提升的内涵式发展转变,在我国发展的内生动力和活力上实现一个根本性变化,为解决社会主要矛盾开拓更广阔的空间。最后,这是抢抓新一轮科技革命和产业变革历史机遇的战略举措。当前,全球新一轮科技革命和产业变革孕育兴起,引发国际产业分工重大调整,进而重塑世界竞争格局、改变国家力量对比。中国既面临赶超跨越的难得历史机遇,也面临差距拉大的严峻挑战,唯有加快建设创新型国家,全面增强科技创新能力,力争在重要科技领域实现跨越发展,才能在新一轮全球竞争中赢得战略主动。

二、着力增强自主创新能力

只有自信的国家和民族,才能在通往未来的道路上行稳致远。树高叶茂,系于根深。自力更生是中华民族自立于世界民族之林的奋斗基点,自主创新是攀登世界科技高峰的必由之路。实践反复证明,关键核心技术是要不来、买不来、讨不来的。只有把关键核心技术掌握在自己手中,才能从根本上保障国家经济安全、国防安全和其他安全。要以关键共性技术、前沿引领技术、现代工程技术、颠覆性技术创新为突破口,敢于走前人没走过的路,努力实现关键核心技术自主可控,把创新主动权、发展主动权牢牢掌握在自己手中,积极抢占科技竞争和未来发展制高点。

坚持走中国特色自主创新道路，是建设世界科技强国的必由之路。坚持走中国特色自主创新之路，就是要把增强自主创新能力作为发展科学技术的战略基点，推动科学技术的跨越式发展；把增强自主创新能力作为调整产业结构、转变发展方式的重要环节；把增强自主创新能力作为国家战略，贯穿到现代化建设各个方面。走中国特色自主创新道路，要以全球视野谋划和推动创新，提高原始创新、集成创新和引进消化吸收再创新能力，更加注重协同创新。原始创新，即在科学和技术领域获得重大原创性成果；集成创新，即将技术、产业、市场等要素相融合，转变创新系统的整体功能，形成创新能力和竞争优势；引进消化吸收再创新，即引进国外先进技术，并根据本国实际再对其进行创新等。

建设世界科技强国，要有标志性科技成就。要强化战略导向和目标引导，强化科技创新体系能力，加快构筑支撑高端引领的先发优势，加强对关系根本和全局的科学问题的研究部署，在关键领域、卡脖子的地方下大功夫，集合精锐力量，作出战略性安排，尽早取得突破，力争实现我国整体科技水平从"跟跑"向"并行""领跑"的战略性转变，在重要科技领域成为领跑者，在新兴前沿交叉领域成为开拓者，创造更多竞争优势。要把满足人民对美好生活的向往作为科技创新的落脚点，把惠民、利民、富民、改善民生作为科技创新的重要方向。

基础研究是整个科学体系的源头。要瞄准世界科技前沿，抓住大趋势，下好"先手棋"，打好基础、储备长远，甘于坐冷板凳，勇于做栽树人、挖井人，实现前瞻性基础研究、引领性原创成果重大突破，夯实世界科技强国建设的根基。要加大应用基础研究力度，以推动重大科技项目为抓手，打通"最后一公里"，拆除阻碍产业化的"篱笆墙"，疏通应用基础研究和产业化连接的快车道，促进创新链和产业链精准对接，加快科研成果从样品到产品再到商品的转化，把科技成果充分应用到现代化事业中去。

工程科技是推动人类进步的发动机，是产业革命、经济发展、社会进步的有力杠杆。广大工程科技工作者既要有工匠精神，又要有团结精神，围绕国家重大战略需求，瞄准经济建设和事关国家安全的重大工程科技问题，紧贴新时代社会民生现实需求和军民融合需求，加快自主创新成果转化应用，在前瞻性、战略性领域打好主动仗。

三、完善国家创新体系

创新决胜未来，改革关乎国运。科技领域是最需要不断改革的领域。推进自主创新，最紧迫的是要破除体制机制障碍，最大限度解放和激发科技作为第一生产力所蕴藏的巨大潜能。

国家创新体系是决定国家发展水平的基础，战略科技力量是国家创新体系的中坚力量，国际竞争很大程度上是科技创新能力体系的比拼。党的十八大以来，中国科技体制改革全面发力、多点突破、纵深发展，重要领域和关键环节改革取得实质性突破，国家创新体系建设迈上新台阶。科技创新基地建设速度加快，综合性国家科学中心统筹推进，大型科研基础设施建设取得突破性进展。建成 500 米口径的世界最大球面射电望远镜（FAST）、超大型高超声速激波风洞等重大科技设施，布局国家重点实验室等创新平台。一批大型综合性科研机构研究能力大幅度提升，在国际排名中不断前移。企业技术创新能力建设进一步增强，涌现出一批具有国际影响力的科技创新型企业。同时也存在一些有待解决的突出问题，主要是国家创新体系整体效能还不强，科技创新资源分散、重复、低效的问题还没有从根本上得到解决，科技投入的产出效益不高，科技成果转移转化、实现产业化、创造市场价值的能力不足，科研院所改革、建立健全科技和金融结合机制、创新型人才培养等领域的进展滞后于总体进展，科研人员开展原创性科技创新的积极性还没有充分激发出来等。

面对建设世界科技强国的要求，必须完善国家创新体系建设，坚持科技创新和制度创新"双轮驱动",以问题为导向,以需求为牵引,在实践载体、制度安排、政策保障、环境营造上下功夫,在创新主体、创新基础、创新资源、创新环境等方面持续用力,强化国家战略科技力量,提升国家创新体系整体效能。一是在重大创新领域布局国家实验室,建设体现国家意志、具有世界一流水平的战略科技创新基地。二是聚焦能源、生命、粒子物理等领域建设一批重大科技基础设施,加快建设综合性科学中心。三是优化整合国家科研基地和平台布局,围绕国家战略和创新链进行布局,推动科技资源开放共享。四是按照企业为主体、市场为导向、产学研深度融合的要求推动技术创新,建设一批引领企业创新和产业发展的国家技术创新中心,支持量大面广的中小企业提升创新能力,培育一批核心技术能力突出、集成创新能力强的创新型领军企业。中国建设的国家创新体系是开放的,不是封闭的,要全方位提升科技创新的国际化水平,打造"一带一路"协同创新共同体,积极牵头或参与国际大科学计划和大工程。

综合国力竞争归根到底是人才竞争,谁拥有人才上的优势,谁就会拥有创新实力上的优势。功以才成,业由才广。世上一切事物中人是最可宝贵的,一切创新成果都是人做出来的。硬实力、软实力,归根到底要靠人才实力。实现建设世界科技强国的奋斗目标,必须建设一支高端科技创新人才队伍。当前,我国高水平创新人才仍然不足,特别是科技领军人才匮乏。人才评价制度不合理,唯论文、唯职称、唯学历的现象仍然严重,人才管理制度还不适应科技创新要求、不符合科技创新规律。要创新人才评价机制,建立健全以创新能力、质量、贡献为导向的科技人才评价体系,形成并实施有利于科技人才潜心研究和创新的评价制度。要营造良好创新环境,加快形成有利于人才成长的培养机制、有利于人尽其才的使用机制、有利于竞相成长各展其能的激励机制、有利于各类人才脱颖而出的竞争机制,培养造就一大批具有国际水平的战略科技人才、科技领军人才、青年科技人才和创新团队。

□ 分析与思考

1. 如何看待新科技革命带来的社会变革与人们生活方式新变化？
2. 与以往科技革命相比，新一轮科技革命具有哪些新特征？
3. 如何理解新一轮科技革命给中国带来的机遇与挑战，认识坚持创新发展、实施创新驱动发展战略的重大意义？

第七章
当代资本主义

资本主义与社会主义是决定当代世界走向的两种社会制度，事关人类的前途命运。当代世界正处在加快演变的历史进程之中，产生了大量深刻复杂的现实问题，提出了大量亟待回答的理论课题，需要加强对当代资本主义的深入研究。随着经济全球化的深入发展，当代资本主义呈现出垄断向国际范围拓展、经济日益金融化虚拟化、经济危机向系统性拓展等特点，使其深陷重重矛盾运行的困境之中，资本主义基本矛盾仍在不断累积并趋于深化。同时，当代资本主义的自我否定和自身孕育的"新社会因素"成长，使其依然具有较强的生命力和一定的发展空间，并在世界范围居于主导地位。要科学认识当代资本主义的新变化新特征，分析其不可克服的固有矛盾，揭示其必然被社会主义所取代的历史趋势，对于从更为广阔的视野认清人类社会的发展方向，进一步坚定中国特色社会主义道路自信、理论自信、制度自信、文化自信，具有重要而深远的意义。

第一节 当代资本主义基本矛盾的深化

随着经济全球化的推进和国际金融资本垄断的发展，资本主义经济危机的表现形式发生了深刻变化，已由"滞胀"危机演化为金融危机。资本主义基本矛盾在经济全球化中以新的表现形式导致了国际金融危机的爆发。金融危机实质上就是经济危机。资本主义经济危机的频繁爆发，以及全球发展不平衡的加剧，必然会影响资本主义的发展进程。

一、国际金融垄断资本主义的发展

从资本主义的发展历史来看，资本主义经历了从自由竞争资本主义到垄断资本主义的发展。随着经济全球化特别是科技革命的不断发展，社会化大生产在世界范围内迅速展开，生产、贸易、消费和资本的全球化日益推进，经济金融化、金融全球化日益强化，推动了垄断资本在世界范围的不断扩张。国际垄断发展为国际金融垄断，成为当代资本主义发展的重要趋势。

1. 垄断资本主义向世界范围的拓展

在主导经济全球化的过程中，新自由主义在资本主义世界占据主导地位，并被发达国家作为"改革范本"在全球范围内推行。在新自由主义的推动下，垄断开始向国际范围扩展，在资本主义世界的科技、投资、生产、销售、金融、贸易、服务等各个领域，国际垄断已无处不在，对世界经济产生着巨大的冲击和影响。

当代资本主义的国际垄断，反映了资本在经济全球化过程中不断实现增殖和扩展的本质。发达资本主义国家凭借在各种国际组织中的主导地位，实现和加强这种国际垄断。一方面，垄断的范围已不仅仅局限于经济领域，而是形成了市场垄断、资源垄断、高科技垄断、尖端军事技术垄断以及新闻垄断等在内的国际垄断体系；另一方面，垄断的范围已不仅仅局限于一国或部分国家，发达资本主义国家凭借资本、技术、军事优势，建立起符合国际垄断资本自身利益的世界政治经济秩序和规则体系，形成了以综合国力为后盾的全球霸权。尽管对于当前资本主义处于什么样发展阶段的问题存在着不同的看法，但是，垄断向国际范围的扩展，金融资本成为推动国际垄断的新生动力，成为当代资本主义发展的重要趋势，这一点则是共识。

2. 跨国公司进行国际联盟的趋势加速

随着经济全球化的推进，市场经济在全球经济体系中占据主导地位，区域经济集团化日益发展，跨国公司现已成为世界经济的主导力量，成为当代国际经济活动的核心组织者。在当代资本主义的发展中，国际垄断资本主要通过跨国公司，对其他国家进行经济渗透，控制重要的资源和市场，进而间接影响他国的经济、政治走向。当代资本主义的跨国公司，不仅不断寻求在本国的垄断地位，而且将经济权力扩展到对世界生产和市场进行控制，通过谋求国际垄断地位，以获取巨额垄断利润。资本追求剩余价值的本性，决定了跨国公司必然在全世界范围内考虑生产布局、营销渠道、长远发展等问题，哪里有利可图就会涉足哪里。因此，跨国公司的全球经营战略，跨国公司的母公司与子公司之间的内部联系，形成了当代国际经济活动中空前巨大的营销网络。

在经济全球化进程中，跨国公司组成了更大规模的超国界经济实体。跨国公司之间的合作方式多种多样，除了有相互持股、相互兼并和共同出资兴办新企业的形式外，还有两个以上的跨国公司以结盟的方式在投资、科研、生产和市场开拓等方面进行战略合作，即实行跨国联盟。组建跨国联盟，反映了在经济全球化条件下跨国公司主导作用的增强。随着实践的变化和发展，在发展中国家也出现了一批新的跨国公司，这些公司在对外直接投资和跨国并购方面也成为不可或缺的力量。跨国联盟的出现，是一种世界范围的经济体强强联合，有利于突破贸易壁垒，使世界各国的经济联系更加紧密，推动经济全球化向纵深发展，但也使国际金融资本加强了对世界经济的垄断和控制，使发展中国家面临更为严峻的经济安全挑战。尽管国际金融危机后，由于世界经济在低迷中徘徊、经济增长动能不足，贸易保护主义和"逆全球化"抬头，使跨国公司的发展面临着一些挑战，但它仍是国际垄断资本进行经济扩张的关键角色。

3. 金融垄断资本逐步占据主导地位

经济的金融化和金融市场的国际化成为当代资本主义发展的重要趋势。随着经济全球化的发展，对外直接投资成为国际投资的主要形式，金融资本越来越成为推动当代资本主义发展的主要力量，对世界经济的垄断进一步加强。金融资本作为银行资本和工业资本的统一体，必然与实体经济有着紧密关联，它通过资本借贷方式获取超额利润，通过利息形式来瓜分产业部门的剩余价值；反过来说，实体经济要在生产经营、上市融资等方面开展活动，也必须依靠金融资本的支持。但是，在当代资本主义社会，随着金融衍生品的不断分化扩张，虚拟经济也可能凌驾于实体经济之上，并且站在主导地位对资本进行控制以追求更大的剩余价值，金融垄断资本已经可以在不完全依赖产业资本的情况下，从金融市场直接获取垄断利润，表现出独立化、自由化等特征。特别是在经济全球化的条件下，世界各国股票、证券、期货、外汇、商品等市场密切连接，国际垄断资本一旦越出国界，利用金融、信用工具介入市场，通过各种手段操控股价涨跌，就能获取巨额利润，实现对全球资本再生产过程的控制和剩余价值的全球剥削。当代资本主义发展中金融垄断资本占主导地位的事实，进一步证明了列宁关于金融高度垄断是帝国主义重要特征论断的科学性。

金融垄断资本在世界经济中占据主导地位，对各国经济发展产生了不容忽视的影响。其一，国际金融市场的经济虚拟化更加突出，国际金融市场规模日益扩大，金融衍生工具市场得到迅速发展。但是，金融衍生商品的交易与实际商品的生产和贸易脱节，规模庞大的金融活动失去了相应的物质生产与产品的支撑，由此产生了大规模的投机套利活动，甚而导致金融风险。其二，发展中国家经济实力较弱，金融体系不完善，法制不健全，金融调控机制不健全，如果全面开放金融市场、放松对金融监管，极易受到国际金融波动的冲击，金融市场易于被国际金融垄断资本所控制和利用。在经济全球化深入发展的当代世界，金融垄断资本的逐利本性并没有改变，这种逐利本性恰恰是经济全球化产生各种负面效应的根源。同时，随着中国改革开放的全面深化，资本主义金融垄断资本以各种方式进入我国经济领域，对中国特色社会主义市场经济产生双重影响，既可以成为推动我国经济发展的外驱力，也可能成为引发国内金融风险的催化剂。因此，在对外开放过程中，必须注重防范金融风险，维护国家的经济主权和安全。

二、资本主义经济危机在当代的新表征

资本主义社会充满着矛盾和危机，经济危机是资本主义无法克服的痼疾。随着国际金融资本垄断的发展，资本主义经济危机已由"滞胀"危机演化为金融危机，金融危机成为资本主义经济危机在当代的新表征。2008年国际金融危机，就是分析当代资本主义的一个典型案例。

1. 当代资本主义经济危机的演变

资本主义发展的历史表明，资本主义是与经济危机相伴随的。马克思主义认为，当货币经济发展到信用经济形式时，经济危机随时都会爆发。尽管信用不是危机爆发的原因，导致危机爆发的根源是资本主义基本矛盾，但信用对于危机的发展起着促进和强化作用，是"生产过剩和商业过度投机的主要杠杆"[1]，"信用制度加速了生产力的物质上的发展和世界市场的形成；……同时，信用加速了这种矛盾的暴力的爆发，即危机，因而促进了旧生产方式解体的各要素"[2]。资本主义是高度发达的商品经济，也是高度发达的信用经济，资本主义基本矛盾在高度发达的商品经济和信用经济运行中的激化，必然带来经济危机的爆发。

---

[1] 《马克思恩格斯文集》第7卷，人民出版社2009年版，第499页。
[2] 《马克思恩格斯文集》第7卷，人民出版社2009年版，第500页。

20世纪90年代以后,资本主义经济危机经历了从实体经济危机到金融危机的演变过程。资本主义之前所爆发的经济危机,一般最先发端于实体经济领域,随着生产的相对过剩,导致实体经济大量的生产能力闲置,工厂倒闭,然后才进一步蔓延到银行业等经济领域。而20世纪90年代后资本主义爆发的经济危机,如1994年的墨西哥金融危机、1997年的亚洲金融危机、2001年的阿根廷债务危机,特别是2007年的美国次贷危机、2008年国际金融危机等,都是首先发端于金融领域,然后再蔓延到实体经济领域,对实体经济产生严重冲击。

当代资本主义金融危机的频发,与以虚拟资本为代表的信用制度、金融系统的超常混乱发展有着直接关系。虚拟资本的自我膨胀运动,是金融危机形成的主要机制。马克思指出:"随着商业和只是着眼于流通而进行生产的资本主义生产方式的发展,信用制度的这个自然基础也在扩大、普遍化、发展。"①在信用制度的基础上产生的虚拟资本,包括股票、债券、不动产抵押单等,可以通过循环运动产生利润。与虚拟资本相应的虚拟经济,是一种以票券方式持有权益并交易权益所形成的经济活动,金融业是其主要形式。各种金融衍生产品的增多甚至泛滥,意味着虚拟资本的疯狂扩张,使虚拟资本的信用链条越来越长,一旦某个环节出现问题,就会出现信用危机,导致"把资本主义生产的动力——用剥削他人劳动的办法来发财致富——发展成为最纯粹最巨大的赌博欺诈制度"②。可见,虚拟资本的过度膨胀和信用链条的断裂,是金融危机爆发的直接原因。

2. 国际金融危机的特点及实质

2008年国际金融危机,是以2007年美国次贷危机为导火索的,也是当代资本主义全球性的经济危机。所谓次贷危机,是指在住宅金

---

① 《马克思恩格斯文集》第7卷,人民出版社2009年版,第450页。
② 《马克思恩格斯文集》第7卷,人民出版社2009年版,第500页。

融中，面向低收入阶层的所谓次级贷款出现问题，进而形成对各种经济活动造成破坏性影响的一种金融危机。这场危机很快蔓延到全世界，各种金融机构和金融资产遭到广泛而严重的冲击。

这场国际金融危机的特点是：第一，首先爆发在虚拟经济领域，而后向实体经济领域蔓延。当危机由虚拟经济领域迅速传导到实体经济部门后，产业经济受到不同程度的影响，美日欧等世界主要经济体全面陷入经济衰退，全球产业体系受到严重冲击。第二，实体经济日趋萎缩，整个国民经济虚拟化。发达资本主义国家金融资本超前发展，金融衍生产品不断增多，而金融交易与生产活动脱节，实体经济萎缩，资本日益向第三产业特别是银行、保险、证券市场等金融行业转移。这些行业的过度发展，成为经济虚拟化的重要因素。第三，民众包括工薪阶层超前、过度的消费，形成了严重的"消费泡沫"。银行通过金融衍生产品，给那些明显没有消费能力的人群提供金融支持，使其超前、过度消费，以金融体系的信用掩盖消费能力不足，一旦消费需求萎缩，就会冲击信用体系和实体经济。第四，波及范围不断扩大，从发达国家蔓延至世界各国。国际金融危机的影响范围十分广泛，不仅欧美等发达国家金融市场出现了大动荡，新兴市场国家也产生严重的收支不平衡状况，广大发展中国家经济也受到严重冲击。

2009年希腊等欧盟国家爆发的欧洲主权债务危机，同样是美国次贷危机的延续和深化，同样也反映出经济危机在当代的新表征。2009年11月，希腊财政部公布的财政赤字水平高于先前预期，引发市场广泛恐慌，成为欧洲主权债务危机爆发的导火索。受其影响，葡萄牙、西班牙、意大利、爱尔兰甚至法国、英国等国家也相继暴露出严重的财政问题。欧洲主权债务危机的持续深化，已成为影响世界经济复苏的一个重要因素。

国际金融危机的爆发，进一步证明了马克思主义经济危机理论的科学性，反映了美国新自由主义经济政策的破产，暴露了以资本主义为主导的全球经济秩序的不公正不合理,说明了缺乏有效国家监管的金融市场是不稳定的金融市场,也说明了经济全球化不应是推行资本主义制度的过程,更不应是全球资本主义化的过程。

3. 经济危机向系统性危机扩展

经济危机是引发政治、文化、社会、生态等资本主义各种危机的基础。国际金融危机的爆发使资本主义制度陷入了较长时间的系统性危机之中,反思、质疑资本主义制度的声音也越来越多。

经济结构性危机。由于不同生产部门、生产性企业和非生产性企业等之间的平衡比例被打破,经济内在稳定增长的机制受到阻碍,资本主义经济出现了较为严重的结构性危机,经济结构内部组成要素之间关系的严重失衡,导致了经济的长期停滞。这种结构性经济危机往往与传统周期性经济危机相互交织在一起,主要表现为有些部门生产过剩,而有些部门生产不足,绝对过剩和相对过剩并行发生作用,从而加剧了经济危机的影响。

选举民主危机。资本主义民主本质上是少数人的民主、金钱的民主。在投票选举方面,一人一票制的效力远不及一美元一票制的影响力大,垄断资本通过政治献金、游说以及金融部门与政府部门之间的"旋转门",使国家政权以服务资本为目的。低收入人群无论投票与否,对政治都已经失去影响力,参加选举投票的民众大幅减少。在经济危机的背景下,当代资本主义选举民主出现了来回摇摆现象,各式各样的选举政策却无法真正有效地应对危机,致使民众参选热情下降,质疑选举民主制度的呼声逐渐增多,甚至引发严重的政治危机。

价值观危机。受国际金融危机的影响,随着发达资本主义国家经济衰退、持续陷入低迷,其自由、民主、平等的资本主义价值观也屡屡受到质疑,不断受到冲击。危机使越来越多的发达国家民众认识到,资本主义所宣扬的自由、民主、平等,只属于社会上层的少数群体,悬殊的贫富差距和代际贫困的传递越来越明显,99%与1%之间的对立更加严重，甚至激化社会矛盾、引发严重的社会危机。

生态危机。资本主义的过度生产、过度消费以及这种生产生活方式在全球的扩张，对全球生态环境造成严重破坏，主要表现在危及人类生存的诸多环境问题、人与自然之间关系被扭曲等方面。同时，资本主义制度还用自己的生产方式绑架全世界，不断地向全球转嫁生态危机，进一步掠夺世界资源、破坏全球生态。

当代资本主义通过经济全球化，将其生产方式推广到世界范围，也使资本主义系统性危机的影响更加广泛而深远，对世界经济产生严重影响。从这个意义上说，资本主义系统性危机又是全球性危机。

三、资本主义基本矛盾在危机中不断加剧

资本主义基本矛盾是导致资本主义爆发经济危机的根源。生产力总是在不断向前发展的，垄断在使社会生产力朝着更大范围、更大规模发展的同时，也使资本主义基本矛盾再次趋于深化。不断深化的基本矛盾造成每隔一段时间的严重经济危机和对生产力的巨大破坏。资本主义基本矛盾正是在经济危机的频繁爆发中不断累积并不断趋于深化的。

1. 资本主义基本矛盾运动机制的变化

资本主义基本矛盾即生产的社会化与资本主义私人占有之间的矛盾，是生产力与生产关系矛盾在资本主义社会经济发展中起作用的特殊形式，贯穿于资本主义发展的始终。资本主义发展的历史，就是资本主义基本矛盾运动的历史。当然，在资本主义发展的不同历史时期，其基本矛盾也有不同的运动机制。

在自由竞争资本主义阶段，资本主义基本矛盾的运动是通过许多具体的形式表现出来的，如社会资本再生产中两大部类生产与需求之间的矛盾、剩余价值生产与剩余价值实现之间的矛盾、生产扩大与资本的价值增殖之间的矛盾等。这些具体的矛盾表现形式依据的是资本

主义基本矛盾运动的自由竞争、自由经营机制。进入国家垄断资本主义阶段后，资本主义基本矛盾运动的机制发生了新的变化，形成了垄断与竞争并存、国家与市场并存的新机制。这并不表明资本主义基本矛盾运动趋于弱化，相反却说明资本主义基本矛盾在新机制的作用下日益向纵深发展。主要表现为：在资本剥削雇佣劳动、资本与劳动的收入分配、人与自然的关系等方面，剥削的手段日益隐蔽化，资本与劳动的分化日益加剧，人与自然的矛盾更加突出等。这一变化，既是资本主义国家为维护其经济利益而不断进行自我调节的结果，在相当大的程度上给资本主义经济注入了新的活力；同时也表明，资本主义正在孕育着更深的激化矛盾的动力和因素，这些动力和因素将通过经济危机，阻碍资本主义发展并最终使其走向灭亡。

2. 资本主义基本矛盾在当代的新表现

在当代资本主义社会，经济全球化促进了全球资本流动的速度和广度，资本主义基本矛盾的这种运动机制虽依然发挥作用，但由于全球化的生产、贸易、金融等因素，使其有了新的表现形式，这也使资本主义基本矛盾的作用范围更广、影响程度更深。

在当代，资本主义基本矛盾的运动，既有国家垄断资本主义阶段的特点，即垄断与竞争并存、国家与市场并存的机制依然发挥作用，同时随着经济全球化的发展又具有了新的特点。在经济全球化过程中，生产要素以空前的速度和规模在世界范围内流动，以寻求相应的位置进行最佳的资源配置；贸易自由化、金融国际化迅速扩大和推进；生产网络化的体系逐步形成，投资外向化的现象日益凸现。这使资本主义基本矛盾的运动发生了新的变化，主要表现为：跨国公司内部的高度组织性和计划性与世界市场无政府状态之间的矛盾、世界生产能力无限扩大趋势与世界范围有效需求不足之间的矛盾、国际垄断资本的金融投机和金融掠夺与主权国家金融监管不足之间的矛盾、科学技术迅猛发展与世界人口绝对贫困之间的矛盾等。

资本主义基本矛盾在全球的扩展,加剧了垄断资本的过剩和泡沫化趋势,增加了发达国家乃至世界经济体系的金融风险,金融资本的全球化与金融资本监管不力的矛盾也成为当代资本主义基本矛盾运动的新表现。法国学者托马斯·皮凯蒂以风靡全球的《21世纪资本论》对资本主义基本矛盾的当代表现作出了较为中肯的分析。他所分析的"资本收益率持续高于经济增长率"的核心矛盾,实际上也是资本主义基本矛盾的一种新的表现。①

3. 资本主义基本矛盾深化孕育新的危机

在经济全球化进程中,经济的虚拟化、泡沫化和世界金融霸权,使发达资本主义国家成为世界上最大的食利者。在不断爆发的经济危机中,发达国家把市场经济的矛盾和弊端、资本唯利是图的动机和目的、本国资本主义经济政治发展的不平衡、资本主义国家内部的两极分化等扩展或转嫁至其他国家,从而导致资本主义基本矛盾在全球范围趋于尖锐化,使新的经济危机爆发不可避免。因此,资本主义基本矛盾的尖锐化是经济危机爆发的根源,而不断爆发的经济危机又促使资本主义基本矛盾不断趋于尖锐化。纵观资本主义的发展历程,经济危机的爆发是资本主义基本矛盾尖锐化的结果,资本垄断在使社会生产力朝着更大范围、更大规模发展的同时,也孕育着与资本关系的新矛盾,资本主义基本矛盾正是在经济危机的频繁爆发中不断累积、深化的。

当前,资本主义的发展具有很大的不确定性和不可控性,资本主义制度面临种种挑战,同时对人类生存和发展构成的威胁也在逐步加大。资本主义经济矛盾、政治矛盾、文化矛盾、社会矛盾等方面的尖锐化,必然会引发人与人、人与自然、人与社会之间的矛盾对抗。习

---

① 参见[法]托马斯·皮凯蒂:《21世纪资本论》,巴曙松等译,中信出版社2014年版,第24—28页。

近平指出:"从国际金融危机看,许多西方国家经济持续低迷、两极分化加剧、社会矛盾加深,说明资本主义固有的生产社会化和生产资料私人占有之间的矛盾依然存在,但表现形式、存在特点有所不同。"① 资本主义基本矛盾是全球性社会问题丛生的重要根源,也是当今世界国际秩序不合理的重要根源。

第二节 当代资本主义的系统困境及其成因

国际垄断资本的发展在加剧经济危机爆发的同时,也带来了经济、政治、文化、社会、生态等一系列社会问题,使当代资本主义深陷系统困境之中。究其原因,主要在于资本主义生产方式的全球扩张以及社会矛盾的交织深化。

一、当代资本主义面临的系统困境

经济全球化的推进给当代资本主义提供了新的发展空间,但与此同时也给当代资本主义带来经济、政治、文化、社会、生态等各方面的种种矛盾和问题,使其陷入系统性的困境,这是当代资本主义发展受到限制的表现。

1. 贫富分化日益严重

当代资本主义社会福利政策的实施,虽然在一定程度上改善了劳动者的生活条件,但在资本利润日趋扩大的同时,劳动者收入增长滞缓甚至出现相对下降趋势,特别是当经济危机来临时,失业率居高不下,进一步推动了财富的分配不公,资本积累与贫困积累同

---

① 习近平:《在哲学社会科学工作座谈会上的讲话》,人民出版社 2016 年版,第 14 页。

步深化。一些国家政府为应对赤字压力而采取的社会福利缩减政策，进一步恶化了底层劳动者的生活状况，加剧了贫富差距。此外，在经济全球化过程中，虚拟经济与实体经济的脱节，国际金融衍生市场的发展，使当代世界经济与国际金融中存在着极大的风险隐患，往往会导致金融动荡、经济衰退。这种状况的结果必然是劳动者生活状况的继续恶化。

2014年12月9日，经济合作与发展组织发布的报告显示，在大部分经合组织国家中，贫富阶层之间的收入失衡创下了30年来的最高点。经合组织地区最富有的10%人群收入已是最贫困的10%人群收入的9.6倍。作为全球第一大经济体，美国的贫富差距高于世界平均水平，不仅贫困人口的可支配收入低于其他发达国家，中产阶层也同样落后。多种衡量指标都指向同一个结论：美国贫富差距不断扩大的这一趋势自20世纪80年代开始便没有停止过。

2. 民主法治困境重重

建立在生产资料私有制基础上的资本主义民主制度，使国家制度与劳动人民权利发生分离，不能真正保证人民的民主权利。资产阶级推翻封建统治掌握政权之后，以宪法的形式确立了主权在民原则，赋予人民民主权利，这是资本主义制度相对封建制度的一大进步。但在经济、政治、信息等各种资源为资产阶级独占的情况下，尽管宪法规定了人民的民主权利，但在实际中却无法实现真正意义上的人民民主。在当代资本主义国家，民主日益成为"游戏民主"，竞选成为"金钱的选举"。垄断寡头运用金钱控制着资产阶级政党和政客，拥有雄厚资金实力的垄断资本支持政党和候选人展开政治公关、媒体传播等政治营销活动，从而有效地影响选民。随着互联网的发展，西方民主正遭遇部分民众过度盲目参与和民众不能全面客观接受信息等问题，民粹主义汹涌而至，对西方政治生活构成威胁，人民形式上有权，实际上无权。

由于私有制与资本特权的存在，资本主义法治无法真正做到法律面前人人平等。在资本主义法律规范体系中，平等权利只具有可能性，要把这种可能性变为现实性，需要强大的经济政治资源作为保障。在资本主义复杂的司法体系中，判决结果往往有利于富有者而不利于平民百姓，不同阶级阶层在法律面前实质上并不平等。资产阶级依靠资本特权享受到了更多的法律权利，侵犯了广大公民的平等权利。因此，资本主义国家的法律制度是以"金钱特权"为转移的，对广大劳动者来说是虚伪的。

3. 阶级阶层对立加剧

在经济全球化条件下，资本的逐利本性变得更加贪婪。随着跨国公司的迅速发展，跨国垄断资产阶级与跨国工人阶级、管理层与普通员工、脑力劳动者与体力劳动者、主流社会与边缘群体的矛盾日益突出，这些矛盾的根源和本质还是资产阶级和无产阶级的矛盾。因此，在当代资本主义制度下，工人阶级与资产阶级之间的矛盾虽然改变了形式和范围，但二者之间的对立与冲突并没有消失。

与此同时，发达资本主义国家内部逐步形成了以移民群体、低学历者、退休者、犯罪者、难民等为主体的边缘化人群，产生了远离社会的"下层社会"人群与上层社会所谓精英阶层的矛盾，产业工人和属于中等收入阶层的"白领"雇佣工人与大资本家之间的矛盾，以及不同利益群体相互之间的矛盾，社会矛盾出现复杂化的趋势并不断加深。当代资本主义国家的民族、种族、宗教冲突不断走向尖锐化。美国总统大选、英国脱欧公投、黑夜站立等事件中民众走上街头，折射出发达资本主义国家出现社会不同阶层、族群的对立与分裂。这一矛盾对立，在经济上表现为悬殊的贫富分化，宗教上表现为尖锐的信仰对立，民族上表现为种族歧视或民族鸿沟等。特别是由于民族、种族、宗教冲突往往具有极强的暴力与恐怖色彩，因而一些国家和地区不断发生内乱，排外事件时有激化，暴力恐怖事件层出不穷。资本主义世界的民族、种族、宗教冲突，不仅影响着资本主义自身的发展与稳定，而且也影响到整个人类社会的发展与稳定。

4. 文化冲突日益加重

当代资本主义崇尚自由主义的意识形态，必然否定和批判共产主义思想和集体主义思想、攻击社会主义制度。资本主义文化作为建立在资本主义生产和资产阶级统治基础之上的价值观念和思想道德，是一种以私有制为基础、以金钱为本位、以追逐最大限度的利润为原则，为资本增殖和资本统治服务的体系。在这种文化体系主导下，物质生活虽然相对丰富，但精神世界却倍感空虚和颓废，人会失去崇高的价值追求，在道德和伦理上会迷失方向。

在资本主义文化体系主导下，盛行于资本主义的个人主义价值观逐步失去了约束，为了个人利益不惜损害公共利益，从而导致了人与人之间关系的冷漠、享乐主义、拜金主义、极端个人主义等一系列价值观盛行，甚至有些人因为感到生活毫无意义而轻视生命，居高不下的自杀率也成为西方国家一个令人头疼的社会问题。

5. 利用生态无节制

经济全球化条件下的资本全球扩张，加剧了对全球自然资源的掠夺和生态环境的过度开发，从而加快了对生态系统的破坏，造成了资源浪费、环境污染、生态失衡。在资本的全球扩张中，自然资源面临枯竭的危险。资本对利润的无节制追逐，使资本扩张盛行，带来自然资源的盲目开发。当今全球范围内出现的生态危机，实际反映了资本主义条件下资本与自然关系的恶化，也即资本对自然疯狂占用所产生的恶果。

在经济全球化中，当代资本主义在世界范围内重新配置资源，把高耗能、高污染的产业转移到发展中国家，把生态环境的污染和不合理的资源开发和使用扩散到全世界，虽然缓解了本国的环境污染和生态破坏，但却在更大范围加剧了生态危机，对发展中国家欠下了生态债务，从而造成南北矛盾的激化。

二、当代资本主义乱象丛生的成因

当代资本主义贫富分化日益严重、民主法制困境重重、族群分裂对立加剧、文化的冲突和衰落、全球生态恶化加剧等，呈现出种种乱象。出现这些现象的背后有着深刻复杂的原因，必须运用马克思主义立场、观点、方法进行科学分析。

1. 资本与劳动的对立

资本主义从它诞生的那天开始就充满着掠夺性和膨胀性，通过征服、奴役、劫掠、杀戮等手段，资本得到了财富的积累，创造出了资本关系，形成了资本主义生产方式的前史。正如马克思所说："资本来到世间，从头到脚，每个毛孔都滴着血和肮脏的东西。"[①] 资本的扩张是资本主义的本性。

资本是能够带来剩余价值的价值，追逐最大限度的利润是它的本性。"资本害怕没有利润或利润太少，就像自然界害怕真空一样。一旦有适当的利润，资本就胆大起来。如果有10%的利润，它就保证到处被使用；有20%的利润，它就活跃起来；有50%的利润，它就铤而走险；为了100%的利润，它就敢践踏一切人间法律；有300%的利润，它就敢犯任何罪行，甚至冒绞首的危险。如果动乱和纷争能带来利润，它就会鼓励动乱和纷争。"[②] 在当代资本主义，随着垄断的不断加剧，资本逐利的情况更为严重。资本对利润永不知足的贪婪，推动着生产规模的扩大，雇佣劳动者的生产不断地满足着资本的欲望。为追逐剩余价值，掩盖剥削程度的加重，避免雇佣劳动者的反抗，缓解工人与资本家之间矛盾的激化，当代资本主义社会存在着诸如资本对

---

① 《马克思恩格斯文集》第5卷，人民出版社2009年版，第871页。
② 《马克思恩格斯文集》第5卷，人民出版社2009年版，第871页（注250）。

雇佣劳动剥削日益隐蔽化、财富在资本与劳动之间分配不公正等问题就是必然的。由于资本的社会力量,资本家同样也可以玩弄各种所谓"民主、自由"的把戏,欺骗广大劳动者。

同时,在经济全球化过程中,资本的这种扩张本性在国际金融垄断资本的发展中表现得更为淋漓尽致,不仅将追逐利润的本性发展到世界范围,而且还将其生产关系的本性扩展到全球。在经济全球化发展中,为了攫取更多的利润,资本可以不惜一切代价,造成环境破坏、资源浪费,破坏了人与自然之间的生态循环,造成全球贫富差距扩大等突出问题。

2. 少数发达国家与广大发展中国家的对立

资本主义世界体系结构表现为"发达"与"不发达"两种状态。资本的跨国运动,使国家、经济集团和私人垄断组织等行为主体,以及国际组织和区域组织等协调机制,虽然在世界体系中发挥着一定作用,但仍然无法改变当代资本主义世界体系发达国家与发展中国家的对立问题。

发达国家利用其在资本、技术、信息等方面的垄断优势,通过国际间产品、技术、资金、劳动力、信息的不平等交换,攫取发展中国家的剩余价值。例如,利用其在一系列高科技产品的开发、生产和销售方面的垄断地位,采取各种手段,操纵国际经济组织,干预国际经济事务,把自己的意志强加于发展中的资本主义国家,实行经济殖民主义,造成这些国家长期存在经济科技落后、发展资金匮乏、债务负担沉重、贸易条件恶化、金融风险增大等问题。而在这一过程中,发达国家则最大限度地实现了自己的利益。

资本主义体系中的发达国家与发展中国家在利益上的不平等,必然带来世界范围内的两极分化。2015 年,国际慈善组织乐施会发布研究报告显示:全球最富有 1% 的人口所持的全球财富总值,从 2009 年的 44% 增长到 2014 年的 48%;全球 80 个富人所拥有的财富已超过最穷的35亿人的财富总和。这说明，南北双方贫富差距存在日益扩大的趋势。马克思在19世纪中期揭示的资本主义积累的一般规律，在当今发达国家与发展中国家之间差距扩大中再次得到了证实。

发达国家还通过"生态殖民"策略，不仅在应对气候变化、环境恶化、能源资源安全、严重传染性疾病、重大自然灾害等全球性问题上，不愿意承担应负的责任，而且借产业结构调整和升级之机，将污染严重的产业、设备、有害的废弃物转移到发展中国家和落后地区，通过大量进口别国资源造成别国生态资源的破坏，通过设立跨国公司占有他国资源并将废弃物排放在他国，转嫁生态责任。美国作为世界上温室气体排放量最大的国家，为了本国工业生产不受影响，拒绝签署旨在减少温室气体排放量的《京都议定书》。发展中国家和落后地区为了生存不得不以破坏生态环境的方式廉价出口原材料，并忍受发达国家转嫁而来的生态伤害。由此可见，在经济全球化中，发达国家把自己的富裕和发展建立在发展中国家的贫困和落后之上，不断制造着危机、冲突和灾难。同时，世界上绝大多数实行资本主义制度的发展中国家，也没有因为资本主义制度的建立使自身走向繁荣和富强，反而深陷发展的困境，甚至丧失发展的自主权。

3. 资本主义制度内在矛盾交织深化

以私有制为核心的当代资本主义制度，本质上是维护资产阶级利益的，资源配置也是以资本追求最大剩余价值为导向的。资本主义基本矛盾贯穿于整个资本主义制度的运行之中，通过经济、政治、文化等矛盾的交织深化运动表现出来，这是当代资本主义乱象丛生的根本原因。

当代资本主义的经济矛盾，包括资本收入日趋扩大与劳动者收入增长滞缓甚至相对下降之间的矛盾、资本扩张与生态失衡之间的矛盾、虚拟经济与实体经济之间的矛盾等的激化，必然导致资本以股票、债券等形式，掩盖资产阶级对巨额社会财富的占有，掩盖劳动者受剥削、受奴役的地位；以工会与企业关于工资和劳动条件的谈判，掩盖劳动者被剥削的实质，掩盖雇工与资本所有者的不平等地位；导致资源浪费、环境污染、生态失衡，从而使资本与自然关系趋于恶化。

当代资本主义的政治矛盾，包括利益集团操纵与主权在民的矛盾，资本主义私有制与民有民享的矛盾，资产阶级的统治权力的统一性与内部分权制衡的矛盾等的激化，必然导致资本主义制度民主的狭隘性、残缺不全性、虚伪性、欺骗性；导致法律表面上的平等而实质上的不平等，法律成为金钱特权的"护身符"；导致大资本集团、大利益集团、上层精英群体对政府政策的控制，乃至对整个社会话语的控制。

当代资本主义的文化矛盾，包括物质文明发展与精神世界衰落之间的矛盾、科学技术发展与个人发展空间日益受限之间的矛盾、社会整体与个人主义之间的矛盾等。这些矛盾的激化必然导致人被物欲支配，拜金主义盛行；导致人被技术控制，人失去价值和信念；导致人的需要、心理机制被扭曲，精神空虚、信仰缺失等问题广泛存在；导致对自由主义意识形态的崇尚，对共产主义思想和集体主义思想的批判和否定。

当代资本主义经济矛盾、政治矛盾、文化矛盾等的交织深化，危及着资产阶级的统治基础，限制着当代资本主义的发展。

三、对当代资本主义的反思和批判

面对资本主义存在的各种问题，国外一些思潮、流派对当代资本主义反思和批判的声音持续不断，从不同领域、不同层面作了较为深刻的分析，为认识当代资本主义提供了不同的视角。习近平指出："当代世界马克思主义思潮，一个很重要的特点就是他们中很多人对资本主义结构性矛盾以及生产方式矛盾、阶级矛盾、社会矛盾等进行了批判性揭示，对资本主义危机、资本主义演进过程、资本主义新形态及本质进行了深入分析。这些观点有助于我们正确认识资本主义发展趋势和命运,准确把握当代资本主义新变化新特征,加深对当代资本主义变化趋势的理解。"①

1. 对资本主义系统性危机的分析

国际金融危机以来,资本主义陷入经济、政治、文化、生态等全面危机之中,埃及经济学家萨米尔·阿明就认为,系统性危机是资本主义文明的一种全面危机。这种危机既具有长期性也具有持续性,危害到人民大众和中产阶级的利益,危害到全球经济增长的速度,因此既是经济危机,也是政治危机,是发达国家和发展中国家之间的危机。法国经济学家保罗·若里翁也认为,资本主义体系深陷困境,它作为一个不稳定的系统,总是不停地促成资产集中,最后导致游戏玩不下去。资源的消耗、殖民活力的终结、经济体的过度负债、新竞争者的崛起让它的回旋余地显著减小。

在资本主义结构性危机、政治危机、社会危机、生态危机等方面,国外学者也进行了较为深入的分析批判。法国学者热拉尔·杜梅尼尔从资本主义结构性危机的角度阐明了新自由主义制度与金融危机的内在联系,认为结构性危机包括"利润率危机""霸权危机","毫无节制地追求高收入"和"不可持续的宏观经济路线"导致了金融危机。美国学者威廉·罗宾逊认为,两极分化和社会危机是根植于资本主义制度的本性,资本主义一方面带来了巨大财富,另一方面产生了两极分化和社会危机,这是资本主义体制发展的固有趋势。在对价值观危机的分析和批判上,美国经济学家约瑟夫·斯蒂格利茨强调,美国所谓的"给予每个人机会"已经空乏,机会平等只不过是个虚构的神话。美国社会学家约翰·贝拉米·福斯特认为,资本主义与生态环境之间存在着根本的矛盾和冲突,生态和资本主义是互相对立的两个领域,这种对立不是表现在每一个实例之中,而是作为一个整体表现在

---

① 《习近平谈治国理政》第 2 卷,外文出版社 2017 年版,第 67 页。

两者之间的相互作用之中。

2. 对资本主义政治制度的反思

国际金融危机之后，西方政治制度困境丛生。面对当代资本主义社会的这一问题，一些国外人士作出了反思，对资本主义政治制度的本质和弊病进行了深刻分析。

一是资本主义政治制度效率低下。认为西方民主制度正处于"功能不良"状态，短视化、缺乏长远考虑，难以选举贤能，无法对国家进行有效治理。目前西方的代议制民主和选举，并非真正意义上的"民主"，而是"选主"，民主已处于严重的"赤字状态"。美国学者乔姆斯基认为，资本主义本质上与民主是不相容的，资本主义的政治经济体系是一种财阀政治，与民主愈行愈远。

二是资本主义政治已蜕变为"金钱政治"和"权力政治"。认为资本主义政治制度实质上只是一种为少数人服务、同私有制相适应的上层建筑，自由和民主只是一句空话而已。加拿大学者伍德认为，资本主义社会自由市场与民主是根本对立的，经济与政治的分离造成了实质的经济强制和形式的政治民主。

三是在世界范围内强行推广资本主义政治制度和价值观。乔姆斯基认为，美国以极不民主的方式在全球范围内推行"美国式民主"，扶植代理人以独裁或专制方式控制广大发展中国家，美国是打着"民主"旗号却行"遏制民主"之实的真正的"恐怖国家"。美国作为全球超级大国，一直声称有权对世界上任何"失败的国家"实施干预、制裁甚至入侵，有权重塑和改造其他国家。但美国本身就具有那些所谓"失败的国家"的全部特征，美国的民主政治制度正处于严重危机之中。

此外，还有一些学者认为，在当今西方社会，资本主义与民主之间的不相容过于明显。资本主义是一种受其内在趋势影响的自发系统；而民主的本质则在于人们通过集体政治行为来干预政治，从而决定自己的命运,特别是其经济命运,这反过来影响了资本主义的自发性。在经济全球化时代,金融资本日益全球化,而国家仍然是民族国家,仍然是人们出于自身利益而干预政治的唯一可能手段,于是,资本主义与民主之间的这种冲突变得格外激烈。

3. 对资本主义文化霸权的批判

经济全球化的发展使各地区各民族联系日益密切,特别是计算机网络的发展和信息高速公路的普及大大促进了各个不同文化背景的人群之间的交流,而在这种大规模的交流中,西方国家把文化作为侵略工具,大肆推行文化扩张政策,利用霸权话语消解发展中国家的文化,从而更好地实现自己的目的。国外学者对资本主义文化霸权进行了比较深入的分析和批判,形成了"文化帝国主义"思潮。

美国学者爱德华·赛义德,把批判的锋芒直指西方,认为西方对东方的描述,不管是在学术著作中还是在文艺作品里都是被严重扭曲的,东方世界被野蛮化了、被弱化了、被女性化了。这种程式化了的东方形象是西方为了侵略扩张需要而创造出来的,其目的是为了制造出西方优越于东方的神话,是西方文化霸权主义的体现。美国学者赫伯特·席勒则概括了"文化帝国主义"的四个主要特征:其一,它是世界性、多国性、独占性资本主义制度的一部分。文化霸权导致一些国家的传统文化濒于灭亡。其二,发达国家仰仗着在微电子技术和卫星技术领域中的领先地位,在国际传播市场取得独尊地位。其三,它迫使第三世界国家输入西方国家的科技文化,以致于严重妨碍其传播体系的独立建立和发展。其四,科技产品的引进和使用含有政治和思想的毒素,科技本身便是资本主义意识形态的具体表现。

此外,美国学者佳亚特里·斯皮瓦克和霍米·巴巴等,也批判了西方发达国家以其强大的科技、经济优势,将其价值观和意识形态通过各种传媒,强行并入世界文化的运行机制之中,灌输给发展中国家,认为这是一种赤裸裸的文化殖民主义。

第三节 当代资本主义的发展趋势

面对当代资本主义社会存在的矛盾和问题，资本主义国家采取各种措施缓和矛盾、解决问题，使资本主义内部的"新社会因素"不断得到成长，使资本主义的寿命得以延长。但是，无论资本主义社会在自身范围内怎样变化、怎样发展，都难以解决其固有的矛盾。

一、当代资本主义的新变化

资本主义是一个能够变化并且经常处于变化过程中的机体，资本主义生产关系会随着社会生产力的发展而发生变化。资产阶级除非对生产工具，从而对生产关系乃至对全部社会关系不断地进行革命，否则就不能生存下去。随着经济全球化的深入发展，当代资本主义发生了一系列新的变化。研究和分析这些新变化，对于正确认识当代资本主义具有重大意义。

1. 当代资本主义新变化的主要表现

马克思、恩格斯在《共产党宣言》中指出："生产的不断变革，一切社会状况不停的动荡，永远的不安定和变动，这就是资产阶级时代不同于过去一切时代的地方。"[1]随着经济全球化的深入发展，垄断资本从国内垄断发展为国际垄断，把垄断资本主义推到新阶段，使以发达国家为代表的当代资本主义发生了新的变化。

在社会生产力方面，随着经济全球化进程发展，资本流动全球化、

---

[1] 《马克思恩格斯文集》第 2 卷，人民出版社 2009 年版，第 34 页。

社会生产信息化和经济构成虚拟化成为重要趋势，由此导致了发达资本主义国家产业结构在比重上呈现第三产业高于第二、第一产业的趋势。与产业结构的变化相适应，就业结构也出现了第三产业的比重高于第二、第一产业的状况。劳动者的素质普遍提高，劳动对象不断得到开拓，劳动手段自动化程度日益提升。

在所有制关系方面，资本主义国家在坚持和巩固资本主义私有制的同时，不断调整资本的占有形式，以确保在不改变资本主义生产关系的前提下，在一定程度上满足生产力发展的要求。联合起来的垄断资本集团的占有发展为代表整个资产阶级国家的占有，国家经营或国家与私人共同经营成为占有的重要方式，跨国联盟作为超国界的经济实体在世界范围起着主导作用。垄断资本集团占有的目的更在于维护资产阶级国家的整体利益，维护整个资本主义制度。从当代主要资本主义国家的情况来看，随着所有权与经营管理权的分离，法人资本所有制已成为资本主义私有制的主体。法人资本所有制虽然在形式上由各类法人相互持股，共同占有生产资料，但实质上却是少数法人股东即金融寡头通过控股，层层控制中小企业，从而支配大量的社会财富，操纵国家经济命脉。

在分配关系方面，资本主义国家在坚持按资分配为主的前提下，普遍推行了主要满足资本家对剩余价值的攫取，同时又运用税收杠杆和福利补贴形式来适当调节收入分配的分配政策。尽管有些资本主义国家作为"福利国家"已经穷途末路，但迫于劳动者阶级对实现社会公平的强烈要求和资产阶级维护社会稳定的需要，仍然尽力维持原有社会保障和社会福利水平。随着国民收入再分配的比例加大，劳资矛盾在一定时间、一定范围、一定程度上有所缓和。但是，这并没有从根本上改变劳资矛盾的性质，当代资本主义劳资矛盾始终处于时而缓和、时而尖锐的状态。

在阶级结构方面，资产阶级在构成上呈现复杂化趋势，既包括以巨额股息、利息为生的食利者阶层和高级专家官员阶层①，也包括高级经理阶层②。传统意义上以产业工人为主体的工人阶级的范围不断缩小，包括管理者阶层、自由职业者、知识分子等新型劳动者在内的中等收入阶层呈现扩大趋势。随着资本主义管理体制的发展，雇佣工人包括属于中等收入阶层的"白领"工人与资本家之间的矛盾出现复杂化趋势。在2008年国际金融危机的背景下，2011年发达资本主义国家出现的以"白领"为主体的抗议浪潮就是突出表现。

当代资本主义发生的新变化，是科技革命新发展、经济全球化推进的结果，也是社会主义的发展迫使其发生的变化，同时也反映了资本主义仍具有自我调节的能力，反映了当代资本主义还具有较强的生命力。当代资本主义发生新变化的原因是多方面的，主要原因有：一是科学技术革命和生产力的发展，是资本主义发生新变化的根本推动力量。发达国家通过科技革命，生产力得到快速发展，劳动生产率提高，产业结构改善。二是发达国家的工人阶级为提高工资、改善劳动条件和生活条件开展斗争，迫使资产阶级作出重大让步、进行某些社会改革。三是社会主义制度的建立和社会主义的发展，对资本主义制度构成了挑战，促使资产阶级在吸取和总结社会主义国家的经验的基础上，对资本主义制度进行改良。例如，重视国家对经济的干预，实行计划化管理；重视职工参与管理，实行经济民主等。四是主张改良主义的政党对资本主义制度的改革，在不触动资本主义基本经济制度的前提下，对资本主义生产关系的个别环节进行调整，也对资本主义

---

① 高级专家官员阶层主要指掌握着国家行政和政治权力的资产阶级政党的上层人物和政府高级官员。他们一般都出身于资产阶级，具有财团背景，与垄断资产阶级有着千丝万缕的联系。他们是资产阶级利益的代表者和维护者。

② 高级经理阶层主要指在资本主义企业中担任董事长和总经理、首席执行官等职务的高级管理人员。他们控制着重要的生产资料，掌握着决策和经营管理权，发挥着"职能资本家"的作用。他们虽然不是资本所有者，但由于占有和剥削雇佣劳动者创造的剩余价值，因而也是资产阶级的一部分。

的变化发挥了重要作用。比如,在维护私有制的同时推行国有化,在不剥夺私人资本的权力的同时对其权力的运用进行一定的限制等。

2. 当代资本主义新变化的实质

当代资本主义发生的新变化,从根本上说是人类社会发展一般规律和资本主义经济规律作用的结果。在当代资本主义条件下,科学技术的不断进步和生产社会化程度的不断提高,必然要求调整和变革那些不适应生产社会化要求的旧的生产关系。这种在人类社会发展一般规律和资本主义基本矛盾推动下的资本主义生产关系的变化和发展,就是资本主义生产方式为适应生产力发展要求而作出的自我调节的结果。

当代资本主义发生的新变化,是在资本主义制度基本框架内的变化,并不意味着资本主义生产关系的根本性质发生了变化。资本主义制度是建立在生产资料私有制和雇佣劳动基础上的剥削制度,无止境地追求最大限度的剩余价值,是资本主义制度的基本规律。只要生产资料私有制和雇佣劳动还存在,只要生产剩余价值的规律还发生作用,资本主义生产关系的根本性质就不会发生变化。从当代资本主义发展的实际情况来看,生产资料私有制依然是资本主义的基本经济制度,作为资本主义生产方式本质特征的资本雇佣劳动的制度依然存在并运行着。资本追逐剩余价值的本性并没有改变,改变的只是获取剩余价值的方式和方法。资本占有的社会性提高了,但是资本在社会经济关系中的支配地位并没有根本改变。传统的工人阶级队伍发生了分化,资本与新型的劳工阶层之间的支配与反支配、剥削与反剥削的斗争依然在进行。社会福利制度缓和了资本主义分配关系的矛盾,但是并没有改变导致财富占有两极分化的制度基础,资本主义社会最富有的阶层与最贫穷的阶层之间在财产占有上的鸿沟不是在缩小,而是在继续扩大。周期性经济危机仍然是当代资本主义发展的基本经济特征。

当代资本主义发生的新变化,清楚说明当代资本主义虽然具有较强的生命力，但这些新变化并没有改变资本主义制度的性质，也没有改变马克思主义关于资本主义基本原理的真理性，资本主义最终被社会主义所代替的总趋势是不可改变的。那种把资本主义的部分变化，夸大为资本主义性质发生根本变化的认识是片面的，也是不科学的；同样，那种完全否定当代资本主义新变化的意义，否认当代资本主义已经在许多方面不同于以往的资本主义的观点也是不可取的。

二、资本主义内部"新社会因素"的成长

当代资本主义在社会化大生产、新科技革命、经济全球化，以及与社会主义国家竞争的压力推动下，借鉴社会主义的一些做法，改善了生产关系的某些环节和经济社会运行、管理机制，使"新社会因素"逐渐出现在资本主义之中。

1. 当代资本主义孕育着"新社会因素"

关于资本主义社会内部孕育"新社会因素"的问题，马克思、恩格斯早就有过深刻阐述。在《共产党宣言》中，他们指出："当人们谈到使整个社会革命化的思想时，他们只是表明了一个事实：在旧社会内部已经形成了新社会的因素，旧思想的瓦解是同旧生活条件的瓦解步调一致的。"[1]这就指明了"新社会因素"在资本主义内部孕育的事实。

在《政治经济学批判（1857—1858年手稿）》中，马克思认为，"在以交换价值为基础的资产阶级社会内部，产生出一些交往关系和生产关系，它们同时又是炸毁这个社会的地雷。"[2] 在《资本论》第3卷中，马克思进一步指出："资本的文明面之一是，它榨取这种剩余劳动的方式和条件，同以前的奴隶制、农奴制等形式相比，都更有利

---

[1] 《马克思恩格斯文集》第2卷，人民出版社2009年版，第51页。
[2] 《马克思恩格斯文集》第8卷，人民出版社2009年版，第54页。

于生产力的发展，有利于社会关系的发展，有利于更高级的新形态的各种要素的创造。因此，资本一方面会导致这样一个阶段，在这个阶段上，社会上的一部分人靠牺牲另一部分人来强制和垄断社会发展（包括这种发展的物质方面和精神方面的利益）的现象将会消灭；另一方面，这个阶段又会为这样一些关系创造出物质手段和萌芽，这些关系在一个更高级的社会形式中，使这种剩余劳动能够同物质劳动一般所占用的时间的更大的节制结合在一起。"[1] 这里，马克思已经明确地说明了"旧社会"中孕育的"新社会的因素"，为更高级社会形态的形成创造物质条件。

马克思在晚年研究东方社会问题时，更加清晰地提出：资本主义生产"本身已经创造出了新的经济制度的要素，它同时给社会劳动生产力和一切生产者个人的全面发展以极大的推动；实际上已经以一种集体生产方式为基础的资本主义所有制只能转变为社会所有制"[2]。马克思、恩格斯关于资本主义社会内部孕育"新社会因素"的思想，对于全面认识当代资本主义的本质具有重大指导意义。

2. 当代资本主义"新社会因素"的表现

当代资本主义社会内部孕育和生长"新社会因素"，是资本主义发展的必然结果。"新社会因素"是为未来新社会的产生准备条件的因素，是未来新社会的"物质准备"或"物质条件"，而不是未来社会的制度本身。当代资本主义社会孕育的"新社会因素"主要有：

第一，资本的社会化。当代资本主义社会的资本虽然没有"失掉它的阶级性质"，但已社会化了，主要表现在：国有经济的发展使生产资料的国家占有空前壮大，各主要资本主义国家的国民财富1/3以上由国家直接支配；以股权社会化为特征的股份制经济成为主要经济

---

[1] 《马克思恩格斯文集》第7卷，人民出版社2009年版，第927—928页。
[2] 《马克思恩格斯文集》第3卷，人民出版社2009年版，第465页。

组织形式，并呈现出股权分散化与控股法人化态势增强的趋势；合作经济广泛存在于生产、分配、交换和消费各个领域，并已成为国民经济中适应社会化大生产要求的不可或缺的重要组成部分，发挥着不可替代的作用。

第二，经济的计划化。在当代资本主义的发展中，国民经济的计划调节和宏观调控已贯穿于社会再生产的全过程，国家越来越深地介入到社会经济生活的内部，直接参与、控制和干预社会经济的运行，在经济体制和经济机制、产业结构升级等方面，不断进行自我调节和调整，生产的计划性大大增强。2008年国际金融危机之后，当代资本主义世界采取的一些国家宏观调控政策，如减少财政赤字、中性货币政策、调整利率和货币供应量、拓展海外市场等，都反映了国民经济的计划调节和宏观调控的作用。虽然这些政策在资本主义制度范围内的作用极其有限，并且是追求利润最大化的需要，但却反映了当代资本主义发展中孕育着"新社会因素"的事实。

第三，社会保障的加强。马克思、恩格斯在《共产党宣言》中强调，无产阶级夺取政权成为统治阶级后，要实行诸如征收高额累进税、对所有儿童实行公共的和免费的教育等重要措施。这些措施是在社会主义制度建立之后实行的。当代资本主义在自身的范围内已经形成了包括最低工资限额、低收入补贴、失业救济、医疗保险、养老保险、教育补贴等种类繁多、覆盖面广的社会保障体系。在西欧国家，社会福利已不仅表现为社会救济，而且表现为法律规定的公民权利。

第四，企业管理民主的体现。当代资本主义为缓和劳资矛盾，在企业内部通过实行"共同决定制度"，建构劳资之间对话与合作的机制。"共同决定制度"要求企业必须吸收若干名工人进入董事会，参与企业管理，以保障工人在工作、生活等方面的权利。这一制度的推行，在一定程度上改善了资本主义企业内部的劳资关系，减弱了劳资双方的对立态度，使赤裸裸的雇佣关系蒙上了一层温情脉脉的面纱。

3. 正确认识资本主义"新社会因素"

正确认识当代资本主义社会孕育的"新社会因素",既要肯定其包含着进步性,但同时也要看到当代资本主义的发展还存在着许多难以克服的障碍和问题;既要认识到这是当代资本主义国家在其发展过程中进行的自我调节、改善和改良的必然结果,也要看到资本主义私有制的存在使当代资本主义不可避免地深化着自身的基本矛盾,而这一基本矛盾是当代资本主义在自身范围内无法改变的。

社会主义与资本主义相互吸收有利于自身的因素发展自己,相互之间加强交流与合作,已经成为当代世界发展的新特点。社会主义作为资本主义的对立面和批判者,自身的发展给了资本主义很多启示。一些西方学者如荷兰经济学家简·丁伯根、美国政治学家兹比格涅夫·布热津斯基、法国社会学家阿尔文·托夫勒等,也从不同层面提出了社会主义与资本主义的"趋同"理论。这一理论认为,伴随经济全球化和科学技术革命的迅猛发展,资本主义和社会主义在意识形态、社会制度等方面虽然存在明显差异,但它们在某些特点上如科学技术的创新、计划与市场的结合、收入分配政策的变化等,正显示出越来越接近的趋势,在相互吸收对方长处中融合成一种既不是资本主义也不是社会主义的新的社会经济制度。

"趋同论"的错误在于:第一,它割裂了科学技术的发展与经济的社会形态之间的关系,在完全脱离经济社会形态的基础上,阐释当今世界科学技术的进步给人类发展带来的巨大变化,以科学技术水平为标准划分的技术社会形态,片面取代以生产关系为标准划分的经济社会形态。其实,在特定经济社会形态中,科学技术作为生产力的重要内容,是推动生产关系发生变革的动力,但在全部的生产力还未发挥出来之前,在生产关系面对生产力的发展还可以调整自身之时,一个经济社会形态就不会发生性质上的变化。第二,它运用描述经济运行过程外部现象的方法,错误地把资本主义国家和社会主义国家随着科学技术的发展而发生的极大变化当作是本质,把国有化、计划化、股份化和收入均等化等这些资本主义生产关系在一定范围内、一定程度的调整,当作资本主义性质的变化,把影响经济体制变化的"计划""市场"等因素,当作经济制度的因素,以现象的描述代替本质的分析,得出违背客观事实的结论。第三,它混淆了资本主义与社会主义在社会制度上的根本区别。资本主义社会中科学技术的发展虽然使劳动者的生活状况得到改善,但他们受奴役、受剥削的地位并没有改变;资产阶级国家职能的加强是建立在维护垄断资本利益的基础之上的,和社会主义国家建立在维护劳动人民利益基础上的宏观调控,有着本质的不同。

资本主义出于维护和完善自我的需要,借鉴了社会主义制度和社会主义改革建设中的一些成功经验和做法,缓和了资本主义基本矛盾,为生产力的发展提供了新的发展空间。同样,社会主义在发展中吸收人类文明的最新成果,推进着社会主义生产关系的发展和完善,也是非常必要的。因此,我们不能不加分析地就认为,资本主义社会"新社会因素"的生长表明了社会制度的"趋同",或者社会主义吸收人类文明最新成果也反映了社会制度的"趋同"。可以认为,当代资本主义孕育的"新社会因素",实际奠定了资本主义向更先进生产关系过渡的物质基础,虽然这一过程必然经历长期甚至曲折的历史发展过程。

三、资本主义向社会主义过渡是历史的必然

当代资本主义内部虽然孕育着"新社会因素",但又深处于种种问题的交织深化和重重矛盾的困境之中。这些社会问题和重重矛盾,仅仅依靠资本主义自身调整是无法根本解决的。只有从根本上变革社会制度,才能从矛盾与困境中走出来,这是历史发展的必然趋势,也是一个长期的历史过程。

1. 当代资本主义难以自救

毋庸置疑，当代资本主义陷入了"两难境地"：一方面，为了给资本主义的发展增添生机活力，克服系统危机带来的各种危害，就必须进行生产关系的局部调整，采取各种措施以缓和资本主义基本矛盾和各种社会矛盾；另一方面，为了不改变资本主义制度本身，在强化资本社会化的同时不改变资本所有权的私有性质，在实行国有制经济的同时张扬全体资产阶级的公共所有制，在采取各种防危机、反危机措施的同时回避危机爆发的根源，在提高人民福利待遇的同时不改变工人阶级受剥削、受奴役的地位，在大力发展物质文明的同时不根除资本主义制度的腐朽性和颓废性等。

当代资本主义的"两难境地"，一方面说明当代资本主义任何不触及资本主义制度本身的调整、改良，不可能真正医治资本主义的"病症"，不可能改变资本主义的根本性质；另一方面也说明了解决资本主义社会存在的各种矛盾和问题，靠修修补补的调整和改良是不可能的，必须进行社会根本制度的变革。因为"资本主义生产方式暴露出它没有能力继续驾驭这种生产力"，"这种生产力本身以日益增长的威力要求消除这种矛盾，要求摆脱它作为资本的那种属性，要求在事实上承认它作为社会生产力的那种性质。"[①] 因此，适应生产力发展需要，以生产资料公有制为基础的社会主义是资本主义的唯一出路。

2. 社会主义是资本主义的唯一出路

人类社会的更迭是一个自然历史过程。在社会基本矛盾的运动中，人类社会由原始社会走向奴隶社会、封建社会，由封建社会走向资本主义社会，再由资本主义社会走向社会主义社会的历史发展过程，深刻地说明了在人类历史发展的长河中，资本主义不是永恒的、绝对的社会制度，社会主义取代资本主义是历史的必然。但是，资本主义向

[①] 《马克思恩格斯文集》第3卷，人民出版社2009年版，第557页。

社会主义过渡的行程能否缩短，取决于资本主义内在否定力量自身的成熟程度，取决于资本主义与社会主义在世界范围内的力量对比。

马克思曾经指出，"工人总有一天必须夺取政权，以便建立一个新的劳动组织；……但是，我们从来没有断言，为了达到这一目的，到处都应该采取同样的手段。我们知道，必须考虑到各国的制度、风俗和传统"①。随着世界多极化、经济全球化深入发展，在两大社会制度由对立性并存转换为合作性、竞争性并存，当代资本主义社会内部阶级矛盾趋于缓和、阶级力量对比发生变化和"新社会因素"逐渐成长的时代条件下，以什么样的方式实现资本主义向社会主义的过渡，必须根据时代变化的特点、阶级力量的对比，以及社会条件的成熟程度来确定。

资本主义社会的发展演化过程，也是人类探索走向现代化的历程。历史发展到今天，靠走资本主义发展道路真正实现现代化成为发达国家的只是少数，总人口只有十亿左右，占当今世界总人口的15%。从历史上看，发达国家多是依靠军事扩张、殖民统治、经济掠夺和政治控制等手段，牺牲不发达国家的自然资源和转嫁国内发展成本实现现代化的。这种通过发展资本主义进而实现现代化的道路与模式，对于不发达国家和发展中国家而言，不具有可借鉴性和可复制意义。同时，资本主义现代化道路，即使对于发达国家而言，也面临着自我无法克服的矛盾和问题，最终必然向社会主义社会过渡。

□ 分析与思考

1. 对当前资本主义所处的发展阶段，国内学者有的认为是社会资本主义，有的认为是国家垄断资本主义，还有的认为是国际垄断资本主义；西方学者则提出了"后资本主义""股东资本主义""金融资本主义""网络资本主义""涡轮资本主义"等

---

① 《马克思恩格斯全集》第18卷，人民出版社1964年版，第179页。

多种观点。结合当代资本主义发展的实际，谈谈你对当代资本主义所处发展阶段的看法。

2. 自 1825 年开始直至 20 世纪 80 年代，资本主义世界在实体经济领域频繁爆发经济危机。20 世纪 90 年代以来，资本主义世界又不断爆发金融危机。运用马克思主义经济危机理论，比较分析国际金融危机爆发的原因、实质和根源。

3. 当代资本主义在经济、政治、文化、生态等方面出现了一系列社会问题，深陷系统困境之中。请列举当代资本主义发展中存在的突出问题，剖析其深刻根源。

第八章
当代社会主义

世界社会主义发展的历史，是人类为摆脱不平等不公正不合理的剥削制度、实现更美好社会制度的探索进程，是无产阶级求得自身解放的奋斗进程。在这一进程中，社会主义从空想到科学、从理论到现实、从一国到多国，始终代表人类的前进方向，不断推动着社会历史的伟大变革，展示出强大的生命力和影响力。特别是经过长期努力，中国特色社会主义进入新时代，意味着科学社会主义在21世纪的中国焕发出强大生机活力，在世界上高高举起了中国特色社会主义伟大旗帜，在世界社会主义发展史上、人类社会发展史上具有重大意义。

第一节　世界社会主义在探索中前进

世界社会主义500年的发展历史，波澜壮阔、跌宕起伏，既有高歌猛进，又有曲折坎坷。在世界历史长河中，500年不算漫长，但社会主义带给人们的精神财富和物质财富却极为丰盛、极为醇厚，特别是当代社会主义在经历重大考验的基础上，依然保持着旺盛生机和活力，在探索中不断前进，在改革中不断发展。

一、社会主义在曲折中发展

全面认识当代社会主义，要从世界范围、历史视角进行观察和分析。社会主义的发展道路是曲折的,但前途是光明的。当代世界社会主义尽管遭遇过各种挫折与挑战,但科学社会主义作为一种超越资本主义的真理,所追求的消灭剥削、实现社会平等,实现每个人自由而全面的发展,实现人类彻底解放,从必然王国到自由王国的飞跃等主张,始终占据着人类道义的制高点,始终指引着人类社会的正确前进方向。这是社会主义具有不可遏制的吸引力的根本原因。

1. 正确看待当代社会主义的曲折发展

科学社会主义刚刚问世时,曾经被当作在欧洲游荡的"幽灵","为了对这个幽灵进行神圣的围剿,旧欧洲的一切势力,……都联合起来了"①。社会主义作为一种思想和理论,从一开始就被资产阶级视为"异端",受到排挤和打压。然而,科学社会主义很快就传遍了欧洲,成为工人运动的指导思想。经过俄国十月革命,又在世界上产生了广泛影响。20世纪中叶,世界上近1/4的土地上生活着的近1/3的劳动人民,建立起社会主义基本制度,初步改变了贫穷落后的面貌,极大地鼓舞了殖民地、半殖民地人民的民族解放斗争,加速了殖民主义体系的崩溃,推动了人类社会的进步。然而,与资本主义相比,社会主义的发展仍处在初期,如何把马克思主义基本原理同本国具体实际结合起来,坚持和发展具有本国特色的社会主义,对于各国共产党人来说没有现成的答案,必须在实践中进行反复摸索,这使社会主义在发展过程中经历了不少曲折和挑战,特别是经历了东欧剧变、苏联解体这样的严重挫折。因此,要运用辩证唯物主义和历史唯物主义的立场、观点、方法,科学分析社会主义遇到的曲折,从中汲取历史教训,更好地坚持和发展社会主义。

第一,从事物发展的基本规律来看,事物的运动、变化和发展都是在新旧事物之间的矛盾斗争过程中展开和实现的。由于矛盾发展的

---

① 《马克思恩格斯文集》第2卷,人民出版社2009年版,第30页。

不平衡性，新旧事物之间往往需要通过长期斗争和反复较量，使得矛盾双方力量对比发生变化，新事物才能最终战胜和取代旧事物。自然界是如此，人类社会发展也是这样。在人类社会形态的更替过程中，任何一种新生的社会形态不可能是至善尽美的，都需要一个不断发展完善的过程，有时甚至要经历多次反复，才能逐步完善和成熟。在人类历史上，奴隶社会后期到封建制度的确立，封建社会后期到资本主义制度的确立，都经历了革命与复辟、胜利与挫折的长期斗争、反复较量。正如列宁指出的："设想世界历史会一帆风顺、按部就班地向前发展，不会有时出现大幅度的跃退，那是不辩证的，不科学的，在理论上是不正确的。"①

第二，从人类社会发展的基本规律来看，社会主义是人类历史进程中比资本主义更高级的社会形态和更合理的社会制度。社会主义作为一种全新的社会形态，它同历史上已经出现过的社会形态有着本质的区别。它要从根本上变革剥削阶级和剥削制度赖以存在的旧的生产关系和上层建筑，建立一个没有阶级压迫、没有剥削、实现人与人之间真正平等和人的自由全面发展的全新社会。正因如此，与以往阶级社会的更替相比，社会主义革命是更为深刻、更为彻底的社会变革，其任务更加艰巨、更加复杂，遭受到的阻力也更大。同时，在新旧社会形态更替的过程中，旧的社会形态也绝不会自动地退出历史舞台。社会形态的演进过程长期性、曲折性的特点，决定了社会主义只有通过长期努力奋斗才能够战胜挑战，实现由旧的社会形态到新的社会形态的更替。

第三，从世界历史的发展进程看，社会主义制度的建立还是短暂的，至今才一百多年时间，总的说来还处在发展初期，难免存在诸多

---

① 《列宁专题文集　论辩证唯物主义和历史唯物主义》，人民出版社 2009 年版，第 263 页。

的不成熟。具体而言，与马克思主义创始人关于发达资本主义国家将首先取得无产阶级革命胜利的最初预想不同，20世纪诞生的社会主义国家基本上都是在资本主义没有充分发展、经济文化相对比较落后的国家建立起来的。这就使得社会主义国家承担着经济文化起点较低的重负，面临着赶超资本主义的历史重任。不仅要在政治上、社会形态上跨越资本主义的"卡夫丁峡谷"，而且要在经济、文化、社会、生态文明等综合实力上全面超越资本主义，从而巩固和发展社会主义制度，这必然也需要一个长期的建设和发展过程。

第四，社会主义是作为资本主义的对立物而产生的，社会主义社会形态是对资本主义社会形态的根本否定，不是简单地否定，而是辩证地扬弃，是在借鉴吸收资本主义创造的一切有价值的文明成果基础上的否定。社会主义产生在与资本主义竞争和共存的时代，与资本主义在共处中竞争、在冲突中合作，将是社会主义国家长期面对的客观事实和基本态势。经济文化比较落后的社会主义国家，长期处在经济、科技、军事等方面占优势的发达资本主义国家的包围和压制之中，资本主义不会满足于与社会主义"和平共处"，也从来没有放弃颠覆社会主义国家、实现"一统天下"的战略图谋，会想方设法通过战争威胁、武装侵略、经济封锁、政治分化、文化渗透等途径，破坏和颠覆社会主义制度。在这种复杂的背景下，社会主义必须正确处理与资本主义的关系，既要向世界开放、同资本主义展开竞争，也要借鉴吸收资本主义的先进科学技术和管理方法建设社会主义、同资本主义开展合作，赢得与资本主义的比较优势。要解决这些历史性和现实性的课题，必然需要一个长期曲折的历史过程。

2. 社会主义遭遇严重挫折的历史教训

由于苏联是世界上第一个社会主义国家，因此在社会主义由一国向多国发展的过程中，苏联社会主义模式也在其他社会主义国家推广，大多数社会主义国家也仿效苏联建立社会主义制度，形成了高度集中的经济政治体制，东欧社会主义国家由于种种原因更是如此。苏联模式的推广对于初生的社会主义国家建立社会主义基本制度和经济政治体制产生了一定的积极作用，但由于历史文化传统和经济社会发展水平存在的差异，这一体制很快"水土不服"，暴露出严重的消极后果，给这些国家的社会主义发展埋下了隐患。

东欧剧变、苏联解体，是20世纪80年代末90年代初发生的有重要影响的世界历史事件。苏联作为与美国抗衡的超级大国竟然在很短的时间内倾覆瓦解，东欧社会主义国家接连垮台，社会主义制度在这些地区整体消失。这种如同戏剧般的变化之所以发生，是历史发展的偶然性与必然性共同作用的结果，其原因是多方面的，教训是极为深刻的。

一是严重背离马克思主义。苏东国家的共产党领导人曾机械教条地固守马克思主义词句，思想僵化，不能根据实践和时代的变化推进理论创新，形成许多附加在马克思主义名下的错误认识，致使指导思想失去生机和活力，严重制约了社会主义改革，导致整个社会逐渐丧失发展动力。而在各种问题和矛盾长期积累而爆发时，又走向另一个极端，完全否定马克思主义的指导作用，彻底背离马克思主义和社会主义，转而求助于西方资本主义。

二是片面僵化地对待社会主义。在特定的历史条件下，苏东国家逐步形成了以单一的公有制、指令性计划经济体制和权力高度集中的政治体制为主要特征的苏联模式。"苏联模式在特定的历史条件下促进了苏联经济社会快速发展，也为苏联军民夺取反法西斯战争胜利发挥了重要作用。但由于不尊重经济规律等，随着时间推移，其弊端日益暴露，成为经济社会发展的严重体制障碍"[①]。随着时代主题的转换，苏东国家未能对苏联模式的体制机制进行及时改革，而是将其视

---

① 中共中央宣传部：《习近平总书记系列重要讲话读本（2016年版）》，学习出版社、人民出版社2016年版，第21—22页。

为建设社会主义的唯一模式长期固守。即便在不同时期有所调整，但并没有从根本上革除这种体制机制的弊端。在改革遭遇困难阻碍时，又转而推出所谓的"新思维"，改旗易帜，全面否定社会主义制度。

三是忽视、否定社会主义民主和法制建设。苏东国家一些领导人把坚持党的领导同发展社会主义民主法制对立起来，党内民主和社会主义民主都严重缺乏，广大党员和群众的政治权利长期得不到保障，逐渐失去对执政党和政府的信任，为国内外敌对势力攻击党和政府提供了口实。戈尔巴乔夫等苏东国家主要领导人又在改革中把发展民主等同于照搬西方的民主制度，等同于否定党的领导，否定社会主义民主，直接导致了亡党亡国的灾难。

四是不能正确处理和解决民族关系和民族矛盾。苏联是有着100多个民族的多民族国家，民族问题由来已久且非常复杂。大俄罗斯民族主义根深蒂固，民族分离主义倾向也很严重。而苏联长期以来不能正确认识民族问题，不能制定和执行正确的民族政策，甚至采取强制和高压手段处理民族问题，恶化了民族关系。戈尔巴乔夫时期，转而纵容敌对势力利用民族问题兴风作浪，严重的社会经济政治危机也加剧了民族矛盾和民族冲突。民族分离主义泛滥，少数民族共和国纷纷宣布独立，直接导致苏联解体。多数东欧国家也不是单一民族国家，长期以来也忽视解决民族问题，民族矛盾尖锐和民族冲突激化，也是造成这些国家社会动乱的原因。

五是长期放松执政党自身建设。苏东国家共产党在执政过程中，长期忽视自身建设，一些党的领导人思想政治上蜕化变质，丧失共产主义理想信念，使党丧失了精神支柱和思想凝聚力；民主集中制遭到严重破坏，党内长期缺乏民主监督，基层组织涣散无力；党的干部特殊化和腐败，官僚主义和形式主义盛行，严重脱离群众。苏联的剧变和解体基本上是"和平"进行的，党被解散，国家解体，都没有引起广大党员和人民群众的公开反抗，可见当时苏共脱离广大群众到了相当严重的程度。

前事不忘，后事之师。对世界社会主义经验教训的深刻反思，有助于"图之于未萌，虑之于未有"。中国共产党人正是以史为鉴，坚持把马克思主义基本原理同中国实际相结合，坚持用与时俱进的马克思主义指导中国特色社会主义，取得了举世瞩目的辉煌成就。这充分证明了社会主义事业不仅没有像某些西方理论家妄称的那样"终结"，反而历经时代的洗礼，更加充满勃勃朝气，孕育着无限生机。

二、社会主义对人类的巨大贡献

尽管社会主义的发展道路是曲折的，但是社会主义思想的广泛传播、社会主义运动的蓬勃发展、社会主义制度的建立，深刻地改变了世界历史的发展进程和人类文明的前进方向，为人类作出了巨大的历史贡献。

1. 社会主义思想指引人类正确航向

空想社会主义尽管对资本主义的弊端进行过揭露和批判，也曾对人类未来的发展方向进行过艰辛探索，其中许多天才设想成为科学社会主义的重要思想素材，但是由于历史观上的唯心主义，空想社会主义未能科学揭示人类历史发展的客观规律，没有找到实现无产阶级和人类解放的社会力量，因而无法指引人类未来的正确发展方向，正如列宁指出的："空想社会主义没有能够指出真正的出路。它既不会阐明资本主义制度下雇佣奴隶制的本质，又不会发现资本主义发展的规律，也不会找到能够成为新社会的创造者的社会力量。"①

马克思、恩格斯之所以能够超越空想社会主义进而创立科学社会主义，是因为马克思、恩格斯不是从抽象的伦理道德原则出发，而是以辩证唯物主义和历史唯物主义的科学世界观和方法论为指导，科学

---

① 《列宁专题文集 论马克思主义》，人民出版社 2009 年版，第 71 页。

地揭示了人类社会发展的客观规律,特别是资本主义社会的运动规律,把资本主义的产生发展灭亡看成是一个合乎规律的自然历史过程,并且找到了无产阶级通过阶级的政治解放、经济的社会解放再到人类解放的正确道路,指明了人类未来社会发展的正确航向。

在《共产党宣言》中,马克思、恩格斯对人类历史特别是资本主义历史的科学考察,揭示了资本主义生产方式内部不可克服的内在矛盾,揭示了资本主义产生、发展和灭亡的规律,得出了"资产阶级的灭亡和无产阶级的胜利是同样不可避免"①的科学结论,指明了共产主义是人类历史发展的必然趋势和必然归宿,并且将未来社会发展表述为"代替那存在着阶级和阶级对立的资产阶级旧社会的,将是这样一个联合体,在那里,每个人的自由发展是一切人的自由发展的条件"②。

科学社会主义的创立,使社会主义实现了从空想到科学的历史性跨越,为全世界无产阶级和劳动群众争取自由解放提供了强大的思想武器,是人类思想史和人类解放史上的一次"壮丽日出"。科学社会主义以实现人的自由而全面的发展和全人类解放为己任,反映了人类对理想社会的美好憧憬,为人类社会发展进步指明了方向,迄今依然有着强大生命力。在人类思想史上,还没有一种理论像科学社会主义那样对人类文明进步产生了如此广泛而巨大的影响。

2. 社会主义制度提供历史进步保障

社会主义制度的建立打破了资本主义"一统天下"的局面,使社会主义开始作为一种崭新的社会制度发挥历史作用,改变了资本的发展逻辑和"单向度性",奠定了社会公平正义的基础,为人类历史进步提供了根本保障。

---

① 《马克思恩格斯文集》第 2 卷,人民出版社 2009 年版,第 43 页。
② 《马克思恩格斯文集》第 10 卷,人民出版社 2009 年版,第 666 页。

在经济领域，生产资料的社会主义公有制和按劳分配制度，从根本上保证了对生产资料的共同占有和劳动能力的社会化使用，从根本上改变了资本的逻辑、剥削的逻辑以及在资本主义制度下劳动者与私有财产分离的"异化"现象，从而为实现社会财富的共建共享和公平分配、保障社会成员机会均等和事实公平提供了前提条件。

在政治领域，社会主义真正实现了人民当家作主，充分保障社会成员的基本权利，使得社会成员平等地参与国家政治生活、管理社会公共事务成为可能，而包括资产阶级革命在内的以往剥削阶级的一切革命，都是一种剥削制度代替另外一种剥削制度。俄国的十月革命、中国的新民主主义革命和社会主义革命则是从根本上推翻了人剥削人、人压迫人的制度，在社会主义制度基础上，实现了千百年来先进思想家和劳动人民梦寐以求的社会公平正义的美好理想。

在世界范围内，社会主义制度的存在及其显示出的强大制度优势，也迫使当代资本主义不得不对其生产关系和上层建筑进行一定程度的改良和调整。虽然这种改良和调整无法从根本上改变资本主义国家的面貌和资本主义必然灭亡的历史命运，但是，作为当代资本主义的制约力量，社会主义制度客观上遏制了资本主义的全球扩张和疯狂任性，推进了人类社会发展和文明进步的历史进程。

3. 社会主义运动凝聚社会正义力量

资本主义制度代替封建主义制度，在一定范围内极大地解放和发展了社会生产力。正如马克思、恩格斯所说："资产阶级在它的不到一百年的阶级统治中所创造的生产力，比过去一切世代创造的全部生产力还要多，还要大。"[①]但是，在资本逻辑主导下的资本主义制度表现出极度的贪婪性和掠夺性：一方面是对自然的掠夺，表现在对自然资源的无节制开采和对自然环境保护的漠视，从而引发环境问题；另

[①]《马克思恩格斯文集》第2卷，人民出版社2009年版，第36页。

一方面是对人的劳动成果的掠夺，在资本主义制度下劳动者与私有财产是分离的，存在着严重的"异化"现象。在追求效率的同时牺牲公平，在追求个人利益的同时牺牲公共利益，在追求经济效益时牺牲社会效益和生态效益，在解放资本家个人的同时又束缚和压制无产阶级和劳动人民，从而引发种种社会问题。在掠夺本国无产阶级的同时，资本主义国家基于资本主义生产方式的扩张本性还往往走出国境，开展全球殖民扩张、对外侵略，争夺更为广阔的商品倾销市场和原料产地，从而引发全球问题。

受制于资本逻辑及资本主义制度的历史局限，自由成为资本家剥削劳动者的自由和发达国家剥削发展中国家的自由，民主成为有钱人的游戏，平等成为抽象的法律条文，人权成为空洞的口号，而博爱则成为纯粹的宗教幻想。正是由于资本逻辑主导的资本主义制度无法兑现其"自由""民主""平等""博爱""人权"的价值理念，因此，科学社会主义在理论和实践上都把彻底改变资本主义制度、克服资本无度张扬及其所带来的各种社会矛盾和问题、实现社会公平正义作为自己的历史使命。

三、世界社会主义的最新发展

当代人类社会正处在大变革大发展大调整时期，世界多极化、经济全球化、社会信息化、文化多样化的持续推进，既给当代世界社会主义带来难得的机遇，也带来了新的时代挑战。在同当代资本主义长期并存的过程中，当代世界社会主义也呈现出新的发展特点。

1. 社会主义思潮在世界范围内再次涌起

人类社会进入21世纪以来，随着经济全球化深入发展，金融霸权统治世界，不平等和贫富差距加剧，全球发展问题、公平问题、生态问题、和平问题等凸显。如何解决这些问题，资本主义拿不出有效的办法，世界范围内"马克思主义热"和"社会主义热"再度兴起。世界人民从社会主义和资本主义两种思想、两种制度、两种社会运动的比较中深切感悟到：资本主义制度框架下运行的社会经济、政治、文化、生态越来越远离世界绝大多数人民所憧憬的未来美好社会；世界资本主义所创造的高度发展的生产力和物质财富只能是给世界社会主义准备了物质条件。人们在经历或目睹了资本主义给世界带来的战争灾难、贫富不均、社会不公、道德堕落、人性沦丧、生态危机之后，对社会主义所倡导的社会理想和价值追求日益向往，这为当代社会主义赢得新的发展提供了有利条件。

2008年国际金融危机的爆发，使那些长期以来被视为亘古不变的资本主义经济信条、政治准则、价值观念等，被越来越多的人质疑和批判。在危机的阴霾笼罩下，以"占领华尔街"运动为代表的整个西方社会的"占领"运动，集中表达了西方民众对资本主义制度的普遍质疑和整体抗议。而西方资本主义各国政府对于如何摆脱金融危机和经济危机，至今仍然束手无策。一些西方学者和政要也开始对当代资本主义制度进行反思并且提出了尖锐批评。英国左翼学者克里斯·哈曼在《僵尸资本主义：全球危机与马克思的相关理论》一书中指出，虽然危机的表现形式是源于金融部门的危机，但其主要原因是资本主义制度自身无法克服的基本矛盾和生产社会化与私有制的对立。美国前财政部长、哈佛大学教授劳伦斯·萨默斯认为：从传统意义上说美国人一直是拥护资本主义的，但近年的民意调查显示，这个看法有所改变，美国人口中对资本主义持否定看法的人数比例在上升。皮尤研究中心2012年的民意调查也表明，各国对资本主义的信心下降了。

国际金融危机爆发以来，当代世界马克思主义思潮进一步发展，其影响力逐渐扩大。西方马克思主义、东欧新马克思主义、市场社会主义、生态社会主义、21世纪社会主义、女权社会主义等左翼社会思潮此起彼伏、方兴未艾。当代世界马克思主义思潮和社会主义思潮的发展，在一定程度上证明了马克思主义的科学性和社会主义的影响力。

尽管这些左翼社会思潮与马克思主义和科学社会主义有区别,但它们对当代资本主义的批判,从不同侧面和一定程度上揭示了资本主义的弊端,对于中国以及其他社会主义国家,在学习和利用资本主义来发展社会主义的同时如何避免资本主义的弊端,具有借鉴价值和启示意义。

总的来看,当代世界社会主义发展面临新的形势。国际金融危机的爆发和蔓延,动摇了当代资本主义主流意识形态——新自由主义的主导地位,资本主义发生了制度性结构危机和价值观危机,这使马克思主义批判资本主义的理论再次得到现实的验证和支撑,国外一些国家共产党和左翼力量也有所恢复,彼此联系更加密切。特别是中国特色社会主义取得举世瞩目的巨大成就,进入发展的新时代,使世界上相信马克思主义、相信社会主义的力量深受鼓舞。当然也要看到,世界社会主义运动总体上仍处于低潮,"资强社弱"局面仍未发生根本改变,当代社会主义仍在探索中前行、在挑战中发展。

2. 世界社会主义和左翼力量进一步壮大

据统计,目前在国外100多个国家中,约有130个政党保持着共产党名称或主张以马克思主义为指导,党员人数过万的有30多个。在共产党执政的国家,除中国通过改革开放取得举世瞩目的成就、使科学社会主义在21世纪的中国焕发强大生机活力、在世界上高高举起中国特色社会主义伟大旗帜之外,越南、朝鲜、老挝、古巴等社会主义国家,也都在坚持社会主义基本原则和发展目标的前提下,深刻反思苏联、东欧社会主义建设的经验教训,总结本国社会主义建设的理论与实践经验,从本国的基本国情出发,进行了不同形式、不同程度的改革和调整,迈出了探索有本国特色社会主义的新步伐。

东欧剧变、苏联解体以来,资本主义国家共产党经历了危机与变革,但一些共产党仍坚持将马克思主义作为党的理论基础和指导思想,主张从时代环境出发重新认识和发展马克思主义,积极探索替代资本主义的本国化形式。比如，日本共产党提出"在资本主义框架内进行民主改革"；法国共产党提出"新共产主义"理论，主张在资本主义内部进行深刻的社会变革；南非共产党主张，要首先进行"民族民主革命"，进而"向社会主义过渡"，建设具有南非特点的社会主义等。

原苏联、东欧地区的一些共产党人并没有放弃对社会主义理想的追求，在极其艰难的处境中坚持斗争，努力恢复或重建共产党组织，有的成为国内政坛举足轻重的力量，有的甚至在议会和总统选举中获胜过。发达国家的共产党在国家政治生活中的地位普遍下降，但多数共产党在坚持共产主义信念的同时，不断调整理论和策略，探索适合本国情况的走向社会主义的实现方式。"欧洲激进左翼"目前正在发展成为欧洲政坛上的一支重要力量，到目前为止，大约有60多个政党和组织可以纳入"欧洲激进左翼"范围。"欧洲激进左翼"的中坚力量在西欧，随着欧盟东扩，不断地从欧洲其他部分吸收新成员。

拉美地区具有悠久的左翼和社会主义传统，在经历了东欧剧变、苏联解体的巨大冲击和短暂低潮之后，进入21世纪，左翼运动开始重新复兴。目前，拉美地区共产党组织得到了重新恢复和发展，以"圣保罗论坛"为代表的左派进步运动也开始崛起。拉美地区左翼和社会主义运动的主要特点是，主张社会主义基本原则与拉美实际的结合，并且都根据本国国情和时代特点提出符合自己民族特点的社会主义理论和策略。当前比较有影响的主要有委内瑞拉的"21世纪社会主义"、玻利维亚的"社群社会主义"、厄瓜多尔的"美好生活社会主义"、巴西劳工党的"劳工社会主义"等。拉美社会主义理论和政策主张的提出和实践，在拉美地区社会主义运动中产生了比较大的社会影响。

中国作为世界上最大的社会主义国家，在推动构建人类命运共同体过程中发挥着越来越大的作用，中国特色社会主义的凝聚力、影响力、感召力日益增强。中国高举和平、发展、合作、共赢的旗帜，坚持尊重世界文明的多样性，积极倡导与推动文明交流、文明互鉴、文明共存。这不仅是对中华民族伟大复兴事业负责,而且也是对世界和平与发展事业的重大贡献,从而为社会主义赢得了广泛声誉。2017年11月30日至12月3日,来自世界上120多个国家近300个政党和政治组织的领导人共600多名中外代表,在北京出席中国共产党与世界政党高层对话会,并且通过了《北京倡议》,彰显中国共产党的强大影响力和中国特色社会主义的巨大感召力。

第二节　科学社会主义在中国焕发生机活力

中国特色社会主义既坚持了科学社会主义基本原则,又根据时代条件和具体国情赋予其鲜明的中国特色,这是中国特色社会主义蓬勃发展的根本原因。经过长期努力,中国特色社会主义进入新时代,意味着科学社会主义在21世纪的中国焕发出强大生机活力,在世界社会主义发展史上、人类社会发展史上具有重大意义。

一、对人类文明发展道路的崭新探索

中国特色社会主义是根植于中国大地、反映中国人民意愿、适应中国和时代发展进步要求的科学社会主义,既是实现中华民族伟大复兴、建设社会主义现代化强国的必由之路,也是对人类文明发展道路的崭新探索,拓展了发展中国家走向现代化的途径。

中国特色社会主义是在中华人民共和国成立近70年的持续探索中得来的。新中国成立后,以毛泽东为主要代表的中国共产党人,带领全党和全国各族人民,在迅速医治战争创伤、恢复国民经济的基础上,创造性地进行社会主义改造,建立起社会主义基本制度。如何在中国建设社会主义,没有现成的模式可循,是一个崭新课题,中国共产党进行了艰辛探索,在学习研究苏联社会主义建设历程的过程中,很快

就察觉到苏联模式的局限性,提出要以苏联为鉴,独立探索适合中国国情的社会主义建设道路。在党的领导下,中国社会主义建设取得了巨大成就,也积累了一些宝贵经验。但由于一段时期党在指导思想上出现了"左"的错误,社会主义建设的很多正确思想没有得到坚持和贯彻落实,甚至发生了"文化大革命"这一全局性、长时间的严重错误。尽管探索艰难坎坷,但我们取得的积极成果是极其宝贵的,为新的历史时期开创中国特色社会主义提供了宝贵经验、理论准备、物质基础。以党的十一届三中全会为历史分期,党领导人民进行社会主义建设,主要分为改革开放前和改革开放后两个历史时期。这是两个相互联系又有重大区别的时期,但本质上都是党领导人民进行社会主义建设的实践探索。中国特色社会主义是在新中国已经建立起社会主义基本制度并进行了20多年建设的基础上开创的,改革开放前的社会主义实践探索为改革开放后的社会主义实践探索积累了条件,改革开放后的社会主义实践探索是对前一个时期实践探索的坚持、改革、发展。

中国特色社会主义是在中国共产党领导人民进行伟大社会革命90多年的实践中得来的。中国共产党一经成立,就把实现共产主义作为党的最高理想和最终目标,义无反顾肩负起实现中华民族伟大复兴的历史使命,进行了艰苦卓绝的伟大社会革命,谱写了气壮山河的壮丽史诗。中国共产党团结带领人民找到了一条以农村包围城市、武装夺取政权的正确革命道路,进行了28年浴血奋战,完成了新民主主义革命,建立了中华人民共和国,实现了中国从几千年封建专制政治向人民民主的伟大飞跃。新中国成立以后,中国共产党团结带领人民完成社会主义革命,确立社会主义基本制度,推进社会主义建设,完成了中华民族有史以来最为广泛而深刻的社会变革,实现了中华民族由近代不断衰落到根本扭转命运、持续走向繁荣富强的伟大飞跃。党的十一届三中全会以后,中国共产党团结带领人民进行改革开放新的伟大革命,在社会主义道路、理论、制度、文化上进行了一系列革命性变革，破除阻碍国家和民族发展的一切思想和体制障碍，开辟了中国特色社会主义道路，开启了中国特色社会主义新时代，党的面貌、国家的面貌、人民的面貌、军队的面貌、中华民族的面貌发生了前所未有的变化，迎来了中华民族从站起来、富起来到强起来的伟大飞跃。

中国特色社会主义是在近代以来中华民族由衰到盛 170 多年的历史进程中得来的。1840 年鸦片战争之后，中国遭受帝国主义列强的野蛮侵略和封建专制制度的腐朽统治，战乱频发，民生凋敝，中华民族陷入内忧外患的灾难深渊，中国人民处于水深火热的悲惨境地。中华民族从未屈服，无数仁人志士前赴后继，探求救国救民的道路，进行可歌可泣的抗争。孙中山提出"三民主义"，领导辛亥革命取得成功，结束了统治中国几千年的君主专制制度。由于历史进程和社会条件的制约，辛亥革命没有改变旧中国半殖民地半封建的社会性质，没有改变中国人民的悲惨命运，没有完成实现民族独立、人民解放的历史任务。十月革命一声炮响，给中国送来了马克思列宁主义。中国先进分子从马克思列宁主义的科学真理中看到了解决中国问题的出路。中国共产党成立以来，为了实现为人民谋幸福、为民族谋复兴的初心和使命，团结带领人民历经千难万险，付出巨大牺牲，赢得新民主主义革命胜利，开展社会主义革命和社会主义建设，进行改革开放新的革命和社会主义现代化建设，找到、坚持并拓展了中国特色社会主义道路。在中国特色社会主义的艰辛探索中，党领导人民攻克了一个又一个看似不可攻克的难关，创造了一个又一个彪炳史册的人间奇迹，迎来了中华民族伟大复兴的光明前景。

中国特色社会主义是在对中华文明 5 000 多年的传承发展中得来的。中华优秀传统文化是中国特色社会主义的文化之根、文明之源。连绵不断、博大精深的中华文化，是中华民族生生不息、发展壮大的丰厚滋养。中华传统思想文化中的优秀成分，对中华文明形成并延续发展几千年而从未中断，对形成和维护中国团结统一的政治局面，对形成和丰富中华民族精神，对激励中华儿女维护民族独立、反抗外来侵略，对推动中国社会发展进步、促进中国社会利益和社会关系平衡，都发挥了十分重要的作用。同时，中华优秀传统文化的丰富哲学思想、人文精神、传统美德等，是坚持和发展中国特色社会主义的宝贵资源，也为解决当代人类面临的共同难题提供了有益启发。

中国特色社会主义不仅深刻改变了中国，同时也深刻影响着世界，拓展了发展中国家走向现代化的道路，给世界上那些既希望加快发展又希望保持自身独立性的国家和民族提供了全新选择。在人类社会漫长的文明发展史中，西方文明只是人类文明特定历史阶段的一种形式，不是永恒的形式，更不是绝对的、普遍的、唯一的形式。但在"西方中心论"的历史观中，西方的模式和发展道路被视为人类文明模式的最佳"典范"和现代化道路的唯一"样板"。冷战结束后，不少发展中国家被迫采纳了西方模式，结果党争纷起、社会动荡、人民流离失所，至今都难以稳定下来。这些发展中国家不仅没有成功实现现代化，反而失去了本民族发展的自主性和独立性，造成社会经济结构畸形和社会政治动荡。随着中国经济社会发展取得巨大成就，中国特色社会主义越来越得到世界人民和国际社会的广泛认可和称赞，在广大发展中国家的影响力与日俱增，也日益引起西方的关注。就连曾经提出"历史终结论"的美国学者福山也修正了自己的观点，认为"中国模式"的有效性证明，西方自由民主并非人类历史进化的终点，人类思想宝库要为中国传统留有一席之地。中国特色社会主义以其巨大的成功，打破了现代化即西方化的神话，充分说明了实现现代化道路的多样性，为发展中国家立足本国国情选择适合自己的现代化开辟了崭新思路、贡献了中国智慧。

二、对马克思主义的创新发展

中国共产党是一个高度重视理论指导、善于进行理论创新的马克思主义政党。在革命、建设、改革的长期实践过程中，中国共产党始终把马克思主义这一科学理论作为自己的行动指南，在坚持马克思主义基本原理的前提下不断推进马克思主义理论创新，坚持理论创新与实践创新的良性互动，锲而不舍地推进马克思主义中国化、时代化、大众化，使马克思主义不断放射出灿烂的真理光芒。

坚持马克思主义基本原理不动摇是基于对马克思主义真理性的坚定信仰。在人类思想史上，就科学性、真理性、影响力、传播面而言，没有一种思想理论能达到马克思主义的高度，也没有一种学说能像马克思主义那样对世界产生了如此巨大的影响。坚持马克思主义，不是坚持马克思主义经典作家的某一论断，而是坚持马克思主义的基本原理。马克思主义基本原理是对马克思主义基本立场、基本观点、基本方法的集中概括和理论表达，是马克思主义理论体系的最本质、最核心的内容。坚持马克思主义，最重要的就是坚持马克思主义基本原理和贯穿其中的立场、观点、方法。

坚持马克思主义基本原理不动摇是基于对大历史时代的科学判断。马克思主义之所以没有过时，是因为马克思主义产生时所立足的历史时代没有发生变化，这是马克思主义基本原理没有过时的历史依据。虽然时代在变化，社会在发展，但马克思主义基本原理依然是科学真理。尽管我们今天所处的时代同马克思所处的时代相比发生了巨大而深刻的变化，但依然处在马克思主义所揭示的历史时代之中，即从资本主义经过社会主义向共产主义过渡的历史时代。这是我们对马克思主义保持坚定信心、对社会主义保持必胜信念的时代根据。

创新发展马克思主义，是对马克思主义基本原理最好的坚持和发展。理论的生命力在于创新。中国共产党人始终坚持把马克思主义基本原理同中国实际和时代特征结合起来，科学总结中国革命、建设、改革的实践经验，不断推进马克思主义中国化时代化大众化，使马克思主义在当代中国不断展现出强大的真理力量。时代是思想之母，实践是理论之源。坚持问题导向是马克思主义的鲜明特点。实践证明，只有聆听时代的声音，回应时代的呼唤，认真研究解决重大而紧迫的问题，才能真正把握住历史脉络，找到发展规律，推动理论创新。

指导思想就是一面旗帜。马克思主义是中国共产党人立党立国的根本指导思想，不断推进党的指导思想与时俱进，是马克思主义政党永葆旺盛生机和活力的奥秘所在。一部马克思主义发展史就是马克思、恩格斯以及他们的后继者们不断根据时代、实践、认识发展而发展的历史，是不断吸收人类历史上一切优秀思想文化成果丰富自己的历史。在中国革命、建设、改革各个历史时期，以毛泽东、邓小平、江泽民、胡锦涛、习近平为主要代表的中国共产党人，把马克思列宁主义的普遍真理与中国实际相结合，先后创立了毛泽东思想、邓小平理论、"三个代表"重要思想、科学发展观、习近平新时代中国特色社会主义思想，不断谱写马克思主义历史发展的新篇章，确保中国革命、建设、改革事业的顺利推进，为写好中国特色社会主义这篇大文章提供了强大的思想武器。

三、对社会主义制度的坚持完善

中国特色社会主义制度，是科学社会主义基本原则与中国具体实际和时代特征相结合的产物，是具有鲜明中国特色、明显制度优势、强大自我完善能力的先进制度，集中体现了中国特色社会主义的特点和优势，体现了人类文明发展的潮流和趋势，是当代中国社会发展进步的根本制度保障。

一个国家实行什么样的制度、选择什么样的模式和发展道路，归根结底取决于这个国家的具体国情和历史文化条件。我们选择与实行中国特色社会主义制度，同样是基于本国实际。中国特色社会主义制度植根于中国革命、建设、改革的丰富实践，是中国共产党治党治国丰富实践经验的科学总结，具有科学性、人民性、公平性、效率性、开放性的鲜明特点和独特的制度优势。

第一，中国特色社会主义制度坚持社会主义的根本性质，集中体现了中国特色社会主义的特点和优势。习近平指出："中国特色社会主义是社会主义而不是其他什么主义，科学社会主义基本原则不能丢，丢了就不是社会主义。"① 在经济领域，着力构建社会主义市场经济体制，坚持公有制的主体地位和按劳分配为主体的分配制度，充分发挥市场在配置资源中的决定作用和更好地发挥政府的作用，把提高效率与实现公平有机统一起来，保证了在解放和发展生产力基础上实现社会公平、促进社会共同富裕。在政治领域，坚持人民民主专政的国家性质，坚持人民代表大会制度和基层群众自治制度，把党的领导、人民当家作主、依法治国有机结合起来，保证了国家的一切权力属于人民。在文化领域，巩固马克思主义在意识形态领域的指导地位，培育和弘扬社会主义核心价值观，凝聚以爱国主义、集体主义、社会主义为核心的价值共识，形成和巩固全党全国各族人民团结奋斗的共同思想基础。在社会领域，推进以保障和改善民生为重点的社会建设，推进社会事业改革创新，推进国家治理体系和治理能力现代化，维护社会公平正义、促进社会和谐稳定。在生态文明领域，深化生态文明体制改革，建立系统完整的生态文明制度体系，健全国土空间开发、资源节约利用、生态环境保护的体制机制等。所有这些制度，都是为坚持和发展中国特色社会主义服务的，从本质上体现了社会主义的必然要求。

第二，中国特色社会主义制度坚持以人民为中心、全心全意为人民服务、以维护和实现最广大人民根本利益为出发点和落脚点。例如，我国实行的人民代表大会制度，近300万各级人大代表由人民选举产生，具有广泛的代表性，能够体现人民的意志，反映人民的价值诉求，

---

① 《十八大以来重要文献选编》（上），中央文献出版社2014年版，第109页。

保障人民当家作主的实现。公有制为主体、多种所有制经济共同发展的基本经济制度和按劳分配为主体、多种分配方式并存的分配制度，既能够调动各个方面的积极性、激发社会创造活力，又有利于人民共享改革发展成果，逐步实行共同富裕。基层群众自治制度，包括村民委员会、居民委员会、企业职工代表大会和其他民主形式，广大人民群众依法直接行使民主选举、民主决策、民主管理和民主监督的权利。基层群众自治制度使人民群众对于人民民主看得见、摸得着，能够有效保障人民的民主权利，保障人民的主人翁地位，提高群众的民主素质和民主管理能力。

第三，中国特色社会主义制度是中国共产党带领人民在中国特色社会主义实践中形成的，充分体现了中国社会发展的具体条件和特点，是对人类制度文明成果的丰富和发展。例如，中国特色社会主义最本质的特征是中国共产党领导，中国特色社会主义制度的最大优势是中国共产党领导。这是中国特色社会主义制度的最大特点。中国共产党领导的多党合作和政治协商制度，坚持共产党领导和多党合作，共产党执政、多党派参政，不同于西方两党制和多党制那种相互争斗、相互倾轧的政党关系，而是一种长期共存、互相监督、肝胆相照、荣辱与共的崭新的合作型政党关系。民族区域自治制度，体现了国家充分尊重和保障各少数民族管理本民族内部事务权利的精神，体现了国家实行各民族平等、团结和共同繁荣的原则，是中国人民的伟大创造。

第四，中国特色社会主义制度具有强大的自我完善能力。中国特色社会主义制度是根据社会主义经济基础和上层建筑变化发展着的实际不断进行调整、改革和完善的先进制度。中国经济之所以能够保持长时间高速度增长和高质量发展，并且长期保持社会政治稳定、人民安居乐业，中国特色社会主义制度的自我完善能力发挥着至关重要的作用。坚持和完善中国特色社会主义制度，必须坚持全面深化改革，不断推进国家治理体系和治理能力现代化，坚决破除一切不合时宜的思想观念和体制机制弊端,突破利益固化的藩篱,吸收人类文明有益成果,构建系统完备、科学规范、运行有效的制度体系,充分发挥社会主义制度的优越性。

中国特色社会主义实践充分证明,中国特色社会主义制度有利于保持党和国家活力、调动广大人民群众和社会各方面的积极性、主动性、创造性,解放和发展社会生产力、推动经济社会全面发展,维护和促进社会公平正义、实现全体人民共同富裕,有效应对前进道路上的各种风险挑战,维护民族团结、社会稳定、国家统一,具有巨大的优越性。

第三节　共产主义是人类的美好未来

对美好社会的追求是人类的永恒主题,也是推动社会历史发展和人类文明进步的精神动力。马克思主义科学揭示了人类社会的发展规律,指明了实现人的自由全面发展的共产主义社会是人类社会的美好未来。

一、共产主义是人类追求的美好社会

自从进入人剥削人、人压迫人的阶级社会以来,人类就从来没有停止过对美好社会的向往和追求。在中国古代,孔子就提出过"大同"社会的理想,墨子提出了"兼相爱""爱无差等"的理想社会方案等;欧洲空想社会主义者则描绘过"乌托邦""太阳城"和"新和谐公社"等,这些思想虽然带有不同时代的烙印,但都在一定程度上反映了人类对美好生活的向往。在马克思主义产生以前,人类对理想社会的描绘和美好社会的向往,受社会历史条件、阶级地位和思想认识水平的限制,是根本无法实现的。马克思、恩格斯创立了唯物史观

和剩余价值学说，提出了无产阶级革命的理论和战略策略，实现了社会主义由空想到科学的历史性飞跃。马克思、恩格斯在科学揭示社会历史发展的客观规律特别是资本主义产生发展灭亡规律的基础上，科学指明了未来社会发展的前途和道路，并且把变革资本主义旧世界、建设社会主义和共产主义新世界的历史使命与社会力量赋予无产阶级和劳动群众。

共产主义社会积淀了人类对美好社会追求的精华，是人类历史上最合理、最进步、最美好的社会。在批判资本主义旧世界基础上，马克思、恩格斯对于未来社会进行了科学构想，指明了人类社会的美好未来是人的自由全面发展和人类彻底解放的共产主义社会，并且科学揭示了共产主义社会的根本性质、一般特征和发展阶段，找到了解决资本主义基本矛盾、创造未来美好生活的正确道路。按照马克思、恩格斯对未来社会发展方向的设想，未来作为人类理想社会的共产主义社会，将是生产力高度发达、社会产品极大丰富、消灭生产资料私有制以及旧的社会分工和一切社会差别、实行"各尽所能，按需分配"、人们精神境界极大提高、每个人自由而全面发展、人与自然和谐共处的社会。社会主义、共产主义必然胜利，并不是马克思主义经典作家头脑中的主观幻想或人道主义的逻辑推演，而是马克思、恩格斯深入研究人类社会的发展规律，特别是资本主义产生、发展和灭亡的客观规律得出的科学结论。正如列宁所说："共产主义是从资本主义中产生出来的，它是历史地从资本主义中发展出来的，它是资本主义所产生的那种社会力量发生作用的结果。马克思丝毫不想制造乌托邦，不想凭空猜测无法知道的事情。"[①]

共产主义是科学理论、社会制度、实践运动"三位一体"的有机统一整体。在马克思主义经典作家关于共产主义的相关论述和话语体

---

① 《列宁专题文集　论马克思主义》，人民出版社2009年版，第255页。

系中，共产主义一般有三个方面的含义：第一，它是一种最科学的理论或者思想体系，即科学共产主义，也称为科学社会主义或者马克思主义；第二，它是由科学社会主义理论揭示的人类最合理最美好的社会制度，即共产主义的社会制度；第三，它是在科学社会主义理论指导下，以建立共产主义制度为最终目的的实际运动，即共产主义的实践。

就共产主义作为一种科学的思想理论体系而言，1848年2月《共产党宣言》的发表，标志着科学社会主义的诞生，科学社会主义至今已经有170多年的历史。马克思主义经典作家在《共产党宣言》《资本论》等著作中揭示资本主义必然灭亡、共产主义必然胜利的客观规律而得出的科学结论，已经并且将继续为人类社会的历史实践所证明。

就共产主义作为一种社会制度而言，共产主义社会包括第一阶段（社会主义社会）和高级阶段（未来的共产主义社会）。这是两个既有差别又相互联系的阶段，二者本质上是一致的，只是发展程度上的差别。共产主义的完全实现，需要社会生产力的高度发展，需要社会产品的极大丰富，需要消灭生产资料私有制以实现社会的公平正义，需要人们精神境界的极大提高，需要人与自然、人与社会、人与人以及人的身心之间的高度和谐。这需要几代人、十几代人甚至几十代人的努力才能完成。但是，共产主义社会制度的基本特征在共产主义第一阶段的社会主义社会中已经初见端倪，并且已经成为社会主义国家努力奋斗的目标。共产主义制度并不是虚无缥缈的空中楼阁，它就存在于现实的社会主义国家制度中，只是其完全实现需要一个漫长的历史过程。

就共产主义作为一种实际运动而言，马克思、恩格斯曾经指出："共产主义对我们来说不是应当确立的状况，不是现实应当与之相适应的理想。我们所称为共产主义的是那种消灭现存状况的现实的运动。

这个运动的条件是由现有的前提产生的。"①国际共产主义运动，早在马克思、恩格斯领导共产主义者同盟和第一国际的时候就已经开启了。列宁领导的十月革命胜利和之后的苏联社会主义建设，第二次世界大战之后亚非拉无产阶级革命和民族解放运动，中国的新民主主义革命、社会主义革命、社会主义建设和改革开放，都是国际共产主义运动的继续、展开和深化。中国特色社会主义进入新时代，也就是为决胜全面建成小康社会、夺取新时代中国特色社会主义伟大胜利、实现中华民族伟大复兴的中国梦、实现人民对美好生活的向往而奋斗的历史阶段，而中国特色社会主义现代化建设正是迈向共产主义重要而关键的一步。

总之，共产主义是理论、制度、运动"三位一体"的有机统一整体。共产主义作为一种理论具有科学性，它科学揭示人类历史未来，指导共产主义运动，建构共产主义制度；共产主义作为一种制度具有合理性和正义性，它以共产主义理论为指导，积淀了人类美好制度的精华，是共产主义运动的必然结果和最终归宿；共产主义作为一种运动具有现实性，它以共产主义理论为指导，以建立美好的共产主义制度为目标。没有现实的共产主义运动，便不可能累积起现实中的共产主义因素，也不可能构建未来美好的共产主义制度。因此，尽管共产主义的完全实现是未来的事情，但是共产主义思想体系、共产主义制度萌芽、共产主义实践早就存在于历史和我们的现实生活中，共产主义绝不是虚无缥缈的幻想，而是社会历史发展的必然。

实现共产主义社会理想不是靠"救世主"或者"神仙皇帝"，而是靠人民群众自己的实践创造。共产主义绝不是"土豆烧牛肉""楼上楼下，电灯电话"那么简单，社会主义现代化和中华民族伟大复兴

---

① 《马克思恩格斯文集》第 1 卷，人民出版社 2009 年版，第 539 页。

也绝不是轻轻松松、敲锣打鼓就能实现的，实现共产主义远大理想是一个长期而艰巨的历史任务，需要一代又一代人的接力奋斗、不懈努力。习近平强调："实现共产主义是我们共产党人的最高理想，而这个最高理想是需要一代又一代人接力奋斗的。如果大家都觉得这是看不见摸不着的东西，没有必要为之奋斗和牺牲，那共产主义就真的永远实现不了了。我们现在坚持和发展中国特色社会主义，就是向着最高理想所进行的实实在在努力。"[①]

二、坚定共产主义理想信念

共产主义是人类进步的必然趋势和最终归宿，中国特色社会主义道路是实现社会主义现代化、创造人民美好生活的必由之路，将共产主义远大理想与中国特色社会主义共同理想统一起来，在坚持和发展中国特色社会主义过程中推动共产主义理想目标的实现，是当代中国共产党人神圣而庄严的历史使命。

1. 两个必然的历史趋势及其道路的曲折

人类社会的发展是合规律性与合目的性的辩证统一，遵循着不以任何个人主观意志为转移的客观规律，同时也是人们有意识的创造性活动的结果。共产主义的实现即人类的彻底解放是一个漫长的历史过程。在这个过程中，无产阶级解放与人类解放是一致的。无产阶级解放运动是为大多数人谋利益的运动，无产阶级代表了广大劳动人民的根本利益，因此，无产阶级的解放包括了广大劳动者的解放。人类解放只有通过无产阶级解放才能实现，而无产阶级只有解放全人类才能最终解放自己。

无产阶级解放的历史进程一般要经过阶级的政治解放、经济的社会解放、人自身的解放。无产阶级的政治解放即无产阶级夺取政权成

[①] 《十八大以来重要文献选编》（中），中央文献出版社2016年版，第321页。

为统治阶级,这是实现共产主义的政治前提;经济的社会解放的主要任务是解放和发展社会生产力,发展社会主义先进文化,为人类解放奠定社会物质文化基础。在前两者的基础上,达到人自身的解放,即实现一切人的自由而全面的发展。这三个既相互区别又相互联系的方面,体现了逻辑与历史的辩证统一,是共产主义代替资本主义的必由之路,是人类社会历史发展的总趋势,也是无产阶级及其政党带领广大人民群众艰苦奋斗的结果。

社会主义取代资本主义是人类历史发展的大趋势,但这是一个漫长的历史过程。因为当代资本主义自身还在不断进行自我调整,要打破资本主义的经济基础和上层建筑,打破资本主义私有制对雇佣劳动的剥削,打破资产阶级的政治统治,消除资产阶级腐朽思想的影响,不可能一蹴而就。同时,社会主义目前还处于初级阶段,还没有完全成熟,其成长和成熟本身也是一个不断改革、不断自我完善和自我更新的过程。世界社会主义发展的前途是光明的,但道路是曲折的。

目前资本主义正经历第二次世界大战以来最严重的危机。随着资本的全球扩张和世界体系矛盾的日益加深,资本主义危机从金融领域进一步扩张到实体经济领域,从一国范围扩张到整个资本主义世界,从经济领域扩张到政治、文化、社会、生态等领域。资本主义世界的经济增长乏力,但其发展生产的潜力仍未完全耗尽。正如马克思指出:"无论哪一个社会形态,在它所能容纳的全部生产力发挥出来以前,是决不会灭亡的;而新的更高的生产关系,在它的物质存在条件在旧社会的胎胞里成熟以前,是决不会出现的。"[1]社会主义与资本主义在共处中竞争、在冲突中合作,将是长期的态势。然而,这决不意味着社会主义无所作为,毕竟社会主义代替资本主义是人类社会发展的客

---

[1] 《马克思恩格斯文集》第2卷,人民出版社2009年版,第592页。

观规律和必然趋势。因此，只有坚持"两个必然"与"两个决不会"的辩证统一，既坚定社会主义、共产主义的理想信念，又脚踏实地地建设、巩固和发展中国特色社会主义，我们才能把世界社会主义伟大事业不断推向前进。

2. 坚持远大理想与共同理想的统一

坚持和发展中国特色社会主义，必须把共产主义远大理想与中国特色社会主义共同理想有机统一起来。中国共产党的最高理想和最终目标是实现共产主义。我们现在的努力以及将来的接力奋斗，都是朝着实现共产主义这个最终目标前进的。中国特色社会主义共同理想是共产主义最高理想在我国社会主义初级阶段的现实体现，是现阶段代表最广大人民根本利益的奋斗纲领，是实现共产主义最高理想的必经阶段。

共产主义是共产党人的世界观和远大理想，是共产党人意志坚定的前提。没有共产主义科学理论和远大理想的指引，就不会有共同理想的确立和坚持，就缺乏前进方向、内在动力和政治定力。中国特色社会主义共同理想是党带领人民团结奋斗的共同思想基础。没有共同理想的实现，最高理想就是空中楼阁，缺乏现实基础。在实现中华民族伟大复兴中国梦的新征程中，必须始终坚持远大理想与现实目标相统一，既树立共产主义远大理想，坚定共产主义必胜的理想信念，以崇高的理想追求和战略定力要求鞭策自己，又要从社会主义初级阶段的实际出发，脚踏实地为实现新时代中国特色社会主义的目标任务而努力奋斗。中国特色社会主义进入新时代，为建设富强民主文明和谐美丽的社会主义现代化强国、实现中华民族伟大复兴提供了广阔的舞台。中国特色社会主义既是我们必须不断推进的伟大事业，又是开辟未来的根本保证。要把共产主义远大理想与中国特色社会主义共同理想有机统一起来，积极投身新时代中国特色社会主义伟大实践，在为人民利益的不懈奋斗中书写人生华章，使马克思主义在当代中国放射出更加灿烂的真理光芒。

□ 分析与思考

1. 改革开放以来，中国取得了举世瞩目的成就，已稳居世界第二大经济体。结合中国改革开放的巨大成就，分析中国特色社会主义对于世界社会主义发展的重大贡献。

2. 20世纪社会主义既取得了举世瞩目的辉煌成就，也遭受了严重挫折。结合社会主义在20世纪的发展历程，说明社会主义代替资本主义的必然性、长期性、复杂性，谈谈你对"两个必然"与"两个决不会"之间辩证关系的认识。

3. 联系实际，谈谈共产主义远大理想与中国特色社会主义共同理想之间的辩证关系。

阅读文献

1. 马克思：《1844年经济学哲学手稿（节选）》，《马克思恩格斯选集》第1卷，人民出版社2012年版。
2. 马克思：《关于费尔巴哈的提纲》，《马克思恩格斯选集》第1卷，人民出版社2012年版。
3. 马克思、恩格斯：《德意志意识形态（节选）》，《马克思恩格斯选集》第1卷，人民出版社2012年版。
4. 马克思、恩格斯：《共产党宣言》，《马克思恩格斯选集》第1卷，人民出版社2012年版。
5. 马克思：《〈政治经济学批判〉序言》，《马克思恩格斯选集》第2卷，人民出版社2012年版。
6. 恩格斯：《社会主义从空想到科学的发展》，《马克思恩格斯选集》第3卷，人民出版社2012年版。
7. 恩格斯：《在马克思墓前的讲话》，《马克思恩格斯选集》第3卷，人民出版社2012年版。
8. 恩格斯：《自然辩证法（节选）》，《马克思恩格斯选集》第3卷，人民出版社2012年版。
9. 列宁：《帝国主义是资本主义的最高阶段》，《列宁选集》第2卷，人民出版社2012年版。
10. 列宁：《唯物主义和经验批判主义（节选）》，《列宁选集》第2卷，人民出版社2012年版。
11. 列宁：《国家与革命》，《列宁选集》第3卷，人民出版社2012年版。

12. 毛泽东：《新民主主义论》，《毛泽东选集》第 2 卷，人民出版社 1991 年版。

13. 毛泽东：《唯心历史观的破产》，《毛泽东选集》第 4 卷，人民出版社 1991 年版。

14. 毛泽东：《关于正确处理人民内部矛盾的问题》，《毛泽东文集》第 7 卷，人民出版社 1999 年版。

15. 毛泽东：《论十大关系》，《毛泽东文集》第 7 卷，人民出版社 1999 年版。

16. 邓小平：《解放思想，实事求是，团结一致向前看》，《邓小平文选》第 2 卷，人民出版社 1994 年版。

17. 邓小平：《坚持四项基本原则》，《邓小平文选》第 2 卷，人民出版社 1994 年版。

18. 邓小平：《维护世界和平，搞好国内建设》，《邓小平文选》第 3 卷，人民出版社 1993 年版。

19. 邓小平：《在武昌、深圳、珠海、上海等地的谈话要点》，《邓小平文选》第 3 卷，人民出版社 1993 年版。

20. 江泽民：《论科学技术》，中央文献出版社 2001 年版。

21. 江泽民：《正确处理社会主义现代化建设中的若干重大关系》，《江泽民文选》第 1 卷，人民出版社 2006 年版。

22. 江泽民：《在庆祝中国共产党成立八十周年大会上的讲话》，《江泽民文选》第 3 卷，人民出版社 2006 年版。

23. 胡锦涛：《努力建设持久和平、共同繁荣的和谐世界》，《十六大以来重要文献选编》（中），中央文献出版社 2006 年版。

24. 胡锦涛：《在庆祝中国共产党成立 90 周年大会上的讲话》，《胡锦涛文选》第 3 卷，人民出版社 2016 年版。

25. 胡锦涛：《坚定不移沿着中国特色社会主义道路前进，为全面建成小康社会而奋斗》，《十八大以来重要文献选编》（上），中央文献出版社 2014 年版。

26. 习近平：《决胜全面建成小康社会　夺取新时代中国特色社会主义伟大胜利——在中国共产党第十九次全国代表大会上的报告》，人民出版社 2017 年版。

27. 习近平：《在纪念马克思诞辰 200 周年大会上的讲话》，人民出版社 2018 年版。

28. 《习近平谈治国理政》第 1 卷，外文出版社 2018 年版。

29. 《习近平谈治国理政》第 2 卷，外文出版社 2017 年版。

30. 中共中央文献研究室：《十八大以来重要文献选编》（上），中央文献出版社 2014 年版。

31. 中共中央文献研究室：《十八大以来重要文献选编》（中），中央文献出版社 2016 年版。

32. 中共中央文献研究室：《十八大以来重要文献选编》（下），中央文献出版社 2018 年版。

33. 中共中央宣传部：《习近平新时代中国特色社会主义思想三十讲》，学习出版社 2018 年版。

后 记

本教材在高校思想政治理论课教材编写领导小组领导下组织编写、以博士研究生思想政治理论课教学大纲《中国马克思主义与当代》为基础形成的。在编写过程中，得到了马克思主义理论研究和建设工程咨询委员会的指导，得到了中央有关部门和有关专家学者的帮助和支持。同时，广泛听取了高校思想政治理论课教师和博士研究生的意见和建议。

本教材原为教学大纲，2012年出版。参加编写的有：陈锡喜、杨雪冬、肖巍、张雷声、赵甲明、胡海波、袁银传。参加审看的专家有：李捷、瞿振元、卫兴华、宁骚、李景治、陈占安、严书翰、刘大椿、吴彤、郭湛、洪大用、秦宣、张曙光、张宇、刘少杰、肖贵清、孙熙国、李友梅、谭君久、韩喜平、傅华、杨清明、商志晓、何自力、辛向阳、翟振武、欧阳志远、王敬国、卫灵、李金河、周茂荣、刘戟锋、关信平、罗文东、夏阳、王瑾等。为了更及时、更充分地反映党的理论创新和实践创新成果，中宣部、教育部组织课题组先后于2013年和2015年进行了两次修订。2013年，由陈锡喜主持修订，杨雪冬、肖巍、张雷声、赵甲明、胡海波、袁银传参加修订。参加审看的专家有：杨金海、颜晓峰、孙代尧、刘从德、朱安东、张润枝、李松林等。2015年，由侯惠勤主持修订，郑承军、高国希、姜辉、郝清杰、朱安东、姜迎春、张雷声、袁银传、王义桅参加修订。参加审看的专家有：闫志民、朱景文、常光民、张新、秦宣、颜晓峰、于沛、姜辉、洪大用、孙代尧、何自力、张润枝、谭劲松、胡大平、常庆欣等。

马克思主义理论研究和建设工程办公室具体组织实施了原教学大

纲的编写和历次审阅修订工作。其中，2012年，张磊主持审改工作，何成、邵文辉、王向明、宋凌云、田岩、冯静、汤荣光、唐棣宣、徐焕、宋义栋、王燕燕、武斌、张造群、邢云文、官长瑞等参加具体审改工作。2013年，张磊主持审改工作，邵文辉、宋凌云、田岩、王昆、冯静、范为、王勇、李军、魏学江、宋义栋、潘顺照、吴伟珍参加具体审改工作。2015年，夏伟东、邵文辉主持审改工作，田岩、冯静、宋凌云、王昆、邢国忠、曹守亮、陈硕、杨荣、冯潇然、陈培永、严文波参加具体审改工作。

2018年，为推动习近平新时代中国特色社会主义思想进教材、进课堂、进头脑，深入贯彻落实党的十九大和十九届二中、三中全会精神，中宣部、教育部组织对原教学大纲进行全面修订。同时，根据师生们的反映，此次修订将原来的教学大纲改为教材的形式进行编写。由侯惠勤主持修订，张雷声、郝清杰、孙代尧、彭庆红、姜迎春、袁银传、张成岗、朱安东、郑承军参加修订。夏伟东、邵文辉主持工程办公室组织的审改工作，田岩、冯静、曹守亮、宋凌云、王昆、王勇、苏阳、陈培永、蔡万焕、邢国忠、邢云文、李玉峰、张明国、汪亭友、韩振峰、张旭、卢江、马文武、陈瑞来、刘小丰、薛向军等参加具体审改工作。参加审看的专家有：陶文昭、沈湘平、刘大椿、吴彤、王义桅、寇清杰、辛向阳、邱吉、冯仕政、王伯鲁、王鸿生、李冬松、邹广文、赵晓春、孙熙国、王向明、赵忠秀、保健云、白暴力、张云飞、徐春、闵庆文、董春雨、朱启臻、徐月宾、郇治庆、熊晓琳、李志强、常庆欣、张翼等。

2018年8月

郑重声明

高等教育出版社依法对本书享有专有出版权。任何未经许可的复制、销售行为均违反《中华人民共和国著作权法》，其行为人将承担相应的民事责任和行政责任；构成犯罪的，将被依法追究刑事责任。为了维护市场秩序，保护读者的合法权益，避免读者误用盗版书造成不良后果，我社将配合行政执法部门和司法机关对违法犯罪的单位和个人进行严厉打击。社会各界人士如发现上述侵权行为，希望及时举报，本社将奖励举报有功人员。

反盗版举报电话　　（010）58581999　58582371　58582488
反盗版举报传真　　（010）82086060
反盗版举报邮箱　　dd@hep.com.cn
通信地址　北京市西城区德外大街 4 号
　　　　　高等教育出版社法律事务与版权管理部
邮政编码　100120

为收集对教材的意见建议，进一步完善教材编写和做好服务工作，读者可将对本教材的意见建议通过如下渠道反馈至我社。

咨询电话　400-810-0598
读者服务邮箱　gjdzfwb@pub.hep.cn
通信地址　北京市朝阳区惠新东街 4 号富盛大厦 1 座
　　　　　高等教育出版社总编辑办公室
邮政编码　100029